Harald à la Dent bleue

DE LA MÊME AUTEURE

Les Ports des mers nordiques à l'époque viking, VIIe-X^e^ *siècle,* Turnhout, Brepols, 2017.

Lucie Malbos

Harald à la Dent bleue

VIKING, ROI, CHRÉTIEN

PASSÉS/COMPOSÉS

Publié avec le soutien de l'université de Poitiers.

ISBN : 978-2-3793-3625-6
Dépôt légal - 1re édition : 2022, février
2e tirage : 2022, février

170 bis, boulevard du Montparnasse, 75680 Paris Cedex 14

À mon père, sans les bonnes ondes
de qui cet ouvrage n'aurait pu voir le jour.

Sommaire

Avant-propos

Cet ouvrage est né d'une rencontre : celle d'une remarque paternelle - d'où tout est parti -, de l'accumulation de nombreux et riches échanges avec des collègues scandinaves, de foisonnantes discussions avec des collègues français, de multiples lectures personnelles et, avouons-le, d'un programme d'agrégation. Il a vu le jour dans des circonstances particulières : commencé entre Paris et Poitiers en 2019, rédigé sous des auspices confinés et terminé dans un contexte morose entre cours en distanciel et couvre-feu, il aura probablement été une façon de m'évader. Alors que nous étions tous coincés entre quatre murs, Harald fut mon passeur pour un ailleurs, mon ouverture sur des horizons lointains, sur de vastes mers, sur les plaines et dunes sablonneuses du Jutland, sur les profonds fjords norvégiens, me faisant voyager d'île en île, traverser la mer du Nord et la Baltique, franchir les détroits du Skagerrak, du Kattegat et de l'Øresund, il y a de cela plus de mille ans.

Loin d'être un ambitieux ouvrage de recherche, ce livre se veut plutôt une modeste synthèse, accessible à un lectorat d'intéressés, de curieux, voire de rêveurs, malgré tout prêts à suivre une démarche rigoureuse. À partir de la documentation écrite et archéologique, en n'hésitant pas à déconstruire largement les textes à notre disposition, il s'agira de raconter une histoire, celle de la vie d'un roi des Danois au temps des vikings, mais sans jamais en occulter les limites, les biais, les reconstructions et partis pris. La tâche ne fut pas aisée ; elle brise quelques mythes ; mais j'espère que le lecteur prendra autant de plaisir que moi à découvrir les facettes méconnues de ce personnage à mi-chemin entre histoire et légende.

Pour faciliter la lecture, les graphies et orthographes retenues pour les noms - propres ou communs - scandinaves sont celles traditionnellement utilisées en français, en transcrivant les lettres norroises ð *et* Þ *(équivalents des -th sonores et sourds en anglais) par des -d et -th (« Midgard » et « thing » par exemple) et en conservant une forme simplifiée (« Harald » et non « Haraldr »).*

Introduction

Harald, roi méconnu au surnom emblématique

Conquérant du « Danemark tout entier et de la Norvège », « puissant roi et grand guerrier », personnage « très affable », « remarquable par la force de son esprit et de sa foi », mais aussi « homme sans grande intelligence » et « dépourvu de sagesse manifeste », ou encore « homme que l'on dit prompt à écouter mais lent à parler » et père « haïssant au plus haut point » son propre fils, le roi Harald était tout cela à la fois à en croire les différentes sources, pas toujours très concordantes - pour ne pas dire contradictoires - lorsqu'il s'agit de qualifier ce souverain qui régna sur les Danois dans la seconde moitié du Xe siècle[1]. Au fil du temps, les traditions successives ont façonné une figure pour le moins paradoxale : aujourd'hui personnage emblématique de l'histoire du Danemark, Harald reste mal connu ailleurs. Vaguement associé à l'image stéréotypée du viking, ce souverain a pourtant un surnom désormais mondialement connu en anglais, grâce à la technologie de communication sans fil baptisée *Bluetooth*.

Harald « à la Dent bleue » : retour sur les origines d'un étrange surnom

En 1996, alors que les entreprises américaine Intel, suédoise Ericsson et finlandaise Nokia travaillent de concert sur un système de liaison radio à courte portée, au nom de code encore différent dans chacune des firmes, un des ingénieurs du projet propose un nom unique, qu'il tire d'une de ses lectures du moment : *Bluetooth*, d'après le surnom en anglais d'un roi danois alors largement méconnu. Lors de la commercialisation des premiers appareils dotés de cette technologie, en 1999, ce nom de code est finalement conservé et les initiales en runes de ce souverain en deviennent le logo aujourd'hui répandu dans le monde entier, faisant de Harald, qui rassembla les Danois sous son autorité et exerça une influence jusqu'en Norvège et en Suède, un symbole d'unification et d'échanges[2].

Derrière le *Bluetooth* se cache donc un roi scandinave au surnom bien étrange : *Blåtand* en danois, « à la Dent bleue » en français. C'est l'auteur de la *Chronique de Roskilde* qui le premier, vers le milieu du XIIe siècle, le lui attribue, en latin (*Blatan*), sans plus de détails[3]. Il faut attendre quelques décennies pour que l'abbé Wilhelm en propose une explication dans sa *Généalogie des rois des Danois* : « c'est-à-dire dent bleuâtre/noirâtre ou noire[4]. » L'abbé ne précise cependant pas l'origine de cette couleur, qui reste assez indéfinie, entre le bleu foncé et le noir. Harald avait-il une dent gâtée particulièrement visible ? Ce ne serait en soi pas très original à une époque où la majorité de la population souffrait d'importants maux dentaires, rois compris. Harald consommait-il beaucoup de myrtilles ou d'airelles, encore aujourd'hui très prisées des Scandinaves et qui ont la fâcheuse tendance à colorer la bouche en bleu[5] ? Là encore l'explication paraît d'une triste banalité : Harald, le roi qui mangeait des airelles...

Les origines de cette histoire de dent sont donc pour le moins tardives, deux siècles environ après le règne de Harald, et les risques de confusion d'autant plus grands que ce nom est alors fréquent dans le monde scandinave. L'auteur anonyme de la *Chronique de Roskilde* souligne ainsi que Harald était surnommé « Blatan ou Klak », le confondant visiblement avec Harald Klak (v. 812-827), le roi danois en exil baptisé en 826 à la cour de Louis le Pieux (814-840)[6]. Au XIe siècle, le chroniqueur anglo-normand Guillaume de Jumièges mentionnait déjà, dans son *Histoire des ducs de Normandie*, un certain « Harald, roi des Danois, chassé de son royaume par son fils, nommé Sven[7] ». À première vue, tout semble bien correspondre (le nom du fils, l'exil final) ; tout, sauf les dates et le lieu : cet exil en Normandie ne concorde pas avec la fuite de Harald chez les Slaves mentionnée dans d'autres textes et les événements relatés par Guillaume de Jumièges se déroulent dans les années 940, quand Harald n'est pas encore roi. Cette réécriture tardive (v. 1060), toute à la gloire des ducs de Normandie, s'inspire en réalité des écrits d'un autre chroniqueur normand, Dudon de Saint-Quentin, qui évoquait, au début du XIe siècle, un « Haigrold, roi de Dace[8] » – la « Dace » désignant vraisemblablement chez cet auteur le Danemark –, sans aucune mention ici de Sven. Les sources manquent concernant ce chef danois, mais il est peu probable qu'il s'agisse du Harald qui nous intéresse. Guillaume de Jumièges a tout simplement pu chercher à faire correspondre un personnage qu'il ne connaissait pas avec un autre dont il avait visiblement entendu parler. La matière normande est difficile à manier et la probabilité d'y trouver une mention de Harald paraît quasi nulle.

Toutes ces confusions autour d'un nom assez courant n'expliquent pas pour autant d'où sort cette histoire de dent. Peut-être d'une tradition orale, que l'on retrouve notamment dans la poésie scaldique. Vers 980, sous le règne de Harald précisément, le scalde islandais Einarr Helgason le rapproche d'un autre Harald, surnommé *Hilditann*, « à la Dent de combat », un roi scandinave légendaire qui aurait régné, autour du VIIe ou du VIIIe siècle, sur un vaste territoire atteignant les rivages méditerranéens[9]. Mais si on retrouve bien la thématique de la dent, pas de bleu à l'horizon, sauf à imaginer que Harald ait teinté une de ses incisives ou de ses canines pour avoir l'air plus redoutable encore : « à la Dent bleue » et « à la Dent de combat » iraient ainsi dans le même sens[10]. On ne saura probablement jamais si cet étrange surnom, « à la Dent bleue », n'est que le fruit de confusions en cascade faites par des auteurs tardifs. Peut-être d'ailleurs n'est-il nullement question de dent.

En effet, le suffixe *-tan* ne renvoie pas nécessairement à la « dent » : il pourrait s'agir d'un mot dérivé de *thegn*, que l'on retrouve dans plusieurs langues germaniques (notamment en norrois[11] et en vieil anglais) et qui désigne à l'origine le serviteur, puis l'homme libre membre d'une suite royale et, de là, en particulier en contexte anglo-saxon, l'aristocrate guerrier, fidèle du roi[12], ce qui n'est somme toute pas si éloigné de l'étymologie germanique du nom « Harald », renvoyant au chef militaire, au meneur d'hommes, au seigneur de la guerre[13]. Harald aurait donc été surnommé le « seigneur bleu/noir », peut-être en référence à son tempérament houleux, au combat en particulier[14]. À moins que cette couleur ne renvoie à son teint hâlé ou à ses cheveux et à sa barbe sombres, des traits peu fréquents chez les Scandinaves, ou encore à des peintures de guerre, pratique attestée pour les sociétés celtes, en particulier les Brittons selon Jules César, mais aussi germaniques à en croire Tacite, qui évoque les peintures corporelles de la tribu des Haries, que l'on suppose sombres car elles servaient, précise-t-il, de camouflage nocturne[15]. Toute couleur a une dimension subjective, est « une construction culturelle » pour reprendre les termes de Michel Pastoureau, qui souligne que le bleu en particulier est une couleur ambiguë, dont la perception a beaucoup évolué au fil des siècles : couleur préférée des Européens aujourd'hui, il était au contraire dévalorisé par les Romains, qui y voyaient la « couleur des Barbares »[16]. Ce « renversement complet des valeurs » a ainsi tendance à fausser notre jugement, mais peut-être aussi celui des auteurs du XIIe siècle. En effet, à partir XIe siècle, le bleu, fréquemment associé à la royauté et à la Vierge alors que le culte marial se développe, est revalorisé. Il n'est par conséquent pas impossible que les deux auteurs aient été influencés par les connotations très mélioratives que cette couleur revêt alors, quand elle faisait partie, à l'époque de Harald, des couleurs relativement fréquentes en Scandinavie, obtenue grâce à une plante, la guède (ou pastel)[17]. Bref, le lien entre Harald et la couleur bleue est tout sauf évident. Michel Pastoureau fait d'ailleurs remarquer que ce roi est « le seul personnage du haut Moyen Âge et encore du Moyen Âge central dont le surnom évoque la couleur bleue », tandis que « les surnoms où figurent les mots "rouge", "blanc" et "noir" sont très nombreux »[18].

Si bien des incertitudes subsistent, ce surnom n'a visiblement pas été attribué à Harald de son vivant, ni même, semble-t-il, par la génération suivante. Ses contemporains le désignaient très probablement d'après son ascendance, comme le veut la tradition scandinave : Harald Gormsson, c'est-à-dire « fils de Gorm », nom sous lequel il apparaît dans les sagas. Peut-être était-il aussi Harald « le Bon » (KUÞA), du moins si l'on se fie à la pierre runique érigée par une dénommée Tófa, qui se présente comme la « fille de Mistivir [Mistivoj], femme de Harald le Bon, fils de Gorm[19] ». Autant de dénominations pouvant renvoyer aux multiples facettes du même personnage, plus certainement à différentes perceptions de ce roi.

Le mythe s'est tissé autour de Harald « à la Dent bleue » et a oublié « le Bon ». Aujourd'hui encore, c'est cet étrange surnom qui sert communément à désigner ce souverain. Peut-être parce que « le Bon » ne correspond pas à la figure populaire du viking, pirate sanguinaire, élaborée depuis le XIXe siècle. Pour nous, il sera tout simplement « Harald » ou « le roi Harald » (HARALTR KUNUKR), comme il se présente lui-même, sans autre qualificatif, sur la grande pierre de Jelling, ou encore le « fils de Gorm » pour éviter toute ambiguïté avec des homonymes.

Rétablir un semblant de cohérence est le défi de tout biographe, inévitablement exposé au risque de l'« illusion biographique » dénoncée par Pierre Bourdieu, qui consiste à unifier derrière un nom propre les différentes facettes d'un individu[20]. Ce nom, Harald ne paraît pas y avoir renoncé après son baptême, tenant précisément à préserver son identité : il est et reste Harald Gormsson. Si les surnoms et qualificatifs varient avec le temps, le nom demeure.

Harald, le roi qui régna quatre-vingts ans sur les Danois, ou les limites des sources

Dans la tradition norroise, Harald est donc présenté comme le « fils de Gorm », le roi qui règne avant lui sur les Danois et dont l'épouse est une dénommée Thyra. Ensemble, ils ont plusieurs enfants, dont Harald, né peut-être autour des années 920 et qui succède à son père vers 958, à la tête d'un royaume qui dépasse largement les frontières du Danemark actuel, incluant probablement des territoires norvégiens et suédois. Membre éminent de la dynastie dite « de Jelling », l'histoire a essentiellement retenu Harald pour avoir christianisé les Danois et pour son œuvre de bâtisseur. La fin de son règne est marquée par la révolte de son fils Sven, qui le pousse à prendre fuite, blessé ; il meurt peu de temps après en exil dans les années 980 (peut-être vers 985/987). Voici en résumé presque tout ce que l'on sait de ce roi, dont la grande partie de la vie nous échappe autant que les origines de son surnom. Tous les aspects de son règne ne sont cependant pas connus avec le même degré d'(im)précision : alors qu'on ne dispose de presque rien sur sa jeunesse et de peu d'éléments certains sur ses dernières années, on a davantage d'informations concernant ses grandes réalisations, grâce aux données matérielles.

Quand est-il né ? En quelle année a-t-il succédé à son père comme roi des Danois ? Quand s'est déroulé son baptême ? À quel moment se lance-t-il à l'assaut de la Norvège et quand en perd-il le contrôle ? On ne dispose d'aucune date précise : même l'année de sa mort reste incertaine. Certains chiffres avancés dans les sources paraissent pour le moins farfelus : selon la *Saga des rois de Danemark* (ou *Knýtlinga saga*), après avoir partagé pendant trente ans le pouvoir avec son père, il aurait ensuite régné cinquante années seul, soit quatre-vingts ans en tout[21] ; un souverain à la longévité remarquable donc... Dans la *Chronique de Roskilde*, il n'aurait partagé le pouvoir qu'une quinzaine d'années avec Gorm, avant de régner seul pendant cinquante ans, un chiffre bien rond déjà présent chez Adam de Brême, sans que l'on puisse lui accorder beaucoup de crédit[22].

On n'a pas la moindre idée non plus de ce à quoi ce roi pouvait bien ressembler : aucun texte n'en brosse le portrait physique – c'est du reste fort rare pour les souverains du haut Moyen Âge[23] – et la peinture que l'on peut contempler sur un des piliers du chœur de la cathédrale de Roskilde, qui le représente à la mode du XVIᵉ siècle, en bas rouges, jupe bleue et armure dorée, une couronne surmontant un chapeau blanc, ne nous aide guère à nous faire une idée[24].

Pour tenter de cerner le personnage de Harald et comprendre comment s'est construite sa figure au fil des siècles, il va donc falloir mener une véritable enquête, en étant attentif à la moindre trace. En effet, les textes sont avares en informations concernant ce roi, qui n'a pas eu, comme Charlemagne (768-814) ou Alfred le Grand (871-899), son Éginhard ou son Asser. Dans un monde scandinave dépourvu de telles productions écrites avant les XIIe et XIIIe siècles[25], l'historien souhaitant étudier le Xe siècle doit donc s'en remettre à des textes rédigés à l'extérieur ou longtemps après les faits relatés. En dehors de quelques inscriptions runiques, portant un texte généralement assez court, fait de caractères - les runes - gravés dans un matériau solide (pierre, bois...), il faudra par conséquent, pour retrouver les traces de Harald, composer avec les écrits d'auteurs chrétiens occidentaux, largement prisonniers de leur culture biblique et antique et en grande partie issus du monde germanique ; s'y ajoutent des chroniques scandinaves plus tardives, sans oublier les sagas islandaises des XIIe et XIIIe siècles. Seront ainsi convoqués au fil de notre propos les récits de l'archevêque de Hambourg-Brême, Adam, du moine de l'abbaye de Corvey, Widukind, du possible écolâtre de Saint-Pantaléon de Cologne, Ruotger, ou encore de l'évêque de Mersebourg, Thietmar, qui écrivent tous au cours du XIe siècle. On ne négligera pas non plus la *Chronique de Roskilde*, les récits des auteurs danois Saxo Grammaticus et Sven Aggesen, rédigés au XIIe siècle, ni les textes islandais du XIIIe siècle, comme l'*Histoire des rois de Norvège* (ou *Heimskringla*), dans laquelle Snorri Sturluson réunit plusieurs sagas centrées sur des souverains norvégiens (Håkon le Bon, Harald à la Pelisse grise, Olaf Tryggvason...), ou la *Saga des vikings de Jómsborg* et la *Saga des rois de Danemark*, sans omettre l'*Éloge de la reine Emma* (ou *Encomium Emmae Reginae*), texte un peu à part rédigé une cinquantaine d'années après la mort de Harald et qui constitue le plus ancien récit évoquant ce roi[26].

Tous ces textes comportent leur lot d'exagération et de réécriture des faits, voire d'affabulation et d'invention. Entre passé païen occulté dans les premiers récits nationaux et reconstructions en partie fantasmées des auteurs occidentaux ou islandais, la voie est étroite. Il est par conséquent indispensable de recouper sources occidentales et danoises, contemporaines et plus tardives, mais aussi de convoquer d'autres matériaux permettant, non pas tant de compléter, mais plutôt d'apporter un éclairage différent sur certains aspects du personnage, de décentrer le regard pour tenter d'en cerner les facettes occultées ou biaisées par les textes. Pour ne pas rester prisonnier du portrait esquissé par les auteurs chrétiens, qu'ils soient occidentaux ou danois, l'historien va ainsi frapper à la porte de l'archéologue et du runologue. En effet, si les textes contemporains de Harald font cruellement défaut, ce roi a laissé quelques réalisations grandioses, qui marquent aujourd'hui encore le paysage danois et nous permettent d'être un peu mieux renseignés sur la partie centrale de sa vie, lorsqu'il règne seul sur les Danois. Le complexe royal de Jelling avec ses tertres et ses pierres runiques, les imposantes forteresses circulaires disséminées dans le royaume, la ligne fortifiée protégeant la frontière sud - le Danevirke -, esquissent le portrait d'un roi bâtisseur, ne reculant devant rien pour afficher sa puissance et assurer la défense de son royaume. L'historien voulant se faire biographe du roi des Danois doit donc composer avec toutes ces sources, hétérogènes, parcellaires, tardives, pas toujours concordantes ni cohérentes entre elles, qui s'entrecroisent pour esquisser un tableau incomplet, parfois même contradictoire, de ce souverain et de son règne.

De l'impasse biographique à la chronique biographique d'un règne

Difficile de dégager un portrait cohérent des bribes d'informations que nous livrent les sources : Adam de Brême dépeint un bon chrétien et un père trahi par son fils, Saxo Grammaticus une figure de transition entre temps légendaires et temps historiques, les sagas tantôt un farouche guerrier viking, tantôt un roi déshonoré, l'*Éloge de la reine Emma* un père indigne, jaloux de son propre fils. Comment renouer tous ces fils pour retisser la trame si décousue du règne de Harald ? En commençant par renoncer à toute volonté d'exhaustivité. On ne cherchera pas à dresser le catalogue des moindres détails sur ce souverain apparaissant au détour de telle ou telle source, mais plutôt à dégager quelques grandes lignes de son règne, à brosser un portrait qui redonne de la cohérence à ce qui en semble à première vue totalement dépourvu, expliquant peut-être qu'il n'existait jusqu'à présent aucune biographie de Harald « à la Dent bleue », au surnom pourtant devenu si célèbre en anglais, mais dont les parts d'ombre sont nombreuses, les inconnues l'emportant souvent sur les certitudes. L'entreprise se présente donc dès le départ comme une aporie. Toutefois, c'est précisément le travail de l'historien de chercher à démêler le vrai du faux dans ses sources, ou plutôt à distinguer la réalité historique de la reconstruction qu'en proposent les auteurs, génération après génération. Après tout, le roi Arthur a ses biographes alors même que son existence reste très incertaine[27]. Tout récit de vie est un équilibre, nécessairement fragile : sans effort de cohérence, le personnage demeure incompréhensible, mais à trop en donner, on recrée artificiellement une figure simplifiée, tronquée, biaisée. La difficulté pour cerner le personnage de Harald vient précisément de notre tendance à vouloir comprendre la fin du règne à la lumière du début et inversement, à dégager une vision globale, alors que, dans les faits, il y a probablement eu plusieurs Harald : le jeune homme païen pas encore roi, le souverain chrétien, le puissant chef militaire, le père en exil… Harald fut bien tout cela durant sa vie et, à cette mosaïque de personnages, s'ajoute le kaléidoscope des représentations que les différentes époques, régions, milieux ont pu et peuvent continuer à avoir de ce roi.

S'il n'existe pas à ce jour d'autre biographie de Harald que celle que le lecteur tient en ce moment dans les mains, le nom de ce roi revient régulièrement dans les publications concernant ses grandes réalisations, en particulier le complexe royal de Jelling ou les forteresses circulaires[28]. À croire que l'on fait plus facilement la « biographie » des monuments royaux que celle du roi en personne[29]. On croise également la figure de ce souverain au détour de bien des ouvrages sur les vikings, de la conversion du Nord et, de façon générale, de la Scandinavie à l'époque viking.

Toute tentative pour retracer l'histoire de cette vie implique donc de connecter les (maigres) fils à notre disposition et les réinscrire dans un cadre large, en étudiant le règne et le royaume de Harald à la lumière de ceux qui l'entourent - aussi bien dans l'espace que dans le temps. En somme, il faut élargir la focale pour ensuite mieux la resserrer. En effet, ce roi n'est pas isolé dans le paysage européen : il entretient des relations - plus ou moins cordiales ou belliqueuses selon les circonstances - avec de nombreux acteurs importants du moment, à commencer par l'empereur germanique Otton Ier (962-973). Au carrefour de problématiques comme la christianisation de la Scandinavie, l'entrée dans la tradition scripturale occidentale ou l'émergence d'un pouvoir royal fort au Danemark, le règne de Harald est ainsi marqué par diverses influences extérieures et, à bien des égards, révélateur de grandes évolutions qui ont marqué l'histoire européenne, que ce soit sur les plans politique et religieux ou économique et culturel.

L'histoire du royaume des Danois de la seconde moitié du xe siècle ne peut pas non plus se comprendre sans ce qui précède ni ce qui suit Harald, qui s'inscrit en partie dans la continuité de son père, tout en entreprenant des changements, pour certains poursuivis par son fils. Présenter Harald comme le fondateur de la dynastie dite « de Jelling » revient en effet à oublier un peu vite Gorm, qui inaugure cette lignée se poursuivant jusqu'à Harthacnut (1035-1042), en passant par le fils de Harald, Sven dit « à la Barbe fourchue » (v. 986-1014), Harald II (1014-1018) et Cnut, surnommé « le Grand » (1018-1035). À eux six, ces rois transforment progressivement le petit royaume de Gorm en un des plus puissants ensembles politiques de l'Europe du Nord au xie siècle, lorsqu'il étend sa domination sur la Norvège et l'Angleterre. Si le règne de Harald marque une étape importante dans le processus de formation d'un royaume danois à partir de la péninsule du Jutland, il n'est donc pas le seul à avoir œuvré en ce sens.

À l'heure où la tendance historiographique est à l'élargissement des horizons, au décloisonnement des espaces, des problématiques et des méthodes, nous allons donc tenter, à une échelle modeste, de « pratiquer une histoire en contre-plongée », en nous efforçant, aussi difficile que ce soit, de ne pas rester prisonniers du point de vue occidental et chrétien. Toutefois, le prisme auquel nous allons lire les événements reste étroitement dépendant de nos sources, ne permettant pas un décentrement total. À défaut, une étude « obéi[ssan]t à la loi du dépaysement[30] » reste possible, en proposant au lecteur français la biographie d'un roi méconnu et n'appartenant pas à son histoire nationale, mais aussi en étudiant ce souverain avec un regard qui n'est pas influencé par la dimension identitaire qu'il peut revêtir au Danemark. Les noms revenant au fil des notes sont en effet très largement ceux d'historiens et d'archéologues danois. Si ces derniers sont certes loin d'adopter une perspective dano-centrée, cherchant au contraire à réintégrer de plus en plus la Scandinavie dans l'histoire commune européenne[31], Harald et Jelling font malgré tout partie de leur patrimoine commun, rendant plus difficile toute tentative de décentrement. Il va donc s'agir de comparer les traditions, de croiser les approches, de faire dialoguer les sources et les disciplines. Cela ne comblera pas les silences des sources et n'évitera pas toute forme de biais ou de parti pris, mais donnera une vision plus large, tout en tentant d'éviter l'écueil d'une approche téléologique – qui raconterait par exemple l'histoire d'une conversion inéluctable. Le portrait ne pourra jamais être complet, mais une facette peut venir en éclairer une autre : l'œuvre religieuse de Harald en particulier ne saurait se comprendre sans ses objectifs politiques.

Il nous faudra donc suivre les « trajectoires » de la vie de Harald – pour reprendre le terme de Pierre Bourdieu. Tout en déroulant le fil de son existence, nous ferons quelques « arrêts sur image » thématiques, de sa naissance à sa mort – ou plutôt en remontant un peu avant Harald pour aller jusqu'à la construction de son mythe –, en intégrant les dernières découvertes archéologiques, les récentes relectures des textes, les évolutions de la recherche sur ce roi et son temps, les débats qu'il suscite. Il s'agit là d'une véritable gageure pour l'historien des textes, qui doit en outre s'aventurer sur les terres de l'archéologue, de l'historien de l'art, du runologue ou encore du numismate pour tenter de démêler l'histoire de la légende et ainsi comprendre comment le nom d'un roi, dont on ignore bien des détails de la vie, a pu marquer aussi fortement, plus de mille ans après sa mort, notre quotidien.

Généalogie simplifiée de la dynastie de Jelling

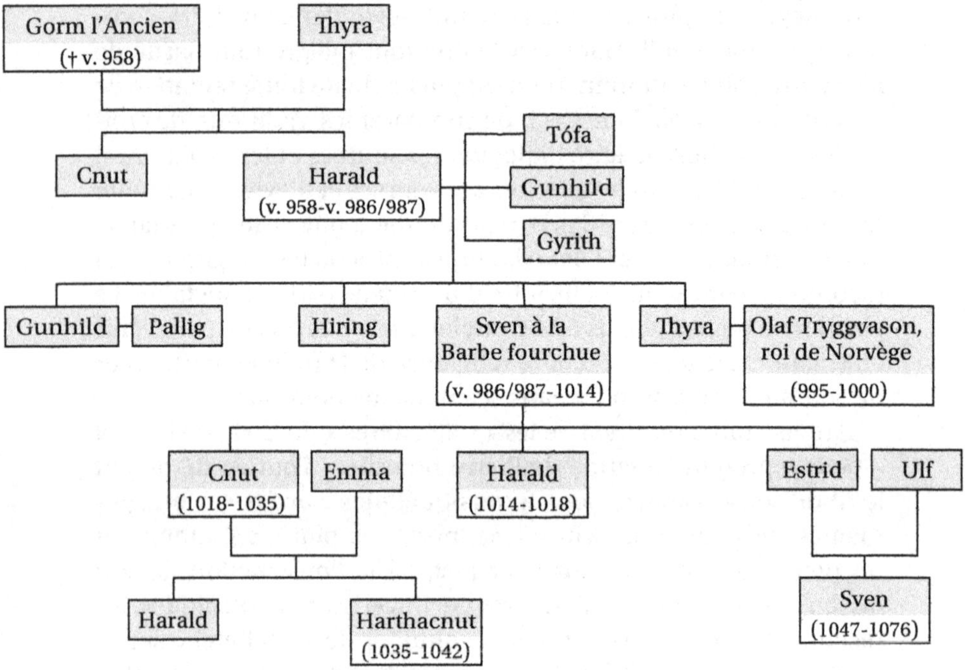

Repères chronologiques

Les événements extérieurs au royaume des Danois sont en italique ; les sources textuelles sont en retrait.

v. 725 : Willibrord dirige la première mission chrétienne en Scandinavie
726 : Construction du canal de Kanhave (île de Samsø)
737 : Phase de consolidation du Danevirke
768-814 : Règne de Charlemagne
810 : Assassinat du roi Godfred
v. 825 : Monnaie frappée à Hedeby
826 : Baptême de Harald Klak à la cour de Louis le Pieux ; première mission d'Anschaire au Danemark
934 : Attaque de la Francie orientale sur le Danemark, soumission et baptême du roi Gnupa
936-973 : Otton Ier, roi de Germanie
948 : Synode d'Ingelheim (nomination de trois évêques pour le Danemark)
v. 958-962 : Mort de Gorm l'Ancien, début du règne personnel de Harald
961 : Bataille de Fitjar (Norvège)
961-963 : Campagne d'Otton en Italie (complot du comte Wichmann)
962 : Couronnement impérial d'Otton Ier
v. 963-965 : Baptême de Harald
v. 965/970 : Construction du *Forbindelsesvolden* (Danevirke)
966 : Baptême de Mieszko Ier, duc de Pologne
    v. 967 : *Vie de l'archevêque Bruno de Cologne* de Ruotger de Saint-Pantaléon

v. 968 : *Histoire des Saxons* de Widukind de Corvey
969 : Baptême de Géza, grand-prince des Hongrois
années 970 : Construction des forteresses circulaires danoises
années 970-980 : Frappe des imitations de Dorestad et des monnaies à la croix
973 (Pâques) : Assemblée de Quedlinbourg
973-983 : Otton II, roi de Germanie et empereur d'Occident
973 (Pentecôte) : Sacre d'Edgar, roi des Anglais
v. 973-983 : Conflit avec les Ottoniens autour de la partie sud du Jutland
années 980 : Construction du *Kovirke* (Danevirke)
983-1002 : Otton III, roi de Germanie et empereur d'Occident
v. 985 (?) : Bataille de Hjörungavágr
v. 986/987 : Début du règne de Sven à la Barbe fourchue
987 : Avènement des Capétiens en Francie occidentale
1013 : Conquête de l'Angleterre par Sven
1014 : Mort de Sven
1018 : *Chronique* de Thietmar de Mersebourg
v. 1042 : *Éloge de la reine Emma*
v. 1075 : *Histoire des archevêques de Hambourg* d'Adam de Brême
v. 1138 : *Chronique de Roskilde*
v. 1185 : *Histoire des Danois* de Saxo Grammaticus
v. 1186 : *Brève Histoire des rois danois* de Sven Aggesen
v. 1200 (?) : Réalisation des plaques de Tamdrup
v. 1200 (?) : *Saga des vikings de Jómsborg*
v. 1240 : *Histoire des rois de Norvège* de Snorri Sturluson
v. 1250 : *Saga des descendants de Knut*
1586 : Redressement (ou dégagement) de la grande pierre runique de Jelling
1704 : Premières fouilles à Jelling
1889 : Première copie de la pierre de Jelling, pour l'exposition universelle de Paris
1934 : Premières fouilles dans la forteresse de Trelleborg (Seeland)
1994 : Classement du site de Jelling au patrimoine mondial de l'Unesco

2000 : Inauguration du centre d'exposition *Kongernes Jelling*
2018 : Classement du site de Hedeby et du Danevirke au patrimoine mondial de l'Unesco

L'Europe du Nord au xe siècle

SCANDINAVIE
Golfe de Botnie
Valsgärde
Gamla Uppsala
än
Novgorod
Volga
ÈDE
Gotland
RUS'
lland
Mer
Baltique
anie
rnholm
POMÉRANIENS
POLOGNE
Gralewo
POLANES
Vistule
Dniepr
Oder
EN
Mikulčice
Mer Noire

PARTIE I

Harald, bâtisseur du Danemark

CHAPITRE 1

Le baptême de Harald et la fin des « Âges obscurs » en terre danoise

Harald vient au monde en des « Temps obscurs », des « Âges sombres » (les si décriés *Dark Ages* en anglais), dans l'ombre pour l'historien, une période qui échappe largement à l'éclairage des sources[1]. Même les premiers récits historiographiques danois sont, au XIIe siècle, très laconiques sur la période préchrétienne, quand elle n'est pas tout bonnement ignorée. Quant au processus de christianisation, avec sa chronologie, ses acteurs et leurs motivations, ses modalités, il est souvent « relégué à un passé indéterminé, semi-légendaire[2] » : l'histoire danoise est résolument chrétienne.

Un royaume danois avant Harald ?

Le temps des chefs et des petits rois

Avant la conversion des Danois, histoire et légende s'entremêlent, si bien qu'on ne saurait dire avec précision à quoi correspond le royaume des Danois en ces temps reculés. Il n'a cependant jamais été d'un seul tenant : aujourd'hui encore, il comprend à la fois la péninsule du Jutland, petite avancée du continent européen dans la mer du Nord, et les nombreuses îles formant un archipel à l'est de cette dernière. Un tel morcellement n'est pas sans conséquence sur l'organisation des territoires danois, marquée par l'éclatement politique : les différentes régions, séparées par des mers, des détroits, des fleuves et des rivières, sont soumises à l'autorité de chefs locaux (des jarls), implantés dans plusieurs lieux de pouvoir, comme Lejre (sur l'île de Seeland), centre royal depuis le VIe siècle.

Les rois des anciens temps païens, souvent en partie légendaires, restent très mal connus. Impossible dès lors de dater l'apparition d'un premier royaume, qui a d'ailleurs dû se constituer en plusieurs étapes. Un noyau initial s'est peut-être formé dès le VIe siècle autour du sud du Jutland et des plus grandes îles (Fionie et Seeland), mais il faut attendre le VIIe siècle pour voir apparaître, à travers les données archéologiques, des pouvoirs forts, dont on peine toutefois à déterminer la nature et l'ampleur. D'importantes ressources, à la fois humaines et matérielles, ont en effet été mobilisées pour réaliser d'imposantes structures telles que les premières phases du Danevirke, l'« ouvrage des Danois », système de fortifications qui protège la frontière entre ces derniers et leurs voisins francs, ou le canal de Kanhave, construit vers 726 à travers l'île de Samsø pour contrôler les eaux danoises. Mais ce n'est qu'au tournant des VIIIe et IXe siècles qu'un royaume des Danois émerge timidement dans les textes : les auteurs occidentaux attribuent alors à certains chefs scandinaves le titre de « roi » (*rex* en latin)[3]. C'est en particulier le cas du roi danois Godfred dans les années 800, qui est mentionné dans les *Annales royales des Francs* à l'occasion de tensions à la frontière avec la Saxe carolingienne. Après son assassinat par un de ses propres hommes en 810, une période troublée s'ouvre pour le Danemark. Plusieurs clans, petits rois et grands chefs, souvent en guerre les uns contre les autres, semblent continuer à se partager le pouvoir. Certains sont contraints à l'exil, comme Harald Klak qui, avant de se réfugier à la cour de Louis le Pieux dans les années 820, ne contrôlait, selon le moine Rimbert, qu'« une partie des Danois[4] ». Cette impression d'éclatement politique perdure pour tout le IXe siècle. Dans leurs récits, les voyageurs Ottar et Wulfstan distinguent ainsi encore, à la toute fin du IXe siècle, « Danois du Sud », du côté du Jutland, et « Danois du Nord », dans les îles, en Scanie, Halland et Bohuslän[5]. Déterminer qui règne alors sur quoi, tracer la moindre frontière, bref, donner une dimension territoriale au pouvoir de ces rois et roitelets reste très malaisé. Une telle entreprise n'a d'ailleurs probablement pas grand sens pour une époque où le roi ne règne pas sur un territoire mais sur un peuple : de même que Pépin le Bref, puis son fils Charlemagne sont avant tout rois des Francs, Godfred est « roi des Danois », *rex Danorum* dans les sources latines.

C'est dans le sud du Jutland, au début du xᵉ siècle, que l'on perçoit les tout premiers signes de la réapparition d'un royaume danois : un dénommé Gnupa (ou Chnuba) a alors visiblement autorité sur la région de Hedeby/Schleswig. Il est passé à la postérité en raison de sa défaite face au roi de Germanie Henri Iᵉʳ en 934 et de son baptême, relatés par Widukind, moine à l'abbaye de Corvey, dans son *Histoire des Saxons en trois livres*[6]. Le nom du fils et successeur de Gnupa, Siktrik (ou Sigtrygg), est resté gravé sur deux pierres runiques érigées dans la région à sa mémoire par sa mère, une dénommée Astrid[7]. Il est très difficile d'établir une quelconque continuité entre Godfred, le roi tenant tête à Charlemagne, puis Gnupa et ensuite Harald ; peut-être n'y en avait-il d'ailleurs pas. Adam de Brême, dans son *Histoire des archevêques de Hambourg* rédigée bien plus tard, dans les années 1070, renonce d'ailleurs, face à la confusion de la situation politique, à reconstituer un récit cohérent de cette période, soulignant que « savoir si ces nombreux rois - ou plutôt les tyrans danois - régnèrent simultanément pour certains ou vécurent l'un après l'autre dans un court laps de temps est incertain[8] ».

Gorm l'Ancien, père de Harald et du « Danemark »

Il faut en fait attendre le règne de Gorm, dit « l'Ancien », et surtout sa mort, aux alentours de 958 semble-t-il, pour commencer à y voir un peu plus clair dans les affaires danoises. On ne sait toutefois presque rien de ce roi : description des faits et entreprises de diabolisation par les auteurs chrétiens plus tardifs s'entremêlent, sans qu'il soit vraiment possible de distinguer la réalité historique de la légende. Le contraste qu'Adam de Brême crée par exemple entre Gorm, qualifié de « cruelle vermine » et présenté comme un païen farouchement hostile aux chrétiens, et Harald, proche du christianisme - et ce avant même son baptême -, est un procédé rhétorique qui parcourt toute son œuvre, dans laquelle le christianisme s'oppose au paganisme, le Bien au Mal, le passé au présent[9]. Adam réactive ainsi, dans les années 1070, les anciens stéréotypes autour du barbare païen - dans un contexte de nouvelles révoltes païennes, touchant directement son siège archiépiscopal de Hambourg-Brême -, tout en louant les vertus chrétiennes de Harald, roi de piété, de justice et de bienveillance. Cette construction littéraire binaire est par la suite reprise dans d'autres textes, comme la *Chronique de Roskilde*, première source danoise conservée pour l'histoire du Danemark, peut-être rédigée par un chanoine de la cathédrale au cours du XIIe siècle. Elle confronte - non sans effets de répétition, voire d'incohérences[10] - la figure de Gorm, « le plus cruel des rois », à celle de Harald, « le plus doux des fils », l'ami des chrétiens quand son père les pourchasse[11], présentation que l'on retrouve également dans la *Geste* (ou *Histoire*) *des Danois* de Saxo Grammaticus, qui, en mêlant histoire et légende, fait le récit, à la fin du livre IX, des violentes persécutions lancées par Gorm contre les chrétiens, jusqu'à ordonner la destruction de l'église de Schleswig.

L'essentiel de ce que l'on sait de ce roi provient en fait des deux pierres runiques de Jelling, une petite gravée à sa demande et une monumentale commanditée par Harald, qui nous apprennent que Gorm régna sur les Danois, eut Thyra pour épouse et un fils qui lui succéda. C'est mince. Rien ne nous permet de déterminer sur quelle région s'étendait précisément l'autorité de Gorm : seulement le sud du Jutland, à l'instar de Gnupa et de Siktrik ? C'est d'autant plus difficile à dire qu'il reste malaisé de déterminer si les dynasties de Gnupa et de Gorm se sont succédé ou furent en partie contemporaines, régnant chacune sur une région distincte. On ignore même jusqu'à la date exacte à laquelle Gorm commence à régner sur les Danois.

C'est en tout cas avec ce roi que le « Danemark » entre dans l'histoire, lorsqu'il fait graver, sur la pierre dédiée à la mémoire de son épouse Thyra, la première occurrence de ce nom en langue scandinave (TANMARKAR) - qui existait toutefois déjà en vieil anglais, notamment dans le récit du voyageur Ottar vers 880, ou en latin (*Denemarca*) chez Réginon de Prüm à l'année 884[12]. Le terme lui-même en dit long sur cette histoire des premiers temps, largement dépendante du prisme des sources occidentales. En effet, d'un point de vue étymologique, le « Danemark » pourrait d'abord renvoyer à la « frontière » des Danois[13], en écho à *mark* en langue germanique, apparenté à *margo* en latin – donnant *margin* et *mark* en anglais, « marge » et « marche » en français. Ce terme désigne un espace marginal, doté, dans le contexte carolingien puis ottonien, d'une fonction militaire : destinée à contenir ou mener des attaques, la marche désigne une région plus qu'une simple ligne. Le « Danemark », du point de vue germanique, c'est donc la frontière nord, comme le rappelle encore la charte d'Otton Ier datée de 965, qui présente ce territoire comme « une marche ou un royaume[14] ». Cet exonyme, donné par les voisins méridionaux des Danois, et non par les Danois eux-mêmes, renverrait ainsi à l'origine à une perception extérieure, à forte connotation militaire, avant d'entrer dans le lexique courant[15].

Le mariage de Gorm et de Thyra est bien attesté à la fois par cette inscription et par plusieurs textes, mais ses détails nous échappent totalement. Saxo Grammaticus, jamais en reste de petites anecdotes croustillantes – hélas rarement historiques –, relate les circonstances de cette union royale[16]. Thyra est présentée comme la fille d'un roi anglo-saxon, Ethelred – peut-être le roi qui régna sur le Wessex de 865 à 871. Elle aurait accepté cette union « à la condition que le Danemark lui fût donné en dot », condition acceptée par Gorm. La jeune mariée, ne reculant devant rien, se refuse toutefois à lui au prétexte qu'elle souhaite attendre un présage lui annonçant la venue d'enfants. Saxo ne peut cependant pas s'empêcher de souligner que « d'autres prétendent qu'elle aurait repoussé les joies du lit conjugal afin que son abstinence amenât son mari à la religion chrétienne », reprenant ainsi un schéma narratif assez classique : l'épouse incitant son mari à rallier le Dieu unique, à l'image d'une Clotilde, ardente instigatrice sous la plume de Grégoire de Tours de la conversion de son époux, Clovis[17]. C'est finalement Gorm qui voit en songe sortir deux oiseaux du ventre de son épouse. Ils prennent leur envol et seul le plus petit des deux revient vers lui, couvert de sang. Ce rêve a deux conséquences : une immédiate - Thyra consent enfin à la consommation du mariage afin de voir la réalisation de la prémonition de son époux - et une plus diffuse - Gorm n'aura de cesse de s'inquiéter pour son fils aîné. C'est ainsi que Thyra serait devenue la mère de Cnut et Harald.

Mais les sagas islandaises, en particulier la *Saga des vikings de Jómsborg* (ou *Jómsvíkinga saga*), rédigée en norrois au début du XIIIe siècle[18], et l'*Histoire des rois de Norvège* de Snorri Sturluson (1179-1241), nous racontent une tout autre histoire, dans laquelle il n'est question ni de parenté anglaise ni d'oiseaux prémonitoires. À en croire Snorri, le père de Thyra serait le « roi du Jutland Harald Klak » - un nom qui prête décidément à toutes les confusions - et, selon la *Saga des vikings de Jómsborg,* plutôt un « jarl du Holstein[19] ». Comme chez Saxo Grammaticus, Gorm a deux fils de son union avec Thyra : Cnut, élevé par son grand-père, Harald Klak, et Harald, qui passe les étés de sa jeunesse en expéditions vikings et ses hivers au Danemark. Si l'on suit Saxo, ses raids l'auraient même mené en Angleterre avec son frère, pour la plus grande fierté de leur grand-père maternel - Ethelred dans cette version -, au point qu'il déshérite sa fille pour léguer l'Angleterre aux deux frères, qui se rendent jusqu'en Irlande ; un récit pour le moins fantaisiste sur bien des points, des velléités testamentaires d'un roi anglais mal identifié à la conquête de l'Irlande par les fils de Gorm[20]. La saga rapporte ensuite comment Cnut est mortellement blessé lors du siège de Dublin, ce qui n'empêche pas les Danois de s'emparer du pays. Harald rentre alors seul au Danemark, réalisant ainsi le rêve prémonitoire de son père. Gorm meurt de chagrin le jour qui suit l'annonce de cette terrible perte, au terme d'un règne « d'une centaine d'années ». Un grand tertre est érigé sur sa tombe et Harald est choisi pour roi[21]. La tradition norroise rejoint sur ce point en grande partie le récit de Saxo, dans lequel Gorm, très inquiet pour son fils aîné, meurt de douleur en apprenant la triste nouvelle. Des funérailles communes sont alors organisées pour le père et le fils[22].

Difficile de s'y retrouver dans ces récits comprenant de toute évidence une large part de reconstruction littéraire, pour partie contradictoires entre eux, pour partie divergeant d'autres sources. Ce tissu d'anecdotes plus ou moins légendaires a occulté le rôle du païen Gorm dans la construction progressive d'un royaume danois fort, et l'histoire l'a en grande partie oublié. Il a pourtant vraisemblablement préparé le terrain pour son fils, peut-être par son mariage – même si les origines de Thyra restent assez obscures, en témoigne la petite pierre de Jelling[23].

Inscription runique de la petite pierre de Jelling :
(face A) ᚴᚢᚱᛘᛦ:ᚴᚢᚾᚢᚴᛦ:
:ᚴ(ᛅᚱ)ᚦᛁ:ᚴᚢᛒᛚ:ᚦᚢᛋᛁ:
:ᛅ(ᚠᛏ):ᚦᚢᚱᚢᛁ:ᚴᚢᚾᚢ
(face B) ᛋᛁᚾᛅ:ᛏᛅᚾᛘᛅᚱᚴᛅᛦ:ᛒᚢᛏ:

Transcription en alphabet latin :
(face A) kurmr kunukr
k(ar)þi kubl þusi
a(ft) þurui kunu
(face B) sina tanmarkar but

Traduction française :
(face A) Le roi Gorm
a érigé cette pierre
à la mémoire de Thyra, son épouse,
(face B) le joyau du Danemark.

N. B. : Les mots illisibles restitués sont entre parenthèses ;
les deux points séparent les mots.

Ainsi, sur l'inscription que Gorm a fait graver à Jelling « à la mémoire de Thyra, son épouse, le joyau du Danemark » (TANMARKAR BUT), la traduction du vieux norrois *but* ne va pas de soi : « joyau du Danemark » pourrait aussi se traduire par « remède du Danemark ». Cette version, rarement envisagée, permet de considérer le mariage royal sous un autre angle : Gorm, roi originaire du sud du Danemark, a pu épouser une princesse du Nord, contribuant par cet acte à réunifier « Danois du Sud » et « Danois du Nord »[24]. Ce n'est donc pas tant la beauté de son épouse que Gorm aurait cherché à célébrer, mais plutôt le rôle très positif qu'elle eut pour le Danemark en s'unissant à sa famille. Thyra serait ainsi le « remède » à l'éclatement qui prévalait jusque-là. Or, il semble que c'est précisément à ce moment que le cœur du royaume des Danois bascule plus à l'ouest, dans la péninsule du Jutland, autour de Jelling, que Gorm commence peut-être à développer, en faisant le berceau de sa dynastie, au détriment de Lejre, l'ancien centre de pouvoir sur l'île de Seeland. Si le rôle de Gorm dans le processus menant à la naissance d'un « Danemark » demeure donc malaisé à cerner, il a pu en être un acteur déterminant ; tandis que son épouse, Thyra, a reçu le grand honneur d'être célébrée sur les deux pierres runiques de Jelling, la commémoration d'une femme restant un cas très rare – mais pas unique – pour l'époque[25]. Cependant, si l'on se fie aux sources (tant textuelles qu'archéologiques), c'est à leur fils, Harald, que l'on doit les plus grands chantiers sur le site royal et dans le reste du royaume, dans un contexte de transition religieuse.

Une jeunesse et une accession au trône mal connues

Harald est né païen, ce qu'un auteur chrétien comme Adam de Brême se garde bien de rappeler avec trop d'insistance, à tel point qu'il faut bien avouer que l'on n'est guère mieux renseigné sur cette jeunesse préchrétienne que sur le règne de Gorm. Harald semble néanmoins avoir passé une bonne partie de ses jeunes années en expéditions plus ou moins lointaines, qui ont pu le mener jusque dans le monde britannique. Les sagas, mais aussi Saxo Grammaticus, brossent le portrait d'un véritable viking[26], plus que d'un futur grand souverain chrétien : un jeune homme ambitieux, avide d'aventures, sillonnant les mers pour assouvir sa soif de richesses. Son père et son frère à peine enterrés, Harald reprend ses expéditions maritimes et lance une attaque vers l'est, raconte Saxo Grammaticus. À la mort d'Ethelred, Harald est floué de son héritage anglais. C'est Æthelstan, le fils du souverain défunt, qui monte sur le trône, sans que, si l'on en croit toujours Saxo, cela ait beaucoup ému Harald, qui préfère ne pas faire valoir ses droits en Angleterre et attendre patiemment son heure. C'est le moment que choisit l'auteur pour faire entrer en scène un nouveau personnage :

le roi norvégien Harald à la Belle chevelure (872-931), qui profite de la situation pour tenter sa chance, en vain, en Angleterre. On le voit, Saxo est en fait bien plus intéressé par les rapports - plus ou moins cordiaux - entre les rives des mers septentrionales que par les débuts du règne personnel de Harald au Danemark, à tel point qu'il n'y a probablement pas grand-chose de fiable à retirer de tout son récit pour tenter de reconstituer le cours de ces premières années, si ce n'est que Harald accède au pouvoir dans un contexte politico-militaire complexe dans les contrées nordiques.

Tout pose donc problème pour tenter de reconstituer le début de ce règne, à commencer par les dates. On considère traditionnellement que Gorm meurt en 958 : l'analyse dendrochronologique menée sur le bois de la chambre funéraire qui lui est attribuée dans le tertre nord à Jelling laisse peu de doute, à condition toutefois que la personne inhumée là soit bien Gorm. Il n'est ainsi pas impossible que Harald ne commence à régner seul qu'au début des années 960, après avoir peut-être partagé le pouvoir avec son père vieillissant pendant quelque temps[27]. L'âge de Harald à la mort de Gorm nous échappe aussi totalement : les récits semi-légendaires relatant les conditions de sa conception et de sa naissance ne permettent pas d'avancer la moindre date. On peut imaginer qu'autour de 958 Harald, qui a visiblement déjà pas mal bourlingué, est un homme d'âge mûr, peut-être entre la trentaine et la quarantaine - avec une naissance quelque part dans les années 920 donc, peut-être 930 si on l'envisage un peu plus jeune ou fin des années 910 dans l'hypothèse d'un souverain plus âgé : la fourchette est large et les certitudes bien maigres.

Le tableau que ce premier survol commence à esquisser demeure donc rempli d'incertitudes, qui tiennent pour beaucoup aux sources que l'historien a, ou plutôt n'a pas, à sa disposition. Cependant, lorsque Harald opte pour la religion chrétienne, le voile se déchire légèrement. Dans le récit des auteurs chrétiens, c'est à ce moment seulement que ce roi devient digne d'intérêt, passant du rang de chef viking, vil pilleur païen, à celui de souverain chrétien, choisi et protégé par Dieu.

LE LONG ET SINUEUX CHEMINEMENT DES DANOIS VERS LE CHRISTIANISME

Des premiers temps du royaume des Danois, Adam de Brême, en bon homme de Dieu, retient surtout une chose, ne s'encombrant guère des détails : il s'agissait de farouches païens. Il faut attendre la fin du XIIe siècle pour que le chroniqueur danois Sven Aggesen intègre pour la première fois le passé païen de son peuple dans sa *Brève Histoire des rois danois*[28]. Cependant, toute mémoire vivante des temps préchrétiens a alors disparu et on ignore ce qui a pu survivre jusque-là de la tradition païenne, tandis qu'en Islande le lointain écho d'ancêtres païens se transforme dans les sagas en exaltation d'un passé révolu, que les Scandinaves, désormais pourtant bien chrétiens, ne cherchent plus à occulter, n'hésitant pas à mettre au contraire en avant leurs valeureux aïeux.

Lorsque Harald vient au monde, les confins septentrionaux de l'Europe sont largement associés, dans l'esprit des auteurs chrétiens, à la barbarie, une notion qui, depuis l'époque carolingienne, ne désigne plus seulement celui qui ne partage pas la même langue, le latin, mais avant tout celui qui ne croit pas dans le Christ. L'altérité est désormais religieuse[29]. Harald naît donc « barbare » et vit ses jeunes années, comme la plupart de ses contemporains, sous les auspices des nombreuses divinités composant un panthéon païen nordique très protéiforme. Le polythéisme a en effet un aspect très mouvant : à côté des dieux principaux, on peut, selon les régions et les époques, en ajouter ou en oublier, ce qui présente l'avantage, dans une période de transition, de pouvoir faire cohabiter les anciens dieux et le nouveau. Les croyances des anciens Scandinaves ne forment d'ailleurs pas vraiment une « religion » au sens occidental du terme, c'est-à-dire un système unifié et cohérent, mais plutôt un ensemble de mythes, rites, croyances, représentations aux formes multiples, mêlant dieux et déesses, géants et nains, divinités à l'image des hommes et figures animalières (serpent, loup...), culte des dieux et vénération animiste des pouvoirs de la nature, par l'intermédiaire des sources, des forêts, des pierres[30].

Widukind nous assure pourtant que, lors du baptême de Harald, « les Danois étaient anciennement chrétiens, mais [qu']ils n'en continuaient pas moins à rendre un culte païen aux idoles[31] ». Pure exagération littéraire ou part de réalité ? Aucune autre source ne permet d'affirmer que « les Danois étaient chrétiens » avant la conversion de Harald. Widukind fait peut-être référence aux premières entreprises missionnaires en Scandinavie au début du VIIIe siècle, de façon un peu abusive, ces tentatives, comme celle de l'évêque d'Utrecht, Willibrord (v. 657-739), n'aboutissant guère. Dans les faits, il faut attendre le IXe siècle pour que les croyances chrétiennes commencent à pénétrer en terre scandinave, grâce notamment aux efforts des moines Anschaire (801-865) et Rimbert (v. 830-888), qui ouvrent un long processus d'infiltration du christianisme, marqué par un tournant majeur : le baptême des rois scandinaves[32].

Les facteurs expliquant la conversion du Nord ont fait couler beaucoup d'encre et on ne perçoit désormais plus les anciens Scandinaves comme les récepteurs passifs de la bonne parole apportée par les missionnaires occidentaux[33], une vision largement véhiculée par les sources[34]. Les élites nordiques en particulier, voyant dans la nouvelle religion une façon de légitimer leur autorité, ont au contraire joué un rôle actif dans sa diffusion sur les terres de leurs ancêtres. Le passage de la Scandinavie au christianisme ne se fait pas sous la contrainte des armes occidentales, mais en lien étroit avec l'émergence de pouvoirs internes forts. Pour autant, il ne s'agit pas de nier toutes les influences extérieures qui ont pu intervenir dans ce cheminement parfois sinueux, comme le souligne Adam de Brême : selon lui, c'est l'archevêque de Hambourg, Unni (916-936), qui, du vivant de Gorm, « gagna, par sa prédication, son fils Harald », qui aurait ensuite autorisé la célébration du culte chrétien avant même de se convertir[35]. La chronologie est certes floue - comme souvent chez cet auteur - et son objectif est avant tout de mettre en avant le siège de Hambourg-Brême, seul moteur de la christianisation du Nord à l'en croire, mais n'en fait pas moins ressortir l'intervention d'agents extérieurs, ainsi que la dimension très progressive de l'infiltration du christianisme en Scandinavie. Une idée peu présente dans le reste de son œuvre - qui cherche plutôt à donner une impression de changement radical de politique envers le christianisme avec l'avènement du nouveau roi -, mais probablement assez fidèle au processus tel qu'il s'est déroulé, sur plusieurs générations[36].

Durant ces siècles de transition religieuse, divinités païennes et Dieu des chrétiens coexistent, donnant lieu à de nombreuses formes de syncrétisme et de mélange, parfois durables, comme en témoigne le moule datant du xe siècle découvert à Trendgården (Jutland), qui permettait de forger simultanément un marteau de Thor et deux croix[37]. C'est peut-être à ces croyances syncrétiques que Widukind fait référence lorsqu'il évoque la persistance d'un « culte païen » au milieu du xe siècle. Dans un premier temps, le Christ a très vraisemblablement rejoint le panthéon des dieux scandinaves, pour siéger aux côtés d'Odin, de Thor et des autres divinités tutélaires des hommes du Nord, tandis que les tout premiers baptêmes ont rarement eu l'effet escompté. En effet, changer les mentalités prend du temps et le baptême est loin d'être toujours synonyme de conversion effective, de transformation des croyances personnelles. L'hypothétique baptême du roi Gnupa en 934, imposé par le roi ottonien Henri Ier, est peut-être de ceux-là. Le christianisme ne s'enracine durablement en Scandinavie que lorsque les souverains nordiques le choisissent librement et encouragent sa diffusion. Harald est le premier à franchir ce pas décisif.

Pour comprendre tous les enjeux à l'œuvre derrière cet événement majeur, il faut remonter quelques années plus tôt, en 948, alors que Gorm règne encore. En Germanie, le roi est, depuis la mort d'Henri Ier en 936, son fils, Otton Ier. Il n'est pas encore le puissant empereur que la postérité a retenu - il n'acquiert le titre impérial qu'en 962 - et tous les soubresauts qui secouèrent le début de son règne ne sont pas totalement éteints : la plupart des grands qui lui cherchaient querelle, à commencer par son propre frère, ont été mis au pas, mais la situation reste tendue avec la Francie occidentale, tandis que, plus à l'est, la menace hongroise n'a pas totalement disparu. C'est donc dans ce contexte que, marchant dans les pas de son père qui avait annexé la région danoise du Schleswig en 934, Otton tente d'étendre son influence plus au Nord, là où même Charlemagne avait échoué. Pour ce faire, il ne se contente pas de chevaucher à la tête de son armée, mais entend aussi se servir de l'arme religieuse. En 948, il est ainsi à l'initiative de la création des évêchés missionnaires de Havelberg et de Brandebourg, consacrés à l'évangélisation des Slaves, et de la tenue du grand synode d'Ingelheim. Réuni pour un tout autre sujet - le schisme de l'archidiocèse de Reims -, il rassemble trente-deux hommes de Dieu, parmi lesquels apparaissent pour la première fois un évêque de Ribe (Leofdag/Liafdag), un évêque de Schleswig (Hored) et un évêque d'Aarhus (Reginbrand), sortis d'on ne sait trop où. Il n'est d'ailleurs pas certain que les trois individus en question aient eu accès à leur diocèse putatif et aient même jamais mis le pied en Scandinavie[38]. On n'a pas d'autre trace de ces évêques avant 965, lorsque Otton signe une charte, par laquelle il renonce officiellement à toute autorité sur les trois diocèses danois, placé sous la juridiction de l'archevêché de Hambourg-Brême[39]. Que s'est-il donc passé entre 948 et 965 ? Harald s'est tout simplement converti.

Le baptême de Harald : un événement à l'échelle européenne

En optant officiellement et définitivement pour le christianisme, Harald devient l'acteur central d'un des changements majeurs dans l'histoire de son royaume. Mais derrière ce grand récit national se cache un événement dont les détails et les motivations nous échappent pour partie, retracé par des voix discordantes : celle d'Adam de Brême, farouche défenseur de l'Église de Hambourg, celle de Widukind, ardent partisan des Ottoniens, mais aussi celle de Harald lui-même, promoteur zélé de sa propre renommée[40].

Une conversion contrainte ou miraculeuse ?

Les prémices de cet épisode marquant se situent sous des auspices guerriers chez Adam de Brême. Conséquence d'une défaite militaire face à Otton, Harald doit « se soumettre » et « promet solennellement d'accueillir le christianisme au Danemark »[41]. Son baptême, ainsi que celui de son épouse Gunhild et de leur fils Sven, suit immédiatement, en présence d'Otton. Aucune autre source ne vient cependant corroborer ce récit ni confirmer la présence impériale à la cérémonie. Adam veille à cantonner le roi des Danois, passif, au second plan, pour en laisser toute l'initiative à Otton. Tout est bon pour exalter la figure impériale, y compris brouiller la chronologie, au risque de devoir ensuite jouer les équilibristes pour tenter de reconstruire un récit cohérent. En affirmant qu'Otton Ier s'est rendu en Scandinavie et a lui-même tiré des fonts baptismaux le fils de Harald, Adam pare ce baptême d'un voile de légende, tout à la gloire impériale. Certes, Otton Ier fut un maillon important de la conversion de Harald, mais peut-être pas exactement comme cet auteur veut nous le faire croire.

Cette conversion en contexte militaire cadre en réalité assez mal avec le récit global de la christianisation plutôt pacifique du monde scandinave. D'ailleurs, l'autre source évoquant cet événement, Widukind de Corvey, ne mentionne à aucun moment de défaite face à Otton qui précéderait le baptême. Globalement, il faut bien reconnaître que le règne de Harald n'intéresse guère les auteurs du monde germanique, sauf s'il touche de près ou de loin les affaires impériales. Dans son *Histoire des Saxons*, œuvre « patriotique » centrée sur la Saxe[42], Widukind fait intervenir un autre personnage, qui n'est associé à la conversion de Harald chez Adam de Brême qu'au détour d'une scholie[43] et n'est pas mentionné par l'autre auteur contemporain d'Otton Ier, Ruotger de Saint-Pantaléon, dans sa *Vie de l'archevêque Bruno de Cologne*. Ce nouvel intervenant est un dénommé Poppon (ou Poppa). Contrairement à l'archevêque Unni chez Adam, Poppon ne se contente pas de belles paroles : mis au défi par Harald de prouver la supériorité de son Dieu unique sur les idoles païennes, il accepte de prendre à pleine main « une grande masse de fer » chauffée à blanc. À la vue de « sa main intacte », Harald reconnaît la grandeur du Dieu des chrétiens et décide de se convertir, ou plutôt, pour reprendre les mots exacts de Widukind, « converti » par ce prodige – la voix passive faisant de Poppon et, par son intermédiaire, de Dieu les seuls agents actifs –, « décrète que le Christ est le seul Dieu à adorer, ordonne à tous ses peuples de rejeter les idoles »[44]. Harald s'est « converti », c'est-à-dire, au sens premier du terme, a renoncé à un système de croyances pour un autre, a changé son point de vue sur le monde. Il ne lui reste plus qu'à passer par le rituel symbolisant ce changement de mentalité : le baptême. Le miracle accompli par Poppon est amplifié sous la plume d'Ælnoth, moine bénédictin de Cantorbéry, dans ses *Faits du roi Sven le Grand et de ses fils et Passion du très glorieux Cnut, roi et martyr,* qu'il rédige au Danemark peu après 1110, mêlant des éléments de chronique et d'hagiographie. Poppon, présenté ici comme l'évêque qu'il n'est pourtant pas encore, ne se contente pas de porter un fer chauffé dans sa main droite ; il marche également sur des lames en fer brûlantes, sans que ses pieds soient plus touchés que sa main[45]. La foi par la suite inébranlable des Danois tient ainsi, selon Ælnoth, à cette double épreuve à l'origine de la conversion de tout un peuple.

L'épreuve imposée à Poppon est un parfait exemple de mission « par les actes » – à distinguer de la mission « par le mot » et de celle « par la force »[46] – qui présente plusieurs avantages : c'est un moyen de se faire comprendre par-delà la barrière de la langue, mais plus encore une façon efficace de frapper les esprits. Pour pouvoir échanger, chacun doit faire un pas vers l'autre, si bien qu'un ecclésiastique comme Poppon n'hésite pas à prendre part à un banquet païen. Une telle démarche, contraire au droit canonique, montre bien les compromis auxquels certains hommes de Dieu sont prêts pour convaincre les Scandinaves de renoncer à leurs idoles et pratiques païennes[47].

Adam de Brême, Widukind de Corvey, Ruotger de Saint-Pantaléon ou encore Thietmar de Mersebourg se rejoignent sur un point : l'influence décisive de l'Église germanique dans cette conversion ;

et suivent tous une approche téléologique. Avant même sa conversion, Harald est présenté comme un « homme que l'on dit prompt à écouter mais lent à parler[48] », écho très clair à l'Épître de Jacques[49], comme si tout le prédestinait au baptême. Païen, il présente déjà les qualités du bon chrétien, et même du bon souverain chrétien, sage, réfléchi, posé, instrument de la justice divine. Les sources manquent pour tenter de s'abstraire de ce point de vue germanique, mais l'auteur danois de la *Chronique de Roskilde* juge important de préciser que, avant même son baptême, Harald accueillait en son royaume des « prêtres originaires d'Angleterre aussi bien que de Saxe[50] ». Quant à la grande pierre de Jelling, elle nous propose encore une tout autre version : plus d'Otton, d'Unni ou de Poppon ; le seul artisan du passage des Danois au christianisme est Harald en personne, à en croire... ce même Harald. Sur cet imposant monument de pierre, il clame en effet avoir « christianisé les Danois ». Il paraît peu probable qu'il ait mené à bien cette entreprise seul, mais c'est de toute évidence la version des faits qu'il tient à transmettre.

Une fois convaincu, Harald reçoit donc le baptême ; du moins suppose-t-on. En effet, si les efforts de Poppon occupent plusieurs lignes dans les récits de Widukind de Corvey et de Thietmar de Mersebourg, il n'en va pas de même pour la cérémonie proprement dite. Widukind ne l'évoque pas, se contentant de dire que Harald ordonna aux Danois de renoncer à leurs idoles pour le Dieu des chrétiens, auquel il resta par la suite fidèle. Il faut attendre Adam de Brême pour que le baptême entre dans le récit, avec tout ce que cette version, rédigée un siècle après les faits, comporte de douteux ou d'imprécis.

On sait ainsi à peine qui était présent : Harald bien sûr, mais aussi, selon Adam de Brême, son épouse et leur jeune fils Sven, ainsi qu'Otton en personne. La présence effective de ce dernier étant éminemment suspecte, c'est l'ensemble de l'entourage évoqué par cet auteur que l'on peut remettre en question. Snorri Sturluson précise de son côté que Harald est baptisé « avec toute l'armée danoise[51] ». La dimension stéréotypée de cette présentation – on se souvient du baptême de Clovis, accompagné de « plus de trois mille hommes de son armée » chez Grégoire de Tours, faisant lui-même écho aux 3 000 personnes baptisées par saint Pierre au moment de la Pentecôte[52] – invite toutefois là encore à la plus grande prudence.

Quant au déroulement exact de la cérémonie, il ne semble guère intéresser les auteurs, plus enclins à souligner le zèle et la piété de Harald devenu chrétien, à tel point qu'on en ignore même le lieu. Contrairement au baptême de Harald Klak en 826, pour lequel on dispose, grâce au poème d'Ermold le Noir, d'une description détaillée, à la fois de la cérémonie elle-même et des festivités qui ont suivi, on ne peut qu'imaginer la façon dont les choses se sont déroulées[53]. Représentons-nous, dans un lieu donc inconnu, sous l'autorité de Poppon ou d'un autre homme d'Église, un Harald tout de blanc vêtu, sortant des fonts baptismaux. En effet, le baptême des adultes s'effectue alors par immersion et le blanc vient renforcer la symbolique de pureté et de renouveau associée à l'eau. Après avoir été plongé trois fois dans l'eau, rappel de la Trinité, Harald, qui vient de renoncer à ses anciens dieux, est lavé de ses péchés. Au terme de cette cérémonie très ritualisée, il est de coutume que le parrain fasse des cadeaux à son filleul. C'est ce que fait par exemple Louis le Pieux en offrant à Harald Klak une précieuse tunique pourpre et un manteau brodé d'or, une épée d'apparat avec son baudrier, une couronne et des éperons. Mais dans le cas du fils de Gorm, on ignore tout de l'identité du parrain et des éventuels dons accompagnant la cérémonie. Traditionnellement, le changement de nom est également de mise, comme en 911, lorsque Rollon, tout nouveau comte de Rouen (911-932), est devenu Robert, principe qui se retrouve sous la plume de certains auteurs pour le fils de Harald, devenant Sven-Otton (ou Otton-Sven)[54]. Pour Harald, on ne trouve nulle part la moindre mention d'un tel changement : Harald, même devenu chrétien, reste Harald, nom qu'il fait graver pour l'éternité dans le granit de la pierre de Jelling.

L'absence de tout détail concernant la cérémonie, du lieu à la date précise, en passant par la liste des personnes présentes, ainsi que la pluralité des versions, parfois contradictoires, de cet événement majeur de l'histoire danoise poussent à s'interroger sur les motivations des différents acteurs en présence, plus ou moins mis en avant selon les récits, et à se demander qui est à la manœuvre.

Un baptême aux dessous très politiques

En 948, à Ingelheim, Otton avait dévoilé à mi-mot ses intentions : en mentionnant trois diocèses danois, il faisait état de sa volonté de mettre en place une Église annexée à la Germanie - comme il était en train de le faire pour les Slaves. Le lien est en effet étroit entre conversion et soumission, religion et politique. Le contexte en ce début des années 960 contribue aussi à expliquer l'envoi d'un personnage comme Poppon auprès de Harald. Depuis l'été 961, Otton est en campagne en Italie. Avant son départ, il a confié son fils et les insignes royaux (les *regalia*) à l'archevêque de Mayence, tandis que son frère Bruno, archevêque de Cologne, gère les affaires politiques. Devenu empereur, Otton reste en Italie jusqu'en 963 ; cette absence prolongée facilite les complots, comme celui du comte Wichmann le Jeune contre le duc de Saxe Hermann Billung, fidèle soutien d'Otton. Lorsque Wichmann, en quête d'alliés, tente d'entraîner Harald dans l'aventure, Bruno, garant de la sécurité du royaume, cherche probablement à s'enquérir des intentions danoises, voire à rétablir les relations diplomatiques, mal en point sous Gorm, avec les voisins du Nord.

Les motivations de Harald sont peut-être un peu moins évidentes et on se heurte à l'épineux problème de la date du baptême. Adam de Brême semble situer cette conversion en même temps que la création des diocèses danois, soit en 948, mais veille à préserver un certain flou sur la date[55]. Une manière de faire d'Otton le protagoniste de l'histoire : tous les fils des récits germaniques convergent vers cet objectif, jusqu'au double nom attribué au fils de Harald lors du baptême, Sven-Otton. Quand on connaît les mauvaises relations entre les deux souverains, on peut émettre quelques doutes. Le baptême se situerait plutôt dans les années 960, probablement entre 960 et 965, c'est-à-dire un peu plus tard dans le règne de Harald, ce qui cadrait mal avec le reste du récit d'Adam de Brême, qui souhaitait donner l'impression d'une conversion rapide du jeune roi - sauf si Gorm meurt en fait plutôt vers 962[56]. Cinq ans à l'échelle de l'histoire d'une dynastie et d'un pays, ce n'est pas grand-chose, mais ce n'est pas sans conséquences pour le déroulement des faits. Aucun auteur ne nous donne de date, mais si l'archevêque Bruno a bien joué un rôle dans toute cette histoire, le baptême ne peut pas être postérieur à la date de sa mort, en 965. Si par ailleurs les événements se sont déroulés après le complot du comte Wichmann contre Hermann Billung, alors qu'Otton est encore en Italie, cela situerait plus précisément la conversion de Harald autour de 963.

Dans l'hypothèse où Gorm ne mourrait que vers 962/963, la date du baptême pourrait donc correspondre avec les débuts du règne de Harald. Toutefois, si ce dernier accède au pouvoir plutôt autour de 958, on peut se demander pourquoi avoir ainsi repoussé le moment de la conversion. Éternel débat, qui se pose aussi bien pour Constantin et Clovis que pour Harald. Première explication : on ne renonce pas à ses dieux ancestraux si facilement ; c'est une décision qui doit être mûrement réfléchie, pour en peser le pour et le contre. Dans le cadre de la mise en place d'une nouvelle dynastie, le choix du christianisme présente bien des atouts, en conférant à la personne royale une « nouvelle sacralité » et une dimension inviolable[57]. Le roi païen, un chef parmi d'autres, fait place au roi chrétien, qui tend à concentrer les pouvoirs entre ses mains. L'introduction de la nouvelle religion modifie ainsi profondément les anciens équilibres politiques et introduit de nouveaux rapports de force. Certes, le souverain perd « ses prérogatives sacrales au profit des cadres de la nouvelle religion[58] », mais il n'a plus à partager le pouvoir avec une kyrielle d'autres chefs et roitelets : il est désormais seul maître en son royaume, à l'image du Dieu unique des chrétiens dans les Cieux. L'adoption du christianisme va ainsi de pair avec la mise en place progressive d'une nouvelle organisation politique et sociale, structurée autour de cette religion unitaire, puissant instrument de légitimation et de consolidation de l'institution royale au service de l'unification de tout un royaume. En somme, en cédant aux sirènes (ottoniennes) du christianisme, Harald fait coup double : il calme le jeu côté germanique, en démontrant sa bonne volonté - et même ses intentions pacifiques dans un contexte de complots en l'absence d'Otton -, et il consolide sa propre autorité chez les Danois.

Ce baptême est d'ailleurs loin de constituer un cas isolé : en 966, Mieszko, chef de la tribu slave des Polanes et fondateur de la dynastie des Piasts, l'accepte, et en 969, c'est au tour de Géza, grand-prince des Hongrois (972-997). Le contexte des années 960 paraît donc des plus propices aux conversions royales, en lien étroit avec la mise en place de nouvelles royautés et dans une période marquée par une tentative pour constituer un grand empire chrétien, sous la houlette ottonienne. Si la conversion de Harald au christianisme dépasse donc la seule question de convictions personnelles, elle est également loin d'être une simple affaire de politique intérieure, impression qui se dégage aussi d'un texte issu du monde scandinave, la *Saga du roi Olaf Tryggvason*. Selon son auteur, Snorri Sturluson, Otton aurait exercé sur Harald une forme de chantage à la conversion ; en cas de refus, il se serait déclaré prêt à lancer une opération militaire contre les Danois. Le message est on ne peut plus clair : « Soumets-toi à mon Dieu ou soumets-toi à mon armée. » Harald refuse de céder - on n'en attendait pas moins de lui sous la plume d'un auteur scandinave, même chrétien - et renforce alors sa frontière sud, tout en armant sa flotte. La bataille est inévitable : défait par les troupes impériales, Harald est contraint de fuir plus au nord dans le Jutland. Les deux belligérants conviennent ensuite d'une trêve pour leur permettre de se rencontrer. C'est alors qu'entre en scène dans la saga Poppon, le faiseur de miracle, entraînant le baptême de Harald et de son armée[59]. Ce récit tardif semble mêler des éléments empruntés à la fois à Widukind de Corvey et à Adam de Brême - jusqu'au parrainage de Sven par Otton -, tout en témoignant de l'atmosphère tendue qui régnait entre les deux royaumes. C'est probablement là qu'il faut chercher en partie la clé du baptême.

En effet, la pression ottonienne sur le sud du territoire danois se fait de plus en plus pesante en ce milieu de xe siècle. Gorm et Harald n'ont vraisemblablement pas eu voix au chapitre lors du synode d'Ingelheim à propos des évêques danois. Devenu roi, Harald sent que la situation peut lui échapper très rapidement au profit d'Otton, dont le pouvoir et le prestige ne cessent de croître. Il a parfaitement compris le message de 948 et l'intention qu'a Otton de promouvoir une Église danoise annexée à la Germanie. Harald décide alors de le prendre de vitesse en amorçant lui-même le processus de christianisation dans son pays : il ne s'agit plus de coucher sur parchemin le nom de quelques évêques putatifs, mais bien de convertir la population. Son baptême a donc vocation à servir d'exemple, un baptême librement consenti, et non forcé comme a pu l'être celui de Gnupa en 934 ; mais il lui permet aussi de se présenter comme le protecteur de l'Église dans son royaume. Il prive ainsi Otton d'un motif d'intervention : les Danois sont désormais des frères chrétiens. Le roi de Germanie peut d'autant moins répliquer qu'il est à ce moment-là assez occupé sur ses frontières orientales. Il renonce alors à relancer les hostilités et préfère se rallier Harald. Tout cela se déroule probablement autour de 965, date de la charte émise par Otton, par laquelle il abandonne officiellement tous les droits impériaux sur l'Église au Danemark. Ce faisant, il renonce à exercer une influence dans ce royaume et reconnaît, indirectement, Harald comme tête de l'Église danoise. Le problème du Danemark étant en quelque sorte résolu – du moins pour la question religieuse –, Otton, empereur depuis trois ans, peut dès lors se concentrer sur la christianisation de l'Europe centrale et orientale.

Ainsi relue, l'histoire du baptême de Harald apparaît avant tout comme un acte pragmatique : en court-circuitant l'empereur germanique, Harald cherche à limiter la pression qu'exercent les Ottoniens sur la frontière danoise et à affirmer son indépendance. La *Chronique de Roskilde* insiste sur l'amitié qui se noue ensuite entre Harald et l'archevêque de Hambourg Adaldag (937-988), ainsi qu'avec l'empereur Otton[60] ; et Saxo Grammaticus de souligner que le baptême de Harald a enfin rendu possible la paix entre les deux royaumes[61]. Mais la conclusion de l'histoire semble trop belle et l'image du roi faiseur de paix, ou *rex pacificus*, sied aussi mal à Otton qu'à Harald[62]. Dans les faits, les relations entre les deux royaumes restent assez mauvaises et la suite du règne de Harald est émaillée de tensions avec les Ottoniens.

Un tournant disputé dans l'histoire danoise

Adam et les autres, avares de détails sur la cérémonie, sont de toute évidence bien plus intéressés par les conséquences de ce baptême que par l'événement en lui-même. Ælnoth de Cantorbéry ne mentionne même pas la figure de Harald et préfère passer directement à l'étape d'après, celle de la conversion du peuple danois[63]. Il faut probablement y voir la volonté, de la part d'un ardent défenseur du souverain du moment, Cnut IV (1080-1086) - pourtant arrière-arrière-petit-fils de Harald –, de créer un récit consensuel en donnant une impression de dynamique collective autour d'un épisode certes important, mais qui rappelle aussi que les Danois d'antan étaient païens. Saxo Grammaticus omet tout aussi soigneusement d'évoquer la conversion de Harald, comme s'il s'agissait là d'une évidence : sous sa plume, ce roi semble avoir toujours été chrétien. Il en fait pourtant la figure de transition entre la première partie de son récit, très fortement empreinte de mythes et de légendes, et la seconde, à la coloration un peu plus historique.

Cette conversion royale est en effet présentée par la plupart des auteurs comme un tournant dans l'histoire danoise, le moment où le Danemark bascule enfin de façon définitive du côté du « vrai Dieu », une conversion collective et pas seulement individuelle. Or, nous sommes terriblement dépendants de leur vision, de la reconstruction qu'ils nous proposent et dans laquelle ils mettent en avant la figure de Harald. L'histoire a en revanche largement oublié Gorm (et d'autres), oubli dans lequel Harald lui-même, en s'attribuant seul - non sans quelque exagération - le mérite de la conversion des Danois, a sa part de responsabilité.

Mais derrière cette conversion se cache aussi une histoire de luttes d'influence entre Églises : Widukind de Corvey et Ruotger de Saint-Pantaléon racontent l'histoire du point de vue de Cologne et Adam depuis celui de Hambourg-Brême. Widukind impute en effet la conversion de Harald à Poppon et Ruotger à Bruno de Cologne, qui apaise ainsi « la férocité sauvage et insupportable des barbares[64] », ce qui, dans les faits, revient au même si on considère l'identité de ce fameux Poppon. Michael H. Gelting a fait le lien, de façon plutôt convaincante, entre ce personnage et l'archevêque de Cologne Folkmar, aussi connu sous le nom de Poppon - un surnom qui serait tiré d'une équivalence linguistique entre le germanique *Folk* et le latin *populus*[65]. Que l'artisan de cette conversion soit Poppon/Folkmar, futur archevêque de Cologne (965-969), ou Bruno, l'archevêque du moment (953-965), c'est donc l'ombre de cette Église qui plane et, par ricochet, Bruno étant le frère d'Otton et son proche conseiller, celle de l'empereur germanique, point sur lequel finalement Widukind et Ruotger rejoignent Adam de Brême.

Cependant, à la nouvelle de la conversion de Harald par l'Église de Cologne, l'archevêque de Hambourg, Adaldag, a dû se faire quelques cheveux blancs. Son siège souffre depuis son origine (dans les années 830) d'un manque de suffragants, jusqu'à la mention des trois évêchés danois en 948, mais dont les titulaires ne sont probablement jamais allés au Danemark, leur nom visant plutôt à renforcer alors sa position. Une petite vingtaine d'années plus tard, le baptême de Harald par le siège de Cologne est donc un coup dur pour celui de Hambourg, qui se présente comme le principal artisan de la conversion du Nord. C'est aussi un argument venant à l'appui des prétentions de l'Église de Cologne pour récupérer le siège de Brême dans le cadre d'un conflit qui l'oppose à Hambourg depuis la fin du IXe siècle[66]. Heureusement pour Hambourg, Adaldag aussi est proche d'Otton ; c'est même le seul archevêque germanique, semble-t-il, à l'avoir accompagné dans son expédition en Italie en 961. Quelques années plus tard, en 965, Otton lui concède donc un privilège peu ordinaire, qui concerne trois évêques à la fois, de trois sièges ne ressortissant pourtant pas de l'autorité impériale, mais situés en territoire danois (Ribe, Schleswig et Aarhus). Sans le dire explicitement, Otton confirme par ce texte que c'est bien Hambourg-Brême qui détient l'autorité métropolitaine sur les territoires danois.

La situation tendue entre Cologne et Hambourg explique donc très vraisemblablement le silence assourdissant d'Adam de Brême sur l'intervention de Poppon et sa complète réécriture de la conversion (placée autour de 948). Adam a recomposé l'histoire de la christianisation des Danois dans un but bien précis : servir les intérêts de Hambourg, à nouveau menacés lorsqu'il rédige son œuvre dans les années 1070. Entre-temps, la mort de Bruno en octobre 965 paraît avoir calmé les tensions entre Hambourg et Cologne ; son successeur, Folkmar précisément, n'a visiblement pas souhaité relancer la querelle. La christianisation de la Scandinavie est donc un enjeu à l'échelle européenne et le privilège de faire passer les hommes du Nord du statut de païens à celui de chrétiens a fait l'objet de rivalités parfois féroces entre les différentes Églises germaniques. L'archevêché de Hambourg-Brême, présenté sous la plume de son plus ardent défenseur, Adam, comme le moteur de cette conversion, s'est, dans les faits, plusieurs fois trouvé confronté aux ambitions d'autres Églises : Cologne et peut-être même l'Église anglaise[67].

La christianisation en profondeur de toute la population et la mise en place des structures ecclésiastiques prennent toutefois du temps. Certaines résistances perdurent, au Danemark mais aussi dans les esprits occidentaux. En effet, pour les auteurs chrétiens, la conversion des hommes du Nord ne suffit pas nécessairement à combler le fossé entre leur monde, incarnant à leurs yeux la civilisation, et ce Nord lointain, si bien qu'Adam de Brême qualifie encore le roi Sven Estridsen (1047-1076), pourtant bien chrétien, de « plus illustre des Barbares à cette époque[68] ». Avec la diffusion du christianisme dans le monde scandinave au cours du XIe siècle, la notion de barbarie, définie par l'altérité religieuse au cours des siècles précédents, a évolué : les Scandinaves ont beau s'être convertis, ils apparaissent toujours, sous la plume de Thietmar de Mersebourg ou d'Adam de Brême, comme l'autre, celui qui continue quand même à faire peur, qui suscite à la fois crainte et fascination chez les Occidentaux. Ces derniers restent largement tributaires des connaissances antiques, grandes pourvoyeuses de mythes et légendes sur les confins septentrionaux et les peuples qui les occupent, des « vénérables Hippemolges » d'Hérodote aux cynocéphales de saint Augustin, en passant par les Hyperboreéns d'Hésiode ou les Amazones d'Homère[69]. En somme, « les dirigeants de l'Aquilon ne sont pas reconnus comme des souverains égaux

[aux rois chrétiens] par les auteurs chrétiens, aussi bien pendant qu'après la conversion[70] », comme s'il y avait deux niveaux de christianisme : les anciens chrétiens - les meilleurs - et les récents - qui restent encore associés à barbarie.

Il n'en demeure pas moins qu'avec Harald le Danemark est définitivement entré dans le monde chrétien : au XIe siècle, la croix a largement remplacé le marteau de Thor et les évêques danois peuvent enfin prendre possession de leur diocèse, sous l'autorité de Hambourg-Brême, avant qu'émergent des institutions ecclésiastiques indépendantes en Scandinavie. Lorsque Lund devient l'« archidiocèse du Danemark, de Norvège et de Suède » en 1104, c'est donc le point d'aboutissement d'un long processus amorcé dès les VIIIe et IXe siècles par les premiers missionnaires et dans lequel Harald a pris sa part, sans en être pour autant le seul acteur.

CHAPITRE 2

Harald et le complexe royal de Jelling

En proclamant qu'il est celui qui « fit des Danois des chrétiens », Harald lui-même a soigneusement veillé à ce que les générations futures aient en tête sa version des faits, gommant les dessous pour le moins obscurs de sa conversion et de celle des Danois. Ce message, il le fait graver dans la pierre, à Jelling. Ce site – ou plutôt ce complexe – en plein cœur du Jutland, objet de fascination depuis les premières fouilles en 1704 jusqu'au grand projet lancé en 2009 par le Musée national du Danemark, constitue l'une de nos principales sources pour ce règne. La richesse des données matérielles contraste en effet avec la rareté des sources écrites : chef-lieu du plus grand canton danois dans le cadastre du roi Valdemar (v. 1231)[1] et rapidement mentionné par quelques auteurs tardifs, Jelling n'apparaît pas dans le moindre texte du Xe siècle. Tout ce que l'on sait de la Jelling de Harald, on le doit aux archéologues.

Le complexe se compose de plusieurs éléments, aux dimensions exceptionnelles. Un alignement de plus de 350 blocs de pierre dessinant au sol une forme de navire dépassant les 350 mètres – ce qui en fait le plus grand connu en Scandinavie –, découvert tardivement en 2006, fait partie de la phase la plus ancienne du site (première moitié du Xe siècle peut-être). La petite pierre runique rectangulaire de 1,39 mètre de haut, commanditée par le roi Gorm à la mémoire de son épouse, a pu en marquer la proue. Au centre de cet alignement naviforme, un tumulus de l'âge du bronze de 65 mètres de diamètre et de 8 mètres de haut a été agrandi pour pouvoir y creuser une chambre funéraire, datée par dendrochronologie des environs de 958. Découverte en 1820, elle avait déjà été visitée et la plupart du mobilier emporté. Vers 970, un second tertre, plus imposant encore avec environ 70 mètres de diamètre et presque 11 mètres de haut, est ajouté plus au sud. La structure en bois qui y est enfouie, datée par dendrochronologie des années 963-970, n'a toutefois pas livré de restes humains. Dans les mêmes années, une énorme pierre runique faite d'un bloc massif de granit de forme pyramidale et mesurant pas moins de 2,7 mètres de haut vient compléter l'ensemble, à mi-chemin entre les deux tertres. Ses trois faces sont entièrement recouvertes d'inscriptions runiques et de motifs iconographiques par lesquels Harald célèbre la mémoire de son père et de sa mère, mais aussi la conquête de « l'ensemble du Danemark » et de la Norvège, ainsi que la christianisation des Danois. L'imposant bâtiment en bois qui occupe le centre du complexe et sous lequel des restes humains ont été découverts est traditionnellement interprété comme une église datant de la même période. De ce premier édifice en bois il ne subsiste plus rien, mais l'actuelle église romane (qui date du début du XIIe siècle) en reprend l'emplacement. À ces premiers éléments désormais bien connus est venue s'ajouter en 2006 une palissade érigée vers 968 : mesurant dans les 185 mètres d'ouest en est, elle enserre un espace de 12,5 hectares, en se centrant sur le tertre nord. Les vestiges de plusieurs bâtiments d'habitation en bois ont également été mis au jour dans la partie nord-est du complexe, similaires à ceux présents dans les forteresses circulaires d'Aggersborg, Fyrkat et Trelleborg (Seeland) et indiquant que ce monumental site funéraire et commémoratif était également doté de fonctions d'habitation[2].

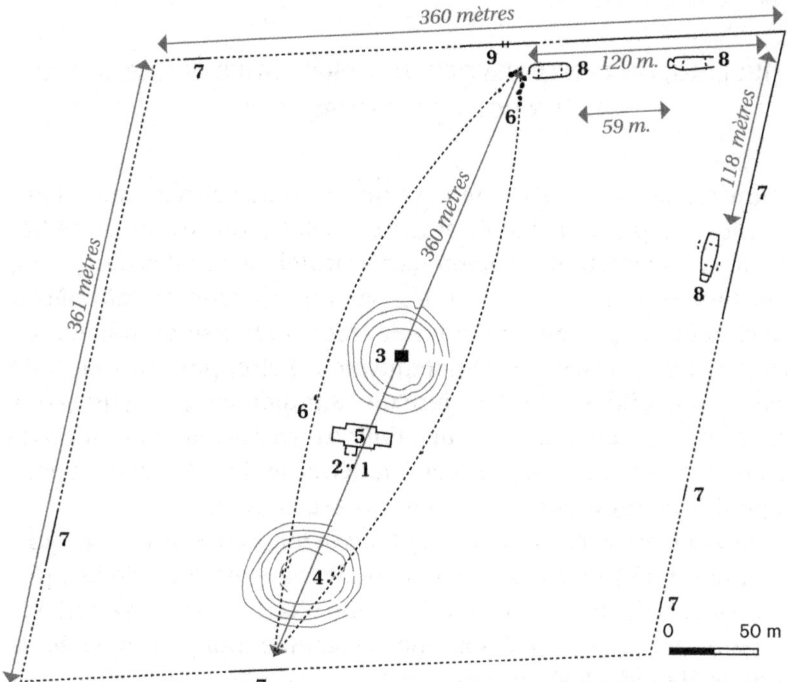

Mesures d'après Holst *et al.,*
« The Late Viking-Age Royal Constructions », art. cité, fig. 16 , p. 495.

1. Grande pierre de Jelling
2. Pierre de Gorm (emplacement initial inconnu)
3. Tertre nord
4. Tertre sud
5. Église de la fin du XIe siècle ou du début du XIIe siècle au-dessus de la chambre funéraire du Xe siècle et d'une possible halle
6. Alignement naviforme
7. Palissade
8. Bâtiments à pignons de type Trelleborg
9. Entrée

Le complexe royal de Jelling

Jelling, ou l'intégration des pratiques ancestrales en contexte chrétien

Entre une « Lejre païenne » et une « Roskilde chrétienne », l'ancien lieu de pouvoir danois et le futur centre du royaume médiéval, le changement de religion paraît brutal, aucun des deux sites, pourtant séparés l'un de l'autre par une dizaine de kilomètres seulement, ne portant vraiment de trace de transition religieuse : pas encore de traces du christianisme à Lejre, plus de traces du paganisme à Roskilde[3]. Peut-être tout simplement parce que cette transition s'est effectuée ailleurs. Pour trouver la matérialisation de ce changement dans le paysage, il faut quitter l'île de Seeland pour la péninsule du Jutland, à Jelling très exactement.

Harald n'est vraisemblablement pas le fondateur de ce site, qui a tellement marqué la dynastie à laquelle il appartient qu'elle a pris son nom : la dynastie de Jelling. La petite pierre gravée à la demande de Gorm en hommage à son épouse semble indiquer que déjà le père de Harald s'était intéressé au lieu, à condition bien sûr que la pierre en question n'ait pas été déplacée - ce que sa taille limitée rend tout à fait possible. C'est toutefois Harald qui en a fait un site grandiose, tel qu'on le connaît aujourd'hui. Jelling, monumental rêve de pierre et de bois de Harald, nous raconte un chapitre décisif de l'histoire de son règne, lorsque les Danois passèrent du paganisme ancestral au christianisme, au cours d'un processus qui vit cohabiter un temps les anciennes pratiques et les nouvelles croyances.

Entre tertres et église, paganisme et christianisme

Cette cohabitation, Harald l'a vécue, l'a probablement voulue et l'a rendue visible de façon spectaculaire à Jelling. En effet, en recourant aux tertres pour monumentaliser les sépultures, il reprend clairement une pratique héritée des temps païens, comme le fait d'ailleurs remarquer le chroniqueur chrétien Sven Aggesen[4]. Les exemples de telles réalisations ne manquent pas dans l'ancienne Scandinavie, de Valsgärde, site royal et centre de culte païen abritant, non loin de Gamla Uppsala en Suède, trois énormes tertres du début du VIe siècle, à Borre, en Norvège, avec plusieurs imposants tumuli des VIIe-IXe siècles[5]. Certaines tombes à bateau monumentales, comme à Oseberg, à Gokstad ou à Gjellestad[6], toutes en Norvège, ont également été enfouies sous de gigantesques tertres. Ce n'est donc pas seulement par commodité que, à Jelling, un tumulus bien plus ancien est récupéré au Xe siècle pour y construire une chambre funéraire. Cette façon grandiose de rendre hommage à des morts illustres marque durablement, dans le respect de la tradition ancestrale, le paysage de l'empreinte de sa famille, tout en fournissant aux générations suivantes un témoignage visuel de la légitimité du groupe[7].

Mais Harald semble rapidement prendre conscience que la persistance de cette pratique païenne n'est guère compatible avec l'implantation du christianisme en terre danoise : le temps est désormais plutôt à la construction d'églises. Le fils de Gorm décide donc de doter le site royal de sa première église, au centre du complexe, entre les deux tertres, comme le souligne Saxo Grammaticus, chez qui la nature exacte du bâtiment, qualifié de « sanctuaire », reste toutefois assez incertaine[8]. Peut-être Harald est-il allé plus loin encore. Afin de christianiser à la fois Jelling et les origines de sa famille, il a pu éprouver le besoin, un peu plus tard dans son règne, de déplacer les restes de son père – que l'on suppose inhumé jusque-là dans le tertre nord – à l'intérieur de cette nouvelle église. Une telle entreprise expliquerait alors les anciennes traces d'ouverture de la chambre funéraire située sous ce tumulus, visiblement vidée peu de temps après sa construction, sans qu'on puisse être certain de la date ni du commanditaire d'un tel acte. Si Harald est à la manœuvre, la symbolique est très forte : le souverain nouvellement converti ne souhaite pas compter trop ostensiblement de fervents païens parmi ses ancêtres les plus proches. Alors qu'il entend s'appuyer sur la nouvelle religion pour légitimer son autorité, la présence au centre du site symbolisant son autorité d'une sépulture païenne, rappelant trop les racines polythéistes de la famille, a en effet pu devenir problématique. Gorm est mort païen, mais seul importe pour son fils le symbole : réinhumer le roi Gorm dans une tombe chrétienne est un excellent moyen de transposer la mémoire dynastique de l'ancien monde païen au nouvel ordre chrétien[9].

Toutefois, la chambre funéraire du tertre nord ne contenant plus aucune dépouille à son ouverture en 1820, l'identité de l'individu qui y fut enterré au xe siècle, avant d'être déplacé, reste incertaine, de même que son sexe. Gorm est un candidat possible en raison de la chronologie, mais d'autres hypothèses ont été avancées[10]. Peut-être le tumulus nord a-t-il été construit par Gorm pour son épouse, Thyra, qu'il aurait rejointe sous terre quelques années plus tard, avant que leur fils ne réorganise tout le site, transférant son père sous l'église[11]. Cette interprétation pose cependant la question des restes de Thyra. Selon d'autres scénarios, la reine aurait été enterrée seule dans le tertre nord, dont le pillage ultérieur aurait entraîné des dégâts importants, notamment l'effondrement de la chambre funéraire, le vol de l'essentiel du mobilier et la réduction à néant des restes humains[12]. À moins que la dépouille transférée dans l'église ne soit précisément celle de Thyra[13]. Jörn Staecker va pour sa part jusqu'à envisager la possibilité que Gorm soit mort en chrétien – ce qu'aucune source ne laisse néanmoins supposer – et ait par conséquent été enterré dès le début sous l'église, tandis que son épouse reposerait dans le tertre nord, où les quelques objets retrouvés semblent dotés de connotations chrétiennes. Le petit gobelet en argent de 4,3 centimètres de haut, finement ouvragé et décoré de motifs zoomorphes dans le style dit « de Jelling », est par exemple interprété comme un calice, et une attache comme un élément de reliure pour un exemplaire des Évangiles[14]. Un scénario intéressant : Gorm, en franchissant le cap décisif, aurait ainsi préparé le terrain pour son fils. Les datations ne confirment toutefois pas cette hypothèse. La chambre funéraire de la première église pourrait plutôt dater des années 980[15], ce qui correspond davantage à la fin du règne de Harald. Certains ont d'ailleurs envisagé que les restes sous l'église puissent être ceux de Harald en personne[16]. On verra toutefois que le lieu de sa sépulture reste assez débattu.

Mais est-ce vraiment une église que Harald fit construire dans un premier temps en plein cœur de Jelling ? Rien n'est moins certain : le bâtiment en bois, de forme rectangulaire, situé sous l'église médiévale pourrait tout aussi bien être une grande halle[17]. Ce n'est que dans un second temps que ce lieu de pouvoir aurait été transformé en église. Dès lors, dans l'hypothèse où le mort enterré sous ce premier bâtiment serait Gorm, sa sépulture n'aurait à l'origine aucun lien avec le christianisme. Si on connaît peu de cas d'inhumation sous une halle, la situation ne serait pas totalement inédite, comme en témoigne la tombe datée des environs de 900 retrouvée à Lejre[18]. C'est alors la transformation de la halle en église (probablement vers 970/980) qui, en intégrant de fait le corps de Gorm, l'aurait fait entrer dans la sphère sacrée chrétienne. Dans cette hypothèse, la dépouille du père de Harald n'aurait donc pas été déplacée : c'est la nature du lieu l'abritant qui aurait changé. Des formes de récupération de l'héritage païen dans le processus de christianisation s'observent ailleurs dans le Jutland, par exemple à Lisbjerg, où l'église – peut-être bâtie au tournant des XIe et XIIe siècles – semble également construite à l'emplacement de l'ancien bâtiment principal[19].

Si la fonction précise du tertre nord demeure incertaine, Harald a de toute évidence choisi de ne pas le faire raser, complétant même l'ensemble avec un second tumulus, plus imposant encore, qui, lui, demeure vide, et ce alors même qu'il a probablement reçu le baptême depuis déjà plusieurs années. Comment interpréter une telle décision, si ce n'est comme la volonté de faire cohabiter, sur un même site, les pratiques de ses ancêtres et celles associées à son nouveau Dieu ? Reste à savoir à quoi pouvait servir ce second tumulus. On peut imaginer que Harald l'a pensé comme le pendant du tertre nord, pour sa mère si son père l'occupait déjà – ou inversement. Harald aurait ainsi cherché à rendre hommage à ses deux parents. C'est du moins ce que laisse entendre Sven Aggesen, lorsqu'il raconte que « Harald, suivant la coutume des païens, fit inhumer ses deux parents dans deux tertres identiques, splendides monuments funéraires, près de la cour royale de Jelling », suivant, sur ce point encore, largement la version de Saxo Grammaticus chez qui la mention des « sépultures conjointes des deux époux » entourant le « sanctuaire » renvoie clairement aux deux tertres de part et d'autre de l'église[20]. L'absence de chambre funéraire dans le tertre sud est peut-être liée à la disparition de Thyra, dont on ignore tout : où elle fut inhumée, quand et dans quelles conditions. Saxo Grammaticus évoque une sépulture « non loin du tumulus de son père », mais, avec son « camarade » Sven Aggesen, il est bien le seul, et ce plus de deux siècles après les faits[21]. Il n'est pas impossible que Thyra, morte avant Gorm si l'on se fie à la petite pierre runique que ce dernier fit graver à sa mémoire, ait été enterrée sur un autre site, celui de Jelling n'existant pas encore dans la forme grandiose que Harald lui donne par la suite. Pour des raisons qui nous échappent totalement – peut-être la distance ou le temps écoulé depuis le décès –, Harald n'a ensuite pas souhaité ou pas été en mesure de récupérer les restes de sa mère pour les ramener près de ceux de son père. À moins que le symbole maternel n'ait paru moins fort que celui de la présence paternelle. Le tertre sud aurait ainsi été conçu dès l'origine comme un cénotaphe à vocation purement commémorative, un hommage filial faute de pouvoir récupérer la dépouille de sa mère, renforçant la dimension mémorielle du site affirmée également à travers les pierres runiques[22] : autant de « supports du souvenir[23] ». Mais peut-être ce second tertre ne servait-il qu'à compléter l'ensemble et à assurer l'équilibre de la structure globale du site[24]. On le voit, la difficulté est que, pour interpréter le tertre nord, on aurait besoin de comprendre le tertre sud, dont la compréhension dépend de celle du tertre nord...

À moins que Harald n'ait d'abord conçu ce tertre sud pour lui-même, avant de repenser entièrement le chantier à la suite de son baptême. Une sépulture païenne n'étant alors plus envisageable, il renonce à y faire creuser une chambre funéraire, mais les travaux sont trop avancés pour tout arrêter ; le tertre sera donc un mémorial vide. En d'autres termes, le tumulus sud aurait changé de vocation en même temps que Harald de religion. Les évolutions marquantes de son règne sont ainsi visibles jusque dans le paysage, à travers l'association surprenante de l'église et des deux tertres, mais aussi de l'alignement naviforme qui, comme les autres éléments du site, a pu voir sa signification évoluer au cours du règne de Harald.

Les fonctions précises de telles réalisations lapidaires, qui devaient allier dimensions mémorielle et cultuelle, célébration des morts et pratiques rituelles, restent mal connues, mais elles relèvent indéniablement du monde scandinave païen, dans lequel le navire occupe une place particulière. Il permet le voyage - réel ou imaginaire -, sert de trait d'union - entre différentes rives, mais aussi entre le monde des vivants et celui des morts -, ce qui explique qu'on le retrouve souvent en contexte funéraire, sous forme de navires enterrés ou d'alignements de pierres dessinant la forme d'un bateau au sol[25]. On en a plusieurs exemples au Danemark, de taille assez variable : d'une vingtaine de mètres de long à Kerteminde à 80 mètres à Lejre. À Bække, à seulement une trentaine de kilomètres au sud-ouest de Jelling, un alignement de 45 mètres a été découvert à proximité de deux tertres de l'âge du bronze. La pierre runique située à la proue précise que « Tófi, de la lignée de Hrafn, et Fundinn et Gnypli, érigèrent tous trois le tertre de Thyrvé[26] » ; elle daterait du premier quart du xe siècle. Des rapprochements ont été tentés entre cette Thyrvé et Thyra, l'épouse de Gorm et mère de Harald[27], mais sans vraiment faire l'unanimité[28]. Aucun des alignements naviformes connus à ce jour en Scandinavie n'égale toutefois les dimensions colossales de celui de Jelling avec ses 354 mètres.

Cet alignement, en enserrant l'ensemble, fait penser à un projet global mûrement réfléchi. Il est plus ancien que la plupart des autres éléments, qui semblent ensuite disposés par rapport à lui : le tertre nord occupe la position centrale, tandis que le tertre sud se trouve à la proue ou à la poupe du navire. Tout le site se structure par conséquent autour du tertre abritant une chambre funéraire, les autres éléments se répartissant dans la moitié sud du bateau. Tertres et alignement naviforme païens d'une part, église d'autre part, ne sont donc pas simplement des éléments juxtaposés, témoignant des mutations religieuses du Danemark, mais bien les différentes parties d'un tout cohérent.

Pour sortir d'une lecture dichotomique du site

Comme le souligne Alban Gautier, si, environ un siècle plus tard, Adam de Brême est parvenu à recueillir auprès de Sven Estridsen des informations au sujet de ses ancêtres, cela montre bien que

« les Scandinaves chrétiens des premières générations - et singulièrement les grands personnages laïcs - n'ont eux-mêmes pas cherché à réprimer tout souvenir de leurs prédécesseurs païens[29] » : ils en ont au contraire préservé la mémoire, sans honte aucune de leurs racines païennes. L'interprétation selon laquelle Harald aurait déplacé le corps de Gorm tient peut-être en grande partie à notre vision de la christianisation, trop souvent conçue comme un phénomène linéaire, au cours duquel une étape en effacerait une autre ; qui voudrait nécessairement que les nouveaux convertis aient perçu comme déshonorant de compter parmi leurs ancêtres des païens et qu'ils aient par conséquent cherché à en effacer les traces et la mémoire. Or, si au cours du processus complexe de conversion un individu revoit la vision qu'il a de lui-même et du monde qui l'entoure, cela n'entraîne pas nécessairement un rejet systématique des anciennes traditions et valeurs[30], comme le laissent d'ailleurs entrevoir certaines sources, qui n'associent pas nécessairement passage au christianisme et renonciation aux ancêtres païens - et à leur protection.

La présence dans l'espace funéraire près de la forteresse de Fyrkat, dans le Jutland, d'une sépulture féminine peu ordinaire confirme que non seulement les anciennes pratiques païennes n'ont pas disparu dans les dernières décennies du xe siècle, mais qu'elles ont même pu se poursuivre dans l'entourage proche de Harald. Le luxe et l'aspect exotique, voire excentrique, de certains objets accompagnant la défunte dans l'au-delà (vêtements brodés d'or, bols en bronze d'Asie centrale ou du Moyen-Orient, baguette métallique, graines de jusquiame, pelote de réjection de hibou) pourraient indiquer que cette femme était une *völva*, prophétesse crainte et respectée[31]. On ignore tout de l'identité de la défunte de Fyrkat, son âge même n'a pas pu être déterminé. Considérant la richesse de ses atours et la spécificité d'une partie du mobilier funéraire, on sait juste qu'il s'agissait d'un personnage très important, probablement doté de fonctions bien spécifiques. Difficile également de préciser la nature de ses éventuels liens avec Harald : en était-elle très proche, lui prédisant personnellement l'avenir - alors même que le roi est déjà peut-être chrétien -, au point de le suivre dans ses visites et campagnes à travers son royaume, de Borgring à Fyrkat ? En tout cas, elle était de toute évidence non seulement tolérée mais même considérée, au point d'être enterrée tout près de la forteresse royale, nouvelle illustration de la souplesse de la politique royale en matière de croyances en cette période de transition religieuse.

Notre approche téléologique d'un monde barbare païen rejoignant la civilisation chrétienne et notre raisonnement en termes d'opposition tiennent pour beaucoup à la vision que nous ont léguée les auteurs chrétiens sur le sujet. Nous restons largement prisonniers de leur lecture dichotomique de la conversion du Nord, perçue comme un progrès, une lecture qui veut que « le glorieux présent chrétien remplace [et même efface] l'ignominieux passé païen[32] ». Peut-on pour autant plaquer cette vision – transmise par des auteurs baignant depuis leur jeunesse dans la culture biblique, tout en exerçant bien souvent des fonctions au sein du clergé – sur les acteurs mêmes de la transition religieuse, comme Harald, chez qui l'enracinement du christianisme est encore très récent et qui doit composer avec une partie encore païenne de la population ? Difficile en réalité d'interpréter des actes accomplis au xe siècle à la lumière des représentations qui en sont faites plusieurs générations plus tard : dans les faits, l'approche des acteurs du moment, confrontés à la réalité du terrain, était certainement avant tout pragmatique. La lecture dichotomique de la conversion de Harald et de la christianisation des Danois est avant tout celle d'Adam de Brême et d'autres auteurs chrétiens tardifs, chez qui le paganisme est associé au mal – et doit donc être éradiqué, pas celle de Harald lui-même, qui n'a probablement jamais conçu le passage du paganisme au christianisme comme un affrontement. Il assumait au contraire la lourde tâche d'assurer la synthèse au sein de son peuple.

Un site, un roi, un Dieu pour assurer la cohésion des Danois

Harald n'a donc pas cherché à effacer toute trace de sa culture ancestrale. Il n'y avait d'ailleurs pas intérêt pour apparaître comme le souverain de tous les Danois, un roi d'intégration et non d'exclusion, alors même que, par sa conversion, il a rompu l'ancien équilibre des pouvoirs, aux mains traditionnellement de plusieurs grandes familles, responsables des fonctions cultuelles, mais qui ont alors vu leur influence en partie sapée par le passage officiel au christianisme, tandis que la personne royale y gagnait une nouvelle sacralité et une dimension inviolable[33]. En somme, en se convertissant, Harald a accru son pouvoir, légitimé par la nouvelle religion, tout en mettant en péril la concorde générale - si tant est qu'elle ait jamais existé, dans un royaume en proie depuis des générations aux querelles intestines. Vis-à-vis des chefs danois et du reste de la population il était donc probablement préférable d'opter pour une transition en douceur, impliquant une période de cohabitation des deux cultures.

Cela n'avait donc peut-être pas grand sens de sortir Gorm de son tertre pour christianiser sa dépouille. Harald avait autant à gagner à conserver, sur le site de Jelling, de façon ostensible, une trace matérielle de ce passé païen récent, encore profondément ancré dans le cœur et l'esprit d'une partie des Danois, afin de maintenir une forme d'équilibre entre forces païennes et chrétiennes dans son royaume. La présence du corps de Gorm, abrité dans un tertre rappelant la culture des anciens Scandinaves, a même pu avoir une dimension rassurante pour certains de ses contemporains, en ces temps de transition religieuse pouvant générer « un sentiment d'insécurité et un besoin de continuité[34] ». C'est peut-être pour la même raison que Harald n'a pas renoncé à son nom (païen) de naissance pour adopter un nom chrétien après son baptême[35]. Le message est clair : devenu chrétien, Harald reste le même, le roi de tous les Danois, leur point de repère dans cette période de changement. Quant à Gorm, lien entre le passé païen et le présent en cours de christianisation, il est à la fois un symbole identitaire pour les Danois et dynastique pour Harald, tout en assurant une forme de « cohésion culturelle ». Il nous rappelle aussi que la mémoire, comme le paysage, peut être multicouche[36]. Le site royal de Jelling, en offrant « à la fois les dernières expressions d'un paganisme ostentatoire et la première manifestation d'une royauté chrétienne[37] », est l'illustration de la possibilité d'une coexistence – certes temporaire – du Valhalla et de la Jérusalem céleste, plus que du passage ou de la transition du premier vers la seconde[38].

C'est donc un message tout à la fois de synthèse et de concorde que transmet Jelling, à la fois lieu de mémoire païenne et lieu de pratiques chrétiennes, sans que cela pose visiblement de cas de conscience majeur à Harald : synthèse des traditions maintenues et des innovations introduites, du passé et du présent, le site tout entier reflète l'image d'un roi garant du consensus social, qui se doit, à ce titre, de limiter les tensions[39]. La conversion des Danois au christianisme ne laisse ainsi aucunement l'impression d'une rupture religieuse brutale ; et aucune source ne met en avant une quelconque violence dans ce processus. Un succès à mettre peut-être au crédit de Harald, ou de son père Gorm, qui, s'il est mort chrétien comme le supposent certains, aurait ainsi préparé les esprits de ses contemporains à effectuer le pas décisif sous son successeur.

La mémoire transmise par Jelling est aussi celle d'une identité danoise en cours de construction. Alors que le royaume des Danois poursuit son double processus de christianisation et d'unification, Harald, en monumentalisant ce site, semble avoir cherché à en faire un symbole, à la fois politique et identitaire, dans un climat tendu avec un Empire germanique de plus en plus menaçant[40]. La consolidation d'un groupe en réaction à une menace extérieure et autour de références communes est un processus assez classique. Dans ce cadre, le maintien de certaines traditions préchrétiennes et l'entretien de la mémoire des ancêtres païens contribuent tout autant à définir les contours de la nouvelle identité danoise que l'implantation durable de la nouvelle religion dans la société. Avec Harald, la poursuite du processus d'unification des Danois passe donc par un double mouvement de synthèse des traditions culturelles et religieuses et d'affirmation d'une identité spécifique, les deux étant fortement intriquées. La grande pierre de Jelling ne délivre pas un autre message : Harald y clame sa fierté d'avoir « christianisé les Danois » ; elle n'a jamais dit qu'il percevait ses origines païennes comme infamantes.

Jelling et son triptyque de pierre

Héritier des rois païens d'antan et père de générations de souverains chrétiens, Harald fait graver dans le granit la synthèse qu'il opère entre l'ancien monde scandinave et le nouveau. En l'absence d'écrit au sens occidental du terme (rédaction de chroniques, d'annales ou de textes à caractère biographique), il a recours à d'autres moyens pour transmettre cette mémoire, qui s'incarne dans des éléments matériels : pierres runiques, tertres, alignement naviforme, église sont autant de marqueurs dans le paysage qui contribuent à la créer et l'entretenir, au même titre que les textes.

La plus large des trois faces de la monumentale pierre de Jelling comporte quatre lignes d'inscriptions runiques (« Le roi Harald fit ériger ce monument à la mémoire de Gorm, son père, et de Thyra, sa mère. Harald remporta pour lui-même le Danemark [...] »), qui se prolongent sur la deuxième face (« [...] en entier et la Norvège »), où sont mis en scène, au-dessus de ces quelques runes, une bête et un serpent ou dragon entremêlés. Le texte se termine sur la troisième face (« [...] et fit des Danois des chrétiens »), tout entière dédiée au thème de la conversion et où se trouve, surmontant le texte, la plus ancienne représentation du Christ que l'on connaisse au Danemark[41]. L'ensemble, de la couleur terne du granit aujourd'hui, était très certainement rehaussé de couleurs vives, comme le laissent supposer les traces de peinture retrouvées sur d'autres pierres runiques et la pratique assez généralement répandue, jusqu'aux églises et cathédrales occidentales, « temples de la couleur », de colorer les monuments médiévaux[42]. Plusieurs copies de la pierre ont été ainsi colorisées ; toutes sont le fruit de l'imagination de quelques archéologues, historiens et artistes, mais donnent une idée de l'impression de vie et de dynamisme qui pouvait s'en dégager.

Inscription runique de la grande pierre de Jelling :
ᚼᛅᚱᛅᛚᛏᚱ:ᚴᚢᚾᚢᚴᛦ:ᛒᛅᚦ:ᚴᛅᚢᚱᚢᛅ
ᚴᚢᛒᛚ:ᚦᛅᚢᛋᛁ:ᛅᚠᛏ:ᚴᚢᚱᛘ ᚠᛅᚦᚢᚱ ᛋᛁᚾ
ᛅᚢᚴ ᛅᚠᛏ:ᚦᚬᚢᚱᚢᛁ:ᛘᚢᚦᚢᚱ:ᛋᛁᚾᛅ:ᛋᛅ
ᚼᛅᚱᛅᛚᛏᚱ ᛁᛅᛋ:ᛋ<ᚬ>ᛦ•ᚢᛅᚾ•ᛏᛅᚾᛘᛅᚢᚱᚴ
ᛅᛚᛅ•ᛅᚢᚴ•ᚾᚢᚱᚢᛁᛅᚴ
•ᛅᚢᚴ•ᛏᛅᚾᛁ•<ᚴᛅᚱᚦᛁ•>ᚴᚱᛁᛋᛏᚾᚬ

Transcription en alphabet latin :
haraltr:kunukr:baþ:kaurua
kubl:þausi:aft:kurm faþur sin
auk aft:þąurui:muþur:sina:sa
haraltr ias:s<ą>r·uan·tanmaurk
ala·auk·nuruiak
·auk·tani·<karþi·>kristną

Traduction française :
Le roi Harald fit ériger
ce monument à la mémoire de Gorm, son père,
et de Thyra, sa mère.
Harald remporta pour lui-même le Danemark
en entier et la Norvège
et fit des Danois des chrétiens.

Un Christ sans sa croix

La figure de Harald est si fortement associée à la fois à la conversion des Danois et au site de Jelling que la représentation humaine sur la troisième face de la grande pierre runique, aux contours un peu effacés par le temps, a d'abord été interprétée comme un portrait du roi Harald « en armure ». Il faut attendre le début du XIXe siècle pour que le Christ apparaisse aux yeux des commentateurs[43]. L'anecdote est révélatrice des difficultés d'interprétation soulevées par le programme iconographique gravé sur les trois faces de cette pierre.

Les trois faces de la grande pierre de Jelling
dessinée par le Professeur Ole Worm (1643).

Sur ce dessin, intégré dans son ouvrage en six volumes sur les monuments danois (*Danicorum Monumentorum Libri Sex*), Ole Worm interprète la représentation humaine comme celle du roi Harald en armure, et non encore comme une scène de crucifixion.

Texte et image semblent se conjuguer pour ne former qu'un seul et même message : le mot-clé « Danois » (TANI) vient se placer juste sous les pieds du Christ, rappelant visuellement que ces derniers sont désormais sous la protection et l'autorité du Dieu des chrétiens. La scène de crucifixion gravée sur cette face est cependant peu habituelle pour un œil occidental. En effet, le Christ n'y est pas crucifié à proprement parler et la croix n'est même pas représentée, simplement figurée par les bras tendus du Christ, pris dans des entrelacs, parfois interprétés comme les branches de l'arbre de vie de la mythologie scandinave, Yggdrasill[44]. Situé au centre de l'univers, cet arbre symbolique relie notamment le monde des dieux, celui des hommes et celui des morts (Ásgard, Midgard et Niflheim ou Hel). Il est en outre associé au thème de la pendaison d'Odin, puisque, selon un poème intégré dans l'*Edda poétique* au XIIIe siècle, c'est en restant durant neuf nuits pendu à l'une de ses branches, en plein vent, sans rien manger ni boire et blessé par une lance que le père des dieux découvre la signification des runes[45]. Par l'intermédiaire d'Yggdrasill, c'est donc d'Odin que le Christ pourrait être rapproché sur cette pierre : le dieu cloué à sa croix devient, en contexte scandinave, un dieu pendu à Yggdrasill[46]. Les textes compilés dans l'*Edda* posent toutefois plus de questions qu'ils n'apportent de réponses. Leurs auteurs restent largement inconnus et la date de leur mise par écrit très incertaine : ils rapportent une tradition orale ancienne, mais qui s'est enrichie au fil des générations de scaldes se la transmettant de bouche à oreille, avant qu'on ne commence à coucher l'ensemble sur parchemin. Certains de ces poèmes font donc écho à d'anciens mythes ; d'autres relayent des constructions littéraires beaucoup plus récentes, dans un contexte bien chrétien. Il n'est donc pas impossible que cette légende ait été forgée de toutes pièces par les auteurs chrétiens, afin de créer des parallèles *a posteriori* entre l'ancien paganisme et le christianisme, ce qui expliquerait les ressemblances frappantes entre le Christ et Odin : la blessure par lance dont souffre le dieu scandinave n'est pas sans faire penser à la lance romaine venue percer le flanc droit de Jésus sur sa croix et la privation de boisson d'Odin rappelle le Christ, assoiffé, qui doit se contenter d'une éponge imbibée de vinaigre[47].

La possible présence d'Yggdrasill, symbole fort dans la culture nordique, à l'image de la croix pour les chrétiens, sur cette représentation ferait de la grande pierre de Jelling un mélange des croyances païennes et animistes avec des éléments tirés du culte chrétien. De tels rapprochements sont en effet assez nombreux dans le monde scandinave en cours de christianisation, permettant au Christ d'entrer dans un premier temps dans le panthéon scandinave, avant qu'il ne finisse par s'imposer comme Dieu unique. Pour rendre ces parallèles encore plus marquants – et donc faciliter la transition d'Odin au Christ –, les artistes travaillant à la demande des élites du moment n'ont pas hésité à rapprocher les codes iconographiques associés à ces figures, comme sur la grande pierre de Jelling, où le Christ se trouve associé à l'arbre de vie de la mythologie scandinave, non à la croix. Pour toucher les cœurs scandinaves, les missionnaires ont en effet pu être amenés à adapter le message chrétien, n'insistant pas non plus sur le thème du Christ souffrant sur sa croix – concept assez incompréhensible dans une société davantage attachée aux vertus et exploits guerriers qu'à la souffrance et à la miséricorde –, mais dépeignant plutôt le Christ sous les traits d'un personnage héroïque, faiseur de miracles[48].

Toutefois, la mythologie scandinave est complexe et la représentation de la crucifixion à Jelling ne l'est pas moins. Soyons francs : rien ne prouve que c'est bien Yggdrasill qui est représenté sur la pierre de Jelling. D'autres y voient plutôt les volutes d'une vigne stylisée, également dotée d'une symbolique chrétienne[49]. Le motif de l'arbre lui-même, expression métonymique de la croix, est très présent dans le christianisme. Tous ces thèmes iconographiques se recoupant témoignent ainsi avant tout d'un dialogue entre les cultures occidentale chrétienne et païenne nordique, dans une période de transition religieuse, sans que l'on puisse toujours déterminer qui du christianisme ou du paganisme influence l'autre, rendant possibles bien des formes de syncrétisme.

Lion, cerf, serpent, dragon : la symbolique ambiguë d'un bestiaire incertain

Les deux animaux représentés sur la deuxième face de la pierre, traditionnellement identifiés comme un lion et un serpent ou un dragon, ne posent pas moins de problèmes d'interprétation. Si on considère la pierre dans sa globalité, comme y incitent d'ailleurs peut-être les décorations marginales et l'inscription, qui se poursuivent d'une face à une autre, on peut supposer que les trois faces avaient vocation à s'éclairer mutuellement. On pourrait ainsi pousser plus loin l'interprétation biblique, dans le prolongement de la scène de crucifixion. En effet, le lion est très présent dans la culture chrétienne : le Lion de Judée, symbole du Christ, apparaît dans la Genèse (49 :9), les Psaumes (91 :13) et l'Apocalypse (5 :5) ; et le lion (généralement ailé) est traditionnellement associé à l'évangéliste Marc. Mais c'est aussi une bête ambivalente, polysémique. Pierre l'associe explicitement au Diable, qui « rôde comme un lion rugissant, cherchant qui dévorer » (1 P 5 :8). Si ces passages ont inspiré les artistes médiévaux, qui font de cet animal le symbole de la force de la foi, de la résistance au péché, de la lutte perpétuelle du bien contre le mal, cela s'observe surtout à partir des XIe et XIIe siècles[50]. À l'époque de Harald, il était encore peu présent dans l'iconographie occidentale. Toutefois, le contraste entre le lion triomphant ouvrant « le livre et ses sept sceaux » et la chute du dragon/serpent, associé au Diable dans l'Apocalypse (5 :5 et 12 :9), ainsi que l'association du lion et du serpent dans les Psaumes (91 :13), ne sont pas sans faire penser à la scène représentée à Jelling. Encore faut-il qu'il s'agisse bien d'une lutte entre les deux bêtes : leur étroite association, intrication même, pourrait être perçue comme le signe de leur « association fondamentale », sans qu'il soit nécessaire d'y voir un combat[51].

En réalité, rien ne permet d'être certain que l'animal entouré par le serpent soit bien un lion : ce que l'on interprète comme des pattes crochues pourrait tout aussi bien être les sabots à deux doigts du cerf, mode de représentation que l'on observe par exemple sur les monnaies frappées au début du IXe siècle, peut-être à Hedeby, et sur lesquelles le cerf est également associé au serpent. La partie stylisée au-dessus de sa tête serait alors sa ramure. Dans le monde chrétien, le motif du cerf luttant avec le serpent, présent sur plusieurs baptistères, est une allégorie du baptême et de la résurrection[52]. On ignore cependant tout de ce que pouvait connaître l'artiste de Jelling de la décoration des baptistères occidentaux ; et la pierre de Jelling ne saurait par ailleurs être considérée comme des fonts baptismaux, même si on envisage l'église toute proche comme un point central pour les premières conversions danoises[53]. À défaut de pousser aussi loin l'interprétation, un parallèle peut être envisagé avec l'autre face illustrée de la pierre : les deux représentent un personnage central, pris dans des entrelacs. Le cerf entouré par le serpent serait alors le pendant symbolique du Christ – dont il est un des attributs – enlacé par Yggdrasill. Le serpent ou dragon étant très présent aussi dans la mythologie nordique, on peut le considérer comme un motif chrétien ou comme une référence à la culture des anciens Scandinaves[54]. Une telle ambiguïté s'observe également pour le cerf, présent dans la tradition germanique et dont on trouve des représentations bien antérieures à la christianisation dans le monde scandinave et même au-delà, jusque dans la tombe anglo-saxonne de Sutton Hoo, datée du début du VIIe siècle et dans laquelle se trouvait un sceptre surmonté d'un cerf[55] ; sans oublier la grande halle du roi Hrothgar, nommée dans le *Beowulf* d'après cet animal, visiblement associé au pouvoir royal[56], et que l'on retrouve dans la mythologie nordique à travers Eikthyrnir, le cerf vivant au Valhalla et se nourrissant des rameaux d'Yggdrasill[57].

Finalement, la polysémie de chaque motif ne permet pas de déterminer avec certitude la nature des animaux ni la coloration religieuse des scènes : faut-il y voir des scènes célébrant la victoire du christianisme ou matérialisant la rémanence de formes de paganisme ? Peut-être d'ailleurs les différentes interprétations allégorisantes ne s'excluent-elles pas. L'artiste, à la demande de Harald, a aussi pu chercher à jouer de l'ambiguïté de certains motifs, cerf et serpent permettant une double lecture - par des païens comme par des convertis. Figures connues - donc rassurantes -, ils ont pu ainsi servir de passerelles entre l'ancien et le nouveau monde, faisant de la grande pierre un rappel visuel de la fusion des deux cultures opérée à Jelling, comme une sorte de mise en abîme du site.

Ce mélange d'éléments hérités de la tradition nordique et de traits bien plus exceptionnels se retrouve jusque dans la forme de la grande pierre de Jelling. La face occupée majoritairement par des runes se présente ainsi comme un monument commémoratif classique, avec le nom d'un commanditaire (Harald), celui des personnes célébrées et leurs liens de parenté (« Gorm, son père, et Thyra, sa mère »). La fin de l'inscription est toutefois moins habituelle : quand une pierre plus classique se termine plutôt sur les faits de la personne célébrée, celle de Harald met en avant un acte fort du commanditaire, la conquête du Danemark, complétée par celle de la Norvège et la conversion des Danois sur les autres faces[58]. Peut-être faut-il donc plutôt envisager de lire cette pierre en trois temps distincts. Si le texte et l'iconographie fonctionnent bien ensemble, chaque face évoquerait une des trois grandes réalisations politico-religieuses de Harald rappelée par les runes. Dès lors, si le côté arborant le Christ met clairement en avant la thématique religieuse de la conversion des Danois, la lecture de la face à la bête et au serpent, associée à la conquête de la Norvège, serait avant tout politique. Cela ne facilite en rien son interprétation, mais elle n'aurait donc pas de lien avec le thème du baptême.

Trois faces pour un message global : la présentation formelle de la pierre n'est pas sans rappeler la Trinité des chrétiens. Simple hasard d'une réalisation artistique ou fruit d'un programme idéologique mûrement réfléchi ? Synthèse grandiose de la tradition lapidaire scandinave ancestrale et de l'esprit d'innovation de son commanditaire, la grande pierre de Jelling serait en somme un « triptyque » géant[59].

Jelling ne passe pas du statut de lieu païen à celui de centre chrétien, mais assure la fusion des deux ensembles de croyances, donnant naissance à une culture originale, hybride, qui n'est plus vraiment celles des anciens Scandinaves, mais pas totalement chrétienne non plus au sens occidental. Jelling n'est toutefois pas qu'un lieu de mémoire : c'est aussi un lieu de pouvoir, la matérialisation dans le paysage d'une royauté en cours de consolidation.

Jelling, « capitale » du royaume des Danois ?

Un ancrage dynastique en terre jutlandaise

Les difficultés d'interprétation soulevées par Jelling tiennent pour beaucoup à son caractère exceptionnel : Harald a clairement cherché à faire émerger de la terre jutlandaise un site sans commune mesure avec ce qui existait auparavant, mêlant, jusque dans sa structure, éléments empruntés à la culture scandinave ancestrale et innovations. Tout à Jelling rappelle que Harald se veut à la fois l'héritier des souverains d'antan et un roi différent. L'organisation des bâtiments proches de la palissade, qui évoque celle que l'on peut observer sur des sites ruraux jutlandais, relève ainsi clairement de la tradition de construction scandinave : plusieurs maisons longues sont disposées de façon régulière autour d'une grande halle centrale[60]. Les pierres runiques appartiennent également à la culture scandinave, mais celle que Harald a commanditée ne ressemble à aucune autre. Quand celle gravée à la demande de son père reste très simple et traditionnelle, sur le modèle des centaines d'autres érigées par les riches propriétaires fonciers danois de l'époque, celle de Harald est unique, par sa forme, ses dimensions, la façon que celui-ci a de s'y mettre en valeur. Le fils de Gorm affiche ainsi aux yeux de tous à la fois la continuité avec l'œuvre paternelle et la rupture qu'il entend opérer.

Pour se distinguer de son père, Harald rêve d'un site grandiose, pensé dans ses moindres détails : aucun élément n'y est placé au hasard ; tous sont conçus les uns par rapport aux autres, des bâtiments disposés régulièrement près de la palissade au tertre nord occupant le centre du complexe, sans oublier la grande pierre runique, située exactement à mi-chemin entre les deux tertres, ou le second tumulus, plus impressionnant que le premier et placé à l'extrémité sud de l'alignement naviforme qu'il recouvre en grande partie. Le concepteur du site a de toute évidence respecté un certain nombre de principes géométriques : dans les formes, les mesures, les distances. L'ensemble suit un schéma régulier, qui reprend des principes architecturaux que l'on retrouve dans d'autres sites élitaires, à commencer par les forteresses circulaires. À Jelling, tout est donc savamment mesuré, planifié, avec des effets de symétrie, créant ainsi un sentiment d'unité du site, qui, avec ses dimensions hors normes, lui confère son côté impressionnant : un symbole tout à la fois du pouvoir de Harald et de ses ambitions[61].

Les différents éléments témoignent d'une forme de territorialisation du pouvoir royal : aussi bien l'alignement naviforme que les tertres marquent durablement le paysage de la région et sont autant d'instruments permettant à Harald d'affirmer son autorité et la mise en place d'une nouvelle dynastie, conçue pour durer, probablement comme le site même de Jelling à l'origine dans l'esprit de son concepteur. La palissade qui, en entourant le complexe, distingue symboliquement l'intérieur de ce qui se situe au-delà, sert également de marqueur physique dans le paysage, délimitant un site exceptionnel, tout en le protégeant : plus de 120 mètres séparent la palissade du centre du complexe, ce qui le place à l'abri des flèches[62]. Jelling est ainsi une façon d'affirmer la possession de cette terre, clairement associée à la dynastie qui en tire son nom[63].

Pour unique qu'elle soit, Jelling n'est cependant pas sans parallèles : le site royal de Lejre, sur l'île de Seeland, associe également des tertres imposants, des alignements naviformes, des bâtiments de taille impressionnante et une palissade enserrant le tout[64]. À Gamla Uppsala en Suède ou encore à Avaldsnes en Norvège, on retrouve la même association de tertres monumentaux avec des bâtiments résidentiels, toujours dans un contexte royal, en lien avec la première phase d'un processus de formation étatique[65]. Tous ces sites sont toutefois antérieurs de quelques siècles à celui conçu par Harald. Jelling apparaît ainsi comme la synthèse d'une façon quelque peu anachronique d'afficher un pouvoir dans le paysage, à une époque où alignements naviformes et tertres funéraires semblent passés de mode, et de la matérialisation unique d'une autorité en quête de légitimation, dans un contexte à la fois de compétition politique et de transition religieuse[66].

Harald a donc conçu Jelling comme un point attirant l'attention et symbolisant le nouveau pouvoir qu'il est en train d'instaurer, au cœur d'un royaume en cours de consolidation. La création du site paraît avoir été assez rapide, dans une région investie par cette famille depuis peut-être seulement une génération, avec Gorm et Thyra. Tant l'ampleur du chantier que sa chronologie resserrée vont donc dans le sens d'une rupture dynastique au cours du xe siècle[67]. Le choix d'un nouveau lieu pour incarner un tel changement n'a toutefois rien de spécifique au monde scandinave. C'est un phénomène que l'on retrouve du monde occidental, avec notamment le développement d'Aix-la-Chapelle par Charlemagne au tournant des viiie et ixe siècles, à l'espace oriental, où les Abbassides fondent Bagdad après leur coup d'État au milieu du viiie siècle. Dans ces fondations royales ou impériales, l'argument religieux est systématiquement mobilisé : aussi bien la chapelle palatine carolingienne que la mosquée au centre de Bagdad rappellent qu'un seul souverain s'appuie sur un Dieu unique pour asseoir sa légitimité, incarnée dans un lieu singulier. Si on ne peut certainement pas qualifier Jelling de « capitale » du royaume des Danois au même titre qu'Aix-la-Chapelle pour les Carolingiens et encore moins que Bagdad pour les Abbassides ou Constantinople pour les Macédoniens, la revendication politique et idéologique qui y est gravée dans la pierre par Harald invite à s'interroger sur son statut.

Au cœur des ambitions centralisatrices de Harald

Conférer ou au contraire refuser à Jelling le statut de « capitale » dépend en fait de ce que l'on entend par ce terme dans le contexte du xᵉ siècle. La question est tout sauf évidente et les problématiques sont très différentes en Occident, où le pouvoir reste largement itinérant, et dans le monde oriental – avec Bagdad, mais également Constantinople, *la* ville des premiers siècles du Moyen Âge. Définir la capitale comme un phénomène avant tout urbain ne va ainsi pas de soi pour le monde occidental post-romain, à plus forte raison au-delà de l'ancien *limes*, comme en Scandinavie, qui ne connaît pas de phénomène d'urbanisation à proprement parler avant les xɪᵉ et xɪɪᵉ siècles[68], une spécificité qui explique probablement en partie que la question ne soit jamais posée en ces termes pour Jelling. On peut néanmoins s'interroger sur la dimension urbaine d'Aix-la-Chapelle, un *palatium* dans les textes qui ne paraît pas avoir généré de ville importante[69]. Dès lors, le concept de « ville capitale » n'est donc pas seulement étranger à la Scandinavie, mais aussi assez largement au monde mérovingien puis carolingien[70].

Toutefois, d'autres critères peuvent être avancés pour justifier un tel statut, à commencer par le lien étroit entre capitale et pouvoir, et ce dès la fondation : telles Constantinople née des rêves de Constantin au ɪvᵉ siècle, Bagdad ou Aix-la-Chapelle fondées par Al-Mansûr et Charlemagne au vɪɪɪᵉ siècle, Jelling est la matérialisation des ambitions de Harald dans le paysage danois. Plusieurs auteurs soulignent aussi que ce n'est pas tellement la taille que la présence de certaines fonctions, notamment politiques et religieuses, qui permettent de déterminer le statut de capitale. Des institutions (administration, chancellerie...), où s'active un personnel qualifié, d'où partent les ordres et agents royaux et d'où sont gérées les affaires du royaume, y contribuent pleinement. La notion de capitale est ainsi étroitement liée à celle de centralisation politique[71]. La situation centrale de Jelling dans le Jutland et par rapport aux autres points importants du royaume et principaux axes de transport peut permettre de parler, dans une certaine mesure, d'un effort de la part de Harald allant dans ce sens.

Faute de sources écrites, difficile cependant de dire s'il avait prévu des institutions à Jelling. En tout cas, certainement pas au sens occidental du terme, avec un rôle central dévolu à l'écrit et à la chancellerie, mais peut-être en tant que lieu où se réunissaient des assemblées importantes, perpétuant la tradition scandinave, marquée par l'oralité. En effet, il est possible que le complexe ait servi de lieu d'assemblée, de *thing*, doté de fonctions à la fois politiques, judiciaires et religieuses[72] ; la palissade entourant l'ensemble pouvait délimiter cet espace. Ce ne serait pas un cas inédit dans le monde scandinave : le site royal de Lejre, sur l'île de Seeland, était déjà, à en croire Thietmar de Mersebourg, un lieu d'assemblée religieuse païenne[73]. L'hypothèse de la grande halle, dotée de fonctions à la fois résidentielles et cérémonielles, sous l'église romane pourrait aller dans ce sens, ce qui contribuerait à faire de Jelling la « tête du royaume » sous Harald, pour reprendre les mots qu'utilise Thietmar pour Lejre, ou la « cour du roi » selon les termes employés par Sven Aggesen[74] - de façon anachronique pour le Danemark du xe siècle, l'expression renvoyant plutôt au contexte féodal à partir des xie et xiie siècles -, tout en apportant un élément de réponse concernant le lieu où résidait le souverain lorsqu'il était à Jelling. La halle dans le monde scandinave est en effet un vaste bâtiment aux fonctions à la fois pratiques et symboliques, servant de résidence à son possesseur, tout en matérialisant sa puissance lorsqu'il y résidait, mais plus encore en son absence[75]. À Jelling toutefois, c'est tout le complexe qui est le lieu d'une « mise en scène grandiose », marquant le paysage depuis l'extérieur et frappant les esprits de ceux qui se trouvent à l'intérieur, au moyen de cérémonies somptueuses[76].

Jelling est le lieu choisi par Harald pour marquer fortement et durablement les esprits. Ce faisant, il lui confère une forme de primauté - à tout le moins symbolique, à défaut de politique ou administrative - sur les autres sites danois. Pas une parcelle du complexe ne paraît avoir échappé au vaste programme d'appropriation symbolique lancé par le souverain. En ce sens, Jelling est bien une capitale, qui n'existe pas simplement pour elle-même, mais se définit par rapport à un territoire, plus ou moins vaste et plus ou moins bien contrôlé, sur lequel elle est censée rayonner, d'un point de vue politique, administratif, militaire, religieux, voire culturel. C'est à partir de là que Harald semble avoir largement organisé son royaume.

L'éphémère capitale d'une politique avortée

Le rayonnement de Jelling fut donc bien réel, mais il fut aussi très bref, et ce en dépit des efforts de Harald. Dans le monde chrétien, l'enracinement d'une dynastie passe bien souvent par l'inhumation des souverains sur place, de Saint-Denis à Winchester, en passant par Aix-la-Chapelle, où est enterré Charlemagne : la présence du corps du souverain renforce la symbolique du lieu[77]. Harald a peut-être songé à faire de Jelling une nécropole dynastique, ce qui aurait nécessité d'y ramener les restes de sa mère et de s'y faire inhumer à sa mort, mais dans la mesure où on ignore tout de leur dernière demeure, rien n'est exclu. Toutefois, si telle fut son intention, la mise en œuvre est restée d'ampleur fort modeste et le projet ne paraît pas avoir dépassé le stade des deux générations. Aucune autre sépulture de cette époque n'a pour l'instant été découverte dans le secteur et c'est Roskilde qui devient finalement la nécropole de la dynastie[78].

De même qu'il n'y avait visiblement pas de présence royale à Jelling avant 950, toute trace d'un pouvoir souverain semble disparaître aux environs de 985. La courte durée de l'expérience est précisément ce qui la rend unique : Jelling n'a, en cela, rien à voir avec les sites élitaires pluriséculaires de Gamla Uppsala en Suède ou de Lejre sur l'île de Seeland. Toute nouvelle capitale est un « pari risqué » et la courte capitale des Danois a subi le même sort que Reccopolis, capitale oubliée des Wisigoths au VIe siècle, ou même Aix-la-Chapelle[79]. Lorsque Sven succède à son père, il cherche plutôt à incarner une forme de rupture et ne tient donc pas à poursuivre son œuvre à Jelling. Cela ne signifie pas que le pouvoir de fascination des lieux ait totalement disparu avec la mort de son principal artisan, mais cela relève, dès la fin du Xe siècle, plus de la dimension mythique que d'une influence politique : le souvenir de la capitale disparue se perpétue indépendamment de son influence réelle, à l'image d'une Troie légendaire[80]. Devenu un lieu mythique, Jelling sert de point de cristallisation identitaire.

CHAPITRE 3

Harald, souverain ambitieux à la tête d'un royaume unifié

« Son règne, c'est par son intégrité morale et son sens de la justice qu'il l'affermit[1]. » Adam de Brême dresse par ces quelques mots le portrait d'un véritable Salomon danois, parfaitement apte donc, à en croire l'archevêque, à maintenir la concorde - mission essentielle du souverain chrétien. Dans les faits, consolider l'autorité de la nouvelle dynastie à l'échelle de tout le royaume a exigé du temps et des efforts considérables à Harald.

Affirmer son autorité sur « le Danemark tout entier »

Le message que Harald a souhaité faire graver dans la pierre à Jelling met en avant le changement religieux des Danois ; il est aussi éminemment politique, les deux domaines étant alors étroitement mêlés. Harald proclame sur la première face être désormais le maître de la totalité du Danemark, une affirmation qui est cependant tout sauf évidente. Les runes disent en effet SAR UAN TANMAURK ALLA, généralement traduit par « remporta pour lui-même tout le Danemark », sans préciser ce que Harald avait en tête lorsqu'il fit graver le terme TANMAURK. S'il n'est pas possible de tracer avec précision les contours - assez mouvants - du royaume de Harald, il fait peu de doutes qu'il comprenait la majorité du Jutland - où se situe Jelling -, probablement jusqu'à la frontière avec la Saxe, intégrant le port de Hedeby et sa région. Cette partie méridionale de la péninsule a toutefois été âprement disputée et, lorsque Harald affirme avoir mis la main sur « le Danemark en entier », il fait peut-être référence à sa conquête[2]. Quelques textes (en particulier les récits des voyageurs Wulfstan et Ottar[3]) semblent indiquer que le « Danemark » allait, à la fin du IXe siècle, du Jutland aux rivages orientaux des détroits du Kattegat et de l'Øresund, mais sans que cela présume alors d'une unité politique ni d'un roi unique[4]. Certains marqueurs pourraient indiquer que les principales îles, celles de Fionie et de Seeland, mais probablement aussi nombre des petites îles environnantes étaient alors sous le contrôle de Harald, ainsi que peut-être celle de Bornholm, une partie de la Scanie et du Halland, dans le sud de la Suède actuelle, sans oublier le Viken dans le sud-est de la Norvège, auquel renvoie vraisemblablement le terme « Norvège » sur l'inscription de Jelling. Outre les textes, certaines données archéologiques font également ressortir un territoire distinct, au sein duquel le Jutland central, avec Jelling, occupait une position éminente : la répartition des tombes à armes (en particulier celles comprenant un équipement équestre) et des pierres runiques de la seconde moitié du Xe siècle en Scandinavie méridionale, sans oublier celle des forteresses circulaires que Harald fait construire[5].

En développant le site de Jelling, la dynastie qui a pris son nom a fait basculer le centre de gravité politique du territoire danois, sans qu'il soit vraiment possible de déterminer quand ce basculement eut lieu. Durant les siècles précédents, si l'on en croit les vestiges de plusieurs halles monumentales, c'est plutôt Lejre qui a durablement joué un rôle central dans le royaume. Les causes du déclin de ce site élitaire au Xe siècle ne sont pas très claires, mais il a pu pâtir précisément d'une forme de concurrence avec l'émergence d'un autre centre de pouvoir, plus à l'ouest, autour d'une famille rivale : Jelling[6]. Gorm puis Harald auraient ainsi développé ce site pour se démarquer d'un autre groupe élitaire, tout en recentrant le cœur d'un royaume en cours d'expansion. Lejre, sur l'île de Seeland, était certes plus proche de la Scanie, mais assez excentrée par rapport à la péninsule jutlandaise – qui constituait vraisemblablement le cœur du territoire sous leur autorité – et même par rapport au Viken dans le sud de la Norvège. En outre, Lejre était, semble-t-il, étroitement associée au culte païen : symboliquement, la conversion des Danois ne pouvait donc peut-être pas s'afficher en un tel lieu. La rupture a pu s'opérer dès le règne de Gorm, lorsqu'il imposa son autorité dans la partie occidentale des territoires danois, autour de Jelling, tandis que la partie orientale restait sous le contrôle de l'ancienne dynastie, depuis Lejre, avant que Harald ne « conquière le Danemark tout entier ». L'effacement de Lejre au Xe siècle serait par conséquent le reflet d'une lutte de pouvoir, la dynastie danoise de l'Ouest l'emportant sur celle de l'Est, une lutte dont le message de Harald gravé dans la pierre de Jelling se ferait l'écho.

En effet, la traduction du verbe norrois *vinna* – au passé sur l'inscription (UAN) – par « remporta » ou « conquit » oriente la lecture vers l'idée d'une compétition pour le pouvoir : cette autojustification très appuyée indiquerait que le fils de Gorm a alors besoin d'affirmer son autorité. Ce qu'il aurait voulu dire, c'est qu'il l'a emporté sur d'autres prétendants au trône, qu'il est désormais l'unique roi des Danois, d'où la formulation insistante « tout le Danemark », qui contraste notamment avec le terme « Norvège » (NURUIAK), réduit à sa plus simple expression, et souligne la dimension à la fois exceptionnelle et personnelle d'un tel acte, mise en avant par le datif SAR, « pour lui-même ».

L'ensemble du site peut d'ailleurs être lu sous cet angle : dans l'esprit de Harald, Jelling serait avant tout un symbole de son pouvoir, visible par tous, petits et grands, sujets soumis et élites contestant son autorité, une façon d'affirmer haut et fort son autorité dans le paysage. Dans un contexte très compétitif, mettant aux prises plusieurs groupes influents, étaler ostensiblement sa richesse participe pleinement de l'affirmation d'un pouvoir ; et cela peut passer aussi bien par de somptueux banquets que par la réalisation de bâtiments et de monuments grandioses. La grande pierre relève probablement de la même logique : ériger une pierre runique, même la plus ordinaire, relevant de l'acte compétitif[7], faire dresser et graver une pierre triface de 2,70 mètres de haut pourrait être interprété comme un acte hyper-compétitif. Loin d'être de simples formes de commémoration des défunts, ces monuments sont en effet largement liés à des questions de propriété, d'héritage, de pouvoir[8]. La grande pierre de Jelling, en mettant en avant les réalisations de Harald, fonctionne donc clairement comme un marqueur politique, un outil de communication, visible de loin, bien au-delà des inscriptions qu'elle porte – et que la majorité de la population ne devait de toute façon pas être en mesure de lire. Toutes ses caractéristiques vont en ce sens : ses dimensions et sa forme exceptionnelles, jusqu'aux couleurs vives qu'elle devait arborer.

Toutefois, si le verbe *vinna* fait spontanément penser à l'idée de victoire – on retrouve la même racine dans l'anglais *to win* ou dans l'allemand *gewinnen* –, ce n'est pas son sens premier en vieux norrois : il renvoie d'abord au travail de la terre, puis, dans un sens plus large, à la notion d'effort, de tâche en cours d'accomplissement, de là de tâche menée à bien, et ensuite seulement de victoire et de conquête[9]. Harald clame-t-il avoir « conquis/remporté pour lui-même tout le Danemark » – traduction véhiculant l'idée d'une compétition – ou avoir « réalisé/accompli pour lui-même tout le Danemark », en somme avoir « réalisé l'unité du Danemark », mené à terme le processus d'unification ? Cette question d'ordre lexical rejoint en fait un débat plus vaste, concernant la chronologie du processus d'unification du Danemark[10].

Il semble en effet désormais établi que Harald n'en est pas l'initiateur. D'ailleurs la mention du Danemark apparaît déjà sur la petite pierre de Jelling, celle érigée par son père, Gorm, qui y commémore son épouse Thyra, qualifiée de « joyau » ou « remède du Danemark ». Pour autant, il reste très malaisé de déterminer à quand remontent précisément les débuts de cette unification, faute de sources : les chroniqueurs danois du XIIe siècle la situent dans des temps légendaires, afin de donner l'impression que le Danemark est une entité constituée depuis la nuit des temps ; et l'affirmation de Harald reste obscure. Malgré tout, elle n'est plus guère interprétée comme une affirmation personnelle de cette unification[11], désormais conçue sur un temps plus long. À défaut d'être l'instigateur de ce processus – ce qu'il ne prétend d'ailleurs pas –, peut-être Harald en est-il le continuateur, ce que pourrait indiquer le verbe *vinna*. Finalement, ce que ce roi a « accompli », au prix de gros efforts, c'est l'œuvre d'unification entamée par ses prédécesseurs. Plus que l'idée de conquête, il faudrait donc voir dans ce verbe l'idée d'accomplissement, vraisemblablement laborieux. À moins que, comme pour l'iconographie, Harald n'ait volontairement joué sur l'ambiguïté du terme. Cette prétention n'est-elle par ailleurs pas quelque peu exagérée ? Peut-on vraiment parler d'un royaume totalement unifié lorsqu'il fait graver cette inscription ? Entre la dimension idéale de l'affirmation lapidaire de Harald et la réalité de la situation politique, l'écart était peut-être plus important que la pierre ne le laisse supposer. Le message laissé par Harald à Jelling cherche avant tout à mettre en lumière son œuvre, léguant à la postérité sa vision des faits : rien de très surprenant, mais ne l'oublions pas.

La nouvelle religion offre donc à Harald la légitimité qui lui permet de mettre fin à l'éclatement politique ancestral. Dans son esprit, christianisation et construction d'une royauté forte à la tête d'un ensemble territorial unifié paraissent aller de pair. L'inscription gravée à Jelling indique ainsi tout à la fois un tournant religieux et l'introduction d'une nouvelle idéologie, venant appuyer l'instauration d'une forme de royauté inédite en Scandinavie, au terme d'un processus compétitif. Les tertres monumentaux ou les pierres runiques gigantesques en sont l'expression matérielle, rendant des formes de rivalités visibles dans le paysage, au sein d'un royaume que Harald a par ailleurs pris soin d'organiser avec la même rigueur que celle qui a présidé au développement de Jelling[12]. Resté célèbre pour avoir converti les Danois, Harald était en effet également un bâtisseur hors pair, qui a marqué durablement de son empreinte une grande partie du Jutland, et même au-delà.

Contrôler, quadriller, protéger le royaume des Danois

Tous les chemins mènent à Jelling

On accédait au royaume de Harald par voie de mer, mais aussi par voie de terre. Même sans la trame préexistante du réseau routier romain que l'on pouvait emprunter sur le continent, les routes terrestres constituaient le moyen ordinaire de se déplacer, comme le montre la construction de gués et de ponts à partir du VIIIe siècle. Les textes et l'archéologie nous renseignent toutefois assez mal sur ces axes de circulation, particulièrement pour la période viking.

On sait néanmoins qu'une grande partie de la péninsule du Jutland était traversée, dans sa moitié orientale, par une ancienne route passant tout près de Hedeby et remontant jusqu'à Viborg au nord : l'*Hærvejen* (littéralement, « la route de l'armée » ou « route militaire », également connue sous le nom d'*Oksevejen*, ou *Ochsenweg* en allemand, c'est-à-dire la « route des bœufs »), en réalité plutôt un système de routes et de pistes d'époques diverses – remontant pour les plus anciennes à la préhistoire – constituant la principale voie de communication terrestre à travers le Jutland[13]. Probablement moins empruntée à partir du VIIIe siècle, lorsque le transport maritime s'est développé et que de nouveaux sites urbains ont émergé le long des côtes, elle est restée la voie privilégiée pour circuler à l'intérieur des terres, encore à l'époque de Harald.

Presque au centre géographique du Jutland, Jelling faisait précisément partie des points desservis par l'*Hærvejen*. Les voyageurs arrivant par le sud, pour franchir la vallée de la rivière Vejle, à une dizaine de kilomètres seulement avant d'atteindre le site royal, traversaient vraisemblablement le pont monumental construit par Harald, près de Ravning Enge[14]. Daté par dendrochronologie de 979, c'est à la fois le plus vieux pont connu pour le monde scandinave et le plus long pour l'époque viking, avec ses 760 mètres de long. Harald – mais peut-être déjà Gorm et probablement encore Sven – veilla ainsi à améliorer et étendre le réseau routier, en faisant construire des ponts destinés à faciliter les voyages, mais qui ont aussi pu servir de points de prélèvement de taxes, tout en matérialisant la puissance du roi dans le paysage, à l'image de ce qui se faisait dans le monde carolingien : le pont de Mayence, sur le Rhin, fut ainsi construit, selon Éginhard, « pour l'éclat et le renforcement du règne » de Charlemagne[15]. Avec une longueur qui paraît comparable[16], clairement surdimensionné, celui de Ravning Enge a dû être édifié dans un esprit assez proche. Le voyageur empruntant ce pont depuis Jelling pouvait ensuite gagner assez rapidement le sud du royaume et même franchir la frontière afin de poursuivre sa route en direction des territoires germaniques et slaves. Sa dimension colossale semble indiquer qu'il ne s'agissait pas d'un projet isolé, mais qu'il faisait partie d'un plan bien plus vaste et ambitieux, en lien avec le site tout proche de Jelling[17].

Harald, souverain ambitieux à la tête d'un royaume unifié

À égale distance de plusieurs des premiers centres urbains danois (Ribe, Aarhus, Odense...), Jelling était le cœur à la fois symbolique et matériel de la dynastie à laquelle Harald appartenait et du territoire qu'il contrôlait : c'est à partir de là qu'il a quadrillé l'ensemble des terres sous sa domination[18]. Une telle régularité entre les principaux points du royaume – la distance les séparant n'excédant généralement pas la journée de voyage – est frappante, au point de se demander si Harald n'a pas veillé à organiser tout son royaume avec autant de minutie que le site de Jelling. En effet, les dimensions des différents éléments du complexe royal et les distances entre eux dénotent un très haut degré de précision – en dépit des ondulations du terrain, qui n'ont pas dû faciliter la tâche des ouvriers – et paraissent indiquer que la disposition globale est le fruit d'une véritable « opération trigonométrique[19] ». Tout a été savamment calculé : longueurs, largeurs, distances et jusqu'aux angles. Certains voient même dans la forme de losange tracée par la palissade entourant le site le dessin d'un triplet pythagoricien (3-4-5)[20]. C'est peut-être pousser les spéculations un peu loin, sans être totalement impossible au vu de la précision méticuleuse de l'ensemble. Une stratégie réfléchie paraît avoir présidé à ces choix architecturaux destinés à marquer les esprits et à mettre en avant le pouvoir royal, capable de dominer les hommes et de mettre au pas la nature, s'affranchissant des contraintes du terrain. Une telle disposition rappelle l'organisation de certains sites ruraux jutlandais de la même époque. La régularité des parcelles et les dimensions uniformes des bâtiments observées par exemple à Vorbasse pourraient indiquer que la réalisation de Jelling s'est inscrite dans une tendance plus générale de réorganisation foncière, et plus largement sociale, dans le Jutland en cette fin de xe siècle[21] ; à moins que ce processus n'ait été impulsé depuis Jelling, en lien étroit avec l'essor de sa dynastie. Faute de sources et de datations plus précises, difficile de déterminer quelle est la cause et quelle est la conséquence. De l'ensemble des grandes réalisations du règne de Harald se dégage cependant l'impression d'un effort de planification à une échelle globale, peut-être en lien avec la mise en place progressive d'un système administratif centralisé ou à tout le moins avec la circulation du roi et de ses soldats dans tout le royaume.

Des forteresses multifonctionnelles savamment planifiées

Les projets et réalisations de Harald s'étendent donc bien au-delà de Jelling, qui n'est jamais qu'un des éléments d'une structure territoriale et idéologique plus vaste. Entre 970 et 980, Harald fait également construire plusieurs imposantes forteresses de forme circulaire, au Danemark et jusqu'en Suède actuelle. Leur nombre ne cesse d'augmenter avec les récentes découvertes[22]. Aux quatre forteresses traditionnelles (Trelleborg sur l'île de Seeland, Fyrkat dans le nord-est du Jutland, Aggersborg au nord du Jutland, au bord du Limfjord, Nonnebakken sur l'île de Fionie) se sont ainsi récemment ajoutées, grâce à l'usage de techniques modernes comme la cartographie à haute résolution LiDAR, celles de Borgring (ou Køge), au sud-ouest de Copenhague, de Trelleborg et de Borgeby, toutes deux en Scanie[23].

Les recherches – commencées en 1934 à Trelleborg (Seeland), puis en 1945 à Aggersborg, de nouveau fouillée à partir de 2008 – ont permis de comprendre l'organisation de ces forteresses. Par leur structure parfaitement symétrique, elles répondent toutes au même modèle. Elles sont entourées d'un rempart circulaire de terre, consolidé par une structure en bois et percé par quatre portes aux points cardinaux, reliées entre elles par deux rues pavées de bois, qui se croisent perpendiculairement au centre de la forteresse ; une troisième rue suit le rempart à l'intérieur. Ce dernier est entouré d'un fossé à profil en V et chaque quart de la forteresse est occupé par quatre grands bâtiments réguliers disposés en quadrilatère autour d'une cour – sauf à Aggersborg, où les bâtiments par quart sont au nombre de douze, en trois ensembles. Leur forme géométrique et leur disposition interne symétrique soigneusement réfléchie en font des éléments uniques dans le paysage danois, et même scandinave, de l'époque viking. Certains traits de construction renvoient néanmoins clairement à des traditions typiquement scandinaves, notamment dans l'architecture des maisons situées à l'intérieur de l'enceinte et dont l'organisation autour d'une cour reflète celles des fermes contemporaines[24].

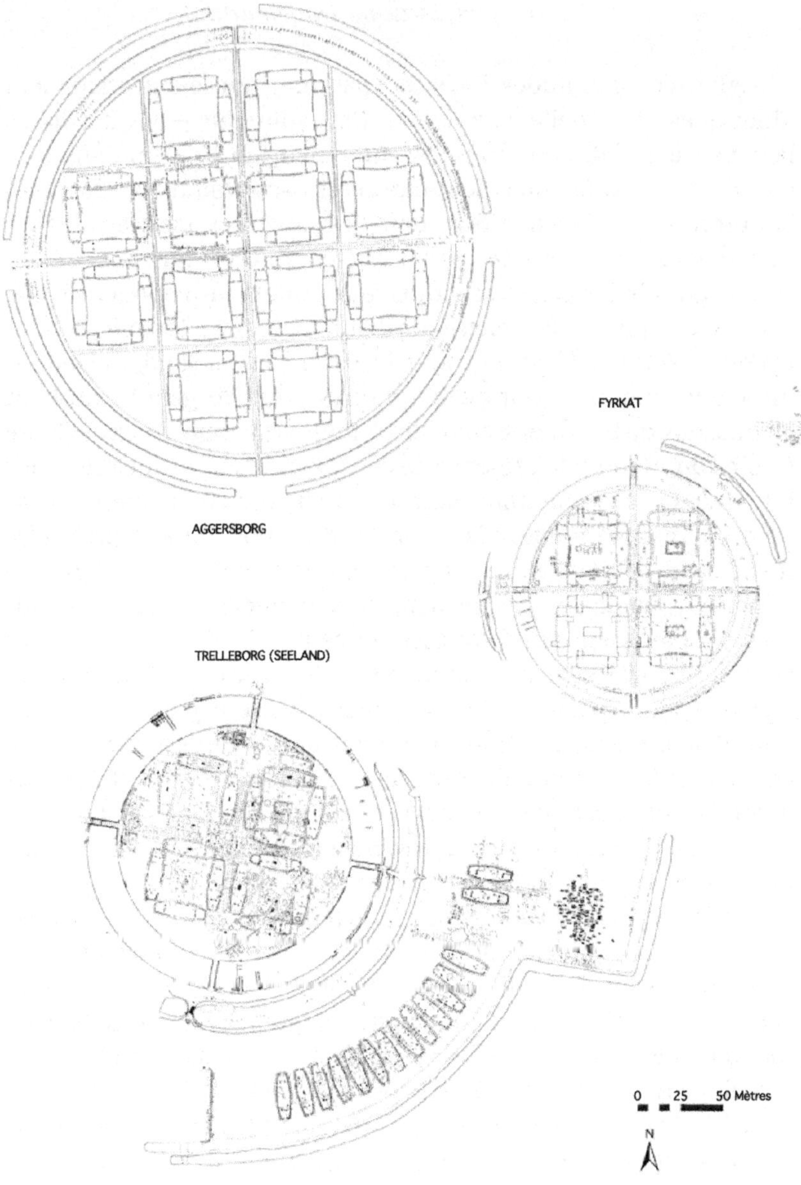

Les forteresses circulaires d'Aggersborg, de Fyrkat et de Trelleborg (années 970).

Les fouilles menées sur ces sites ont permis de mieux comprendre leur structure, avec un rempart circulaire percé de quatre portes et des bâtiments disposés à l'intérieur en quadrilatères. La représentation ici des trois ensembles à la même échelle fait ressortir leur différence de taille.

Malgré ces similitudes, il n'y en a pas deux qui soient strictement identiques : leur taille, la longueur des bâtiments et les détails de la construction des remparts varient, renvoyant à des traditions de construction locales, mais peut-être aussi à des évolutions - des améliorations - liées à l'expérience tirée des constructions précédentes, Aggersborg semblant être la plus ancienne. C'est aussi, à ce jour, la plus grande forteresse scandinave connue pour l'époque viking, avec un peu plus de 240 mètres de diamètre (contre 120 mètres pour Fyrkat et Nonnebakken, 136 pour Trelleborg en Seeland, 145 mètres pour Borgring et autour de 150 mètres pour Borgeby)[25], abritant 48 maisons de bois identiques, de 32 mètres de long chacune. Cette forme commune et la présence de ces constructions caractéristiques à travers le royaume pourraient indiquer une conception par un maître d'œuvre unique, à la demande d'un pouvoir fort, probablement royal, celui de Harald d'après leur date de construction.

Certains parallèles avec Jelling sont d'ailleurs frappants : les bâtiments à l'intérieur des forteresses et ceux près de la palissade du complexe royal sont très similaires, suivant un plan que l'on ne retrouve pour l'instant nulle part ailleurs, avec une grande salle centrale et deux pièces à pignon l'entourant, ainsi qu'une annexe à l'une des extrémités. Si la grande pièce centrale relève clairement de la tradition de construction scandinave, rappelant les fermes de l'époque viking, les deux autres sont en revanche spécifiques à Jelling et aux forteresses, ce qui pourrait signifier que les bâtiments du complexe royal auraient servi de prototypes[26]. Les principes géométriques régissant leur organisation, leur plan obéissant à des mesures précises, avec une disposition réfléchie des bâtiments situés à l'intérieur de l'enceinte, ne sont pas non plus sans évoquer la volonté globale de tout planifier observée à Jelling. Dans le royaume de Harald, rien ne semble bâti, disposé ou même gravé au hasard.

Le fils de Gorm est peut-être allé encore plus loin dans son effort de planification. L'ensemble de son programme architectural paraît en effet répondre à un système de mesure commun : le diamètre interne des forteresses de Fyrkat et de Nonnebakken (120 mètres) est équivalent à la moitié de celui d'Aggersborg (240 mètres) et au tiers de la longueur d'un côté de la palissade de Jelling (360 mètres), égale à la longueur - supposée - de l'alignement naviforme. Ces multiples de six s'observent sur d'autres sites contemporains, en particulier sur le site rural de Vorbasse, où les archéologues ont retrouvé des traces à la fois de parcelles mesurant dans les 60 mètres de long et de bâtiments faisant penser à ceux de Jelling et des forteresses dans leur mode de construction[27].

Ces ouvrages fortifiés sont également tous situés à des endroits stratégiques : visibles de loin, ils sont implantés près de routes importantes, en particulier de l'*Hærvejen*. Aggersborg, le plus imposant, mais aussi le plus septentrional, est relié par une route secondaire à ce réseau principal, permettant de traverser toute la péninsule vers le sud et donc de gagner assez aisément Jelling, Hedeby et la frontière avec le royaume germanique. Il est en outre situé près d'un des trois principaux points de franchissement du Limfjord, d'où on pouvait ensuite gagner la Norvège. Il n'est pas impossible qu'à la fin du xe siècle, lorsque les forteresses furent construites, une autre route, passant au sud-est d'Aggersborg, ait permis de rejoindre celle de Fyrkat, située au sud-est et qui s'est développée sur le passage étroit qui sépare le fjord Mariager et la vallée de la rivière Skals, un axe majeur pour la circulation terrestre à travers le nord du Jutland. Il était vraisemblablement possible de se rendre d'une forteresse à l'autre sans avoir à franchir de cours d'eau majeur autre que le Limfjord ; une fois traversé, la cinquantaine de kilomètres les séparant pouvait se parcourir en une bonne journée, et même moins à cheval. L'implantation d'Aarhus à une distance similaire, au sud de Fyrkat, témoigne peut-être de la volonté de quadriller le territoire avec un réseau de lieux centraux reliés entre eux par des routes dont la longueur n'excédait pas la journée de voyage. Nonnebakken bénéficie quant à elle d'une situation centrale, au cœur de l'île de Fionie, elle-même en position stratégique entre la péninsule jutlandaise et l'île principale de Seeland, sur laquelle se situe Trelleborg, sur la rive occidentale, en bordure du marais d'Åmosen, servant de porte d'entrée à la voie qui mène du détroit du Grand Belt jusqu'au centre de l'île. En Scanie, Borgeby a été construite sur la principale route à travers l'Ouest, au niveau d'un point de franchissement important de la rivière Lödde.

Les concepteurs de ces œuvres grandioses n'ont pas veillé qu'à leur bonne connexion au réseau routier : généralement dans une baie ou sur une rivière, un peu en retrait de la pleine mer - pour en éviter les principaux dangers : tempêtes et attaques en tous genres -, elles bénéficient d'un emplacement permettant aux navires de s'ancrer facilement à proximité. Tout paraît donc avoir été soigneusement réfléchi afin de pouvoir gagner ces forteresses par voie aussi bien de terre que de mer. La plupart d'entre elles semblent même avoir été conçues pour servir de points de contrôle des routes - essentiellement terrestres - à une échelle régionale, hormis peut-être Aggersborg, qui servait de toute évidence à contrôler une partie des eaux danoises, notamment en direction de la Norvège[28].

Dans la *Saga des vikings de Jómsborg*, l'auteur décrit « une forteresse près de la mer, incroyablement grande et solidement bâtie », ce qui reste suffisamment vague pour pouvoir s'appliquer à ces fortifications circulaires. La suite de la description en revanche s'en éloigne. À l'intérieur même de l'enceinte, un port, dont l'entrée est surmontée d'une « arche de pierre », peut accueillir dans les 360 navires de guerre (*langskip*) ; on y accède en franchissant « des portes de fer », sous l'étroite surveillance et la protection d'une imposante tour où ont pris place des catapultes[29]. Ce fragment du texte décrit pour partie une réalité médiévale relevant davantage du début du XIIIe siècle, lorsque ce récit est mis par écrit - l'usage de la pierre en particulier -, et pour partie une vision très fantasmée de ce site mythique, protégé par des catapultes au sommet d'une tour. Cette stratégie n'est pas sans rappeler celle du roi Ozias de Judas, lorsqu'il fit installer sur les murailles de Jérusalem « des engins [...] pour lancer des flèches et de grosses pierres » (2 Ch 26 :15), mais va à l'encontre de toute logique défensive telle que l'enseigne l'art de la poliorcétique. Ce récit, souvent mobilisé dans les premiers débats sur le fonctionnement des forteresses circulaires, tient, de fait, plus de la légende que de la réalité historique : le décalage à la fois chronologique - avec une mise par écrit deux bons siècles après les faits - et géographique est trop important pour aider à comprendre le fonctionnement des fortifications danoises. Si ces dernières ont le moindre lien avec la légendaire Jómsborg, il ne peut s'agir que d'un « vague souvenir de ces imposantes forteresses de jadis dans l'esprit de l'auteur de la saga[30] ».

En l'absence de tout texte pour l'aider à comprendre les conditions de leur construction et leur fonctionnement, l'historien en est donc réduit à avancer des hypothèses à partir des données archéologiques. Les dernières découvertes ont permis de clore de vieux débats et d'ouvrir de nouvelles perspectives[31]. D'anciennes théories comme celle défendue par Poul Nørlund sont désormais abandonnées : il y voyait des camps d'entraînement destinés à préparer les attaques menées sur l'Angleterre par le fils puis le petit-fils de Harald, Sven et Cnut, au début du XIe siècle[32]. Les datations établies depuis écartent une telle hypothèse. D'autres ont ensuite défendu l'idée que ces forteresses servaient à contrôler la population dans le cadre de l'unification du royaume par la dynastie de Jelling[33], approche en partie remise en question par les nouvelles réflexions, ne considérant plus Harald comme l'initiateur de ce processus. Certains ont alors pensé que ces constructions pouvaient s'inscrire dans un schéma défensif destiné à résister soit à la poussée ottonienne, en particulier après la défaite danoise de 974, soit aux troubles internes menant à la révolte de Sven contre son père vers 987[34] ; mais, si la menace principale vient du sud, on comprend mal leur construction aussi loin de la frontière germanique. Quant aux tensions à l'intérieur du royaume, elles ne semblent débuter vraiment que dans les années 980 : ces ouvrages sont alors déjà construits.

Une forteresse est certes un bâtiment défensif, mais c'est aussi un élément de langage politique. Que l'on considère les datations ou l'idéologie sous-tendant visiblement l'ensemble, Jelling et les forteresses, à peu près contemporaines, s'inscrivent dans des logiques assez similaires. Toutes les constructions de Harald, avec leur niveau impressionnant de conceptualisation géométrique et leurs dimensions exceptionnelles, portent la « marque de fabrique » du souverain, donnant une dimension concrète à son pouvoir et matérialisant dans le paysage les revendications territoriales que l'on peut lire sur la grande pierre de Jelling[35]. La forme même de ces constructions n'est pas anodine, faisant peut-être écho au motif de l'anneau, central dans la culture scandinave[36]. Toutefois, si l'on se fie à l'absence de bâtiment principal, qui se distinguerait des autres par sa taille ou sa forme, elles n'ont probablement pas été construites pour servir de résidences royales : elles ne ressemblent pas vraiment au siège traditionnel d'un chef scandinave, tel que l'on peut en trouver sur des sites élitaires comme Lejre ou Tissø, caractérisés par la présence d'un bâtiment plus grand et plus somptueux que les autres, ou même à Jelling si on envisage la possibilité que la construction centrale en bois ait été une halle avant de devenir une église[37].

Sans avoir de rôle résidentiel majeur, ces forteresses ont néanmoins pu exercer des fonctions de commandement sur la région environnante, comme le laisse penser leur implantation en position souvent légèrement surélevée : elles rendaient visible l'autorité royale, même en l'absence du souverain, qui, sans séjourner durablement dans aucune d'entre elles, s'est probablement rendu dans la plupart, si ce n'est toutes. Les traces attestant la circulation de Harald et de son entourage d'une forteresse à une autre sont pour le moins ténues, mais le fragment de métal précieux découvert en 2017 dans celle de Borgring pourrait en être une. Il s'agit peut-être d'une des trois parties manquantes d'une broche assez caractéristique, sans équivalent à ce jour au Danemark et plutôt typique de l'île de Gotland, découverte à Fyrkat, ce qui pourrait indiquer que la femme qui portait ce bijou a voyagé entre ces deux sites fortifiés, séparés d'environ 320 kilomètres. Or, il est possible que cette femme importante - pourquoi pas une *völva* attachée à l'entourage royal ? - n'ait pas voyagé seule, mais avec Harald et ses guerriers, alors que le roi se rendait de forteresse en forteresse[38]. La répartition de ces constructions caractéristiques nous donne par conséquent une petite idée - même imparfaite - de l'ampleur du royaume de Harald, centré sur le Jutland et les îles situées entre la péninsule et la Suède, mais couvrant aussi la partie méridionale de la Suède actuelle. Une idée qu'il faut cependant nuancer : aucun de ces ouvrages fortifiés n'a pour l'instant été découvert en Norvège, dont Harald revendique pourtant la possession sur la pierre de Jelling, ni même dans la partie sud du Jutland. Peut-être ne s'agit-il que d'un effet de source, les terres danoise et norvégienne n'ayant pas encore livré tous leurs secrets. À moins qu'il ne faille plutôt renoncer, à la lumière de cette répartition inégale, à voir ces forteresses former un « réseau de pouvoir efficace » et complet[39].

Toutefois, si ces constructions circulaires peuvent apparaître comme une façon pour Harald d'affirmer son autorité symboliquement dans le paysage, elles avaient vraisemblablement aussi une vocation beaucoup plus pratique. À défaut de servir de résidence au souverain, elles ont en effet pu abriter le siège d'un de ses représentants, chargé de questions administratives, judiciaires et fiscales. Il n'est certes pas nécessaire de construire de telles fortifications pour rendre la justice ou collecter des taxes, mais cela a pu constituer une de leurs multiples attributions – à défaut d'être leur fonction première. « Places fortes multifonctionnelles[40] », implantées au cœur de régions assez fertiles et peuplées, près de routes importantes et en position visible dans le paysage, elles ont peut-être été érigées pour exercer un pouvoir à la fois militaire, économique et politique sur la région environnante ; une autre expression en somme, avec le complexe de Jelling, de la mise en place d'une nouvelle forme de gouvernement, plus centralisé qu'auparavant, dans le sud de la Scandinavie.

Le Danevirke : entre ligne de démarcation et point de contact à la frontière sud du royaume

Harald, pour rendre son autorité visible dans le paysage, ne s'appuie pas uniquement sur les forteresses circulaires. Il hérite, au sud de la péninsule du Jutland, d'une ligne défensive protégeant sa frontière avec le royaume germanique : le Danevirke, *Daniuerki* sous la plume de Sven Aggesen, littéralement l'« ouvrage des Danois » comme le rappelle Saxo Grammaticus[41]. Cet ouvrage, peu commun pour le premier Moyen Âge, constitue une des rares frontières de cette période qui ait donné lieu à une réalisation concrète dans le paysage – avec la digue (ou levée) d'Offa, construite dans la seconde moitié du VIIIe siècle entre l'Angleterre et le pays de Galles[42]. À la fois structure défensive et séparation politique, le Danevirke sert de ligne de démarcation entre deux ensembles culturels distincts[43] : au nord se trouve le monde scandinave, encore en partie divisé et païen, et au sud un Empire unifié et chrétien. Cet assemblage composite de fossés et de levées de terre, parfois surmontées de palissades en bois, reliées entre elles pour certaines, isolées pour d'autres, dépasse au total les 35 kilomètres de long[44]. La description qu'en livre Snorri Sturluson semble ainsi rejoindre, en partie au moins, les observations faites par les archéologues :

> Entre les deux fjords qui pénètrent à l'intérieur des terres, de part et d'autre [de l'isthme du Jutland], les Danois avaient élevé un grand rempart à l'aide de blocs de pierre, mais aussi de tourbe et de madriers, devant lequel ils avaient creusé un fossé large et profond ; en outre, ils avaient construit des tourelles destinées à protéger les portes de l'ouvrage[45].

Ce que Snorri nomme « fjords » désigne de toute évidence les baies intérieures formées par la Schlei à l'est et par la confluence des rivières Treene et Eider à l'ouest. Le Danevirke court donc « de Schleswig [Hedeby] à l'Océan occidental » pour reprendre les termes de Saxo Grammaticus[46], barrant ainsi une grande partie de l'isthme du Schleswig, qui, avec sa quarantaine de kilomètres de long, constitue la partie la plus étroite de la péninsule du Jutland.

Les fouilles menées depuis les années 1860 et les analyses recourant au carbone 14 et à la dendrochronologie dans les années 1970-1980 ont montré qu'il ne s'agissait pas d'une structure défensive unique, mais de l'agglomération au fil des générations de plusieurs phases de modification, d'extension et de consolidation, pour certaines bien plus anciennes que Harald ou même Gorm. Dans la seconde moitié des années 960, Harald fait réparer certaines structures existantes et ajouter une section qui relie le rempart semi-circulaire du port marchand de Hedeby au reste du Danevirke, le *Forbindelsesvolden* (« rempart de connexion » en danois), long d'environ 3,5 kilomètres. Moins d'une vingtaine d'années plus tard, peut-être dans les années 980, il fait construire le *Kovirke* (« rempart des vaches »), isolé à quelques kilomètres au sud des précédentes portions, formant, sur un peu plus de six kilomètres, une protection supplémentaire pour Hedeby : il vient doubler en partie la section plus ancienne du *Hovedvolden* (« mur principal »), intégrant pleinement ce port au système défensif du sud du royaume[47].

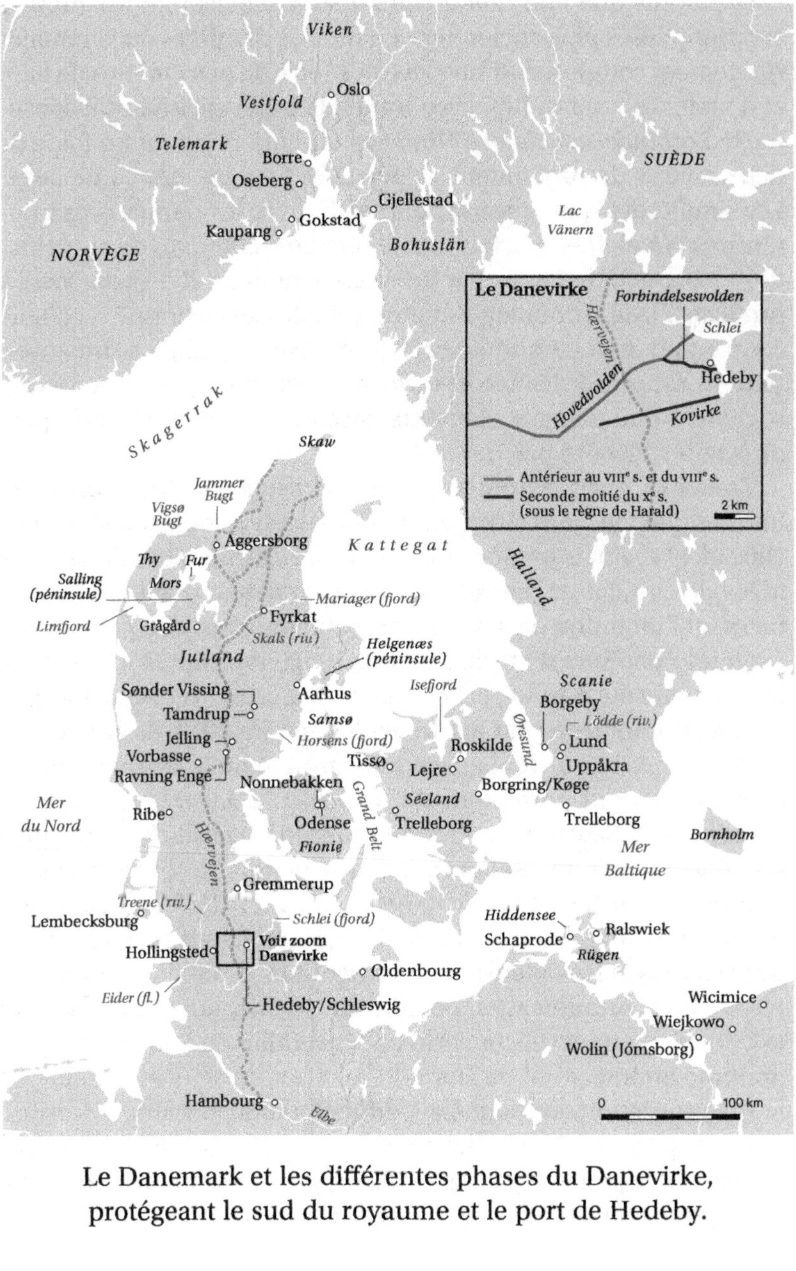

Le Danemark et les différentes phases du Danevirke, protégeant le sud du royaume et le port de Hedeby.

Les ajouts que l'on doit à Harald sont sans commune mesure avec les phases plus anciennes : quand ces dernières étaient majoritairement composées d'une levée de terre de deux mètres de haut et d'un fossé assez réduit, avec Harald la butte massive que constitue le *Forbindelsesvolden* s'élève sur sept mètres, pour un fossé de deux mètres de profondeur et dépassant les six mètres de large. Les similitudes que présente le *Kovirke* avec les remparts des forteresses circulaires, à la fois en matière de techniques de construction (palissade renforcée par des étais et doublée d'un petit fossé à profil en V), de chronologie et même de dessin (sa forme rectiligne contrastant avec les autres sections du Danevirke, plus sinueuses, tout en rappelant les formes très géométriques des forteresses), suggèrent que tous ces éléments faisaient partie du même « plan directeur » élaboré par Harald[48].

Toutefois, aucune frontière, même consolidée, n'est totalement hermétique : le Danevirke, en dépit des travaux d'extension sous Harald, n'a jamais empêché les hommes, les marchandises et les idées de circuler de part et d'autre ; cela n'était d'ailleurs probablement l'intention du souverain. Si aucune trace des « tourelles » évoquées par Snorri Sturluson bien longtemps après les faits n'a pour l'heure été retrouvée, l'existence de portes - d'une au moins - a bien été confirmée par les archéologues. En 2010, ils ont découvert une ouverture, datée par radiocarbone de la seconde moitié du xe siècle, qui permettait de traverser le *Kovirke*, en suivant l'*Hærvejen*[49]. Peut-être la « porte nommée *Wieglesdor* » évoquée par Thietmar de Mersebourg[50]. Construction de fortifications et d'infrastructures de transport, défense du territoire et circulation des flux ne sont en rien incompatibles. Harald, tout en étant à l'initiative d'ouvrages défensifs monumentaux, a veillé à renforcer le réseau de communication parcourant son royaume. Considérant la taille de la porte découverte et l'ensemble de l'ambitieux programme architectural de Harald, qui avait un sens indéniable de la théâtralisation, on peut sans difficulté imaginer une ouverture assez imposante. Si elle était bien la seule dans ce secteur, elle constituait le point de passage obligé, particulièrement stratégique donc pour marquer les esprits et symboliser l'accès au royaume des Danois : la porte d'entrée du territoire sous le contrôle de Harald en somme.

Grandeur et démesure des réalisations d'un règne

Les anciennes phases du Danevirke montrent qu'une mobilisation importante de moyens, à la fois matériels et humains, n'est pas totalement inédite pour le Danemark. Toutefois, avec Harald, les travaux prennent une ampleur jusque-là inégalée, à la fois par leur nombre et leur gigantisme. La création par une seule personne de tout un complexe comme celui de Jelling, en lien avec un vaste réseau de fortifications, reste par ailleurs à ce jour un cas unique dans le monde scandinave[51]. Les réalisations de Harald peuvent ainsi apparaître comme la manifestation d'une nouvelle forme de contrôle sur les hommes et les ressources, en lien étroit avec le développement d'un pouvoir fort, dans le cadre d'un processus amorcé bien avant le xe siècle[52].

On ne dispose malheureusement pas de sources nous décrivant la réalisation de ces chantiers, en dehors des restes et traces laissés par les bâtiments en eux-mêmes. Néanmoins, Saxo Grammaticus, s'il n'évoque directement ni la grande pierre de Jelling ni les constructions grandioses de Harald, relate un épisode un peu surprenant au livre X de son œuvre : Harald, « ne souhaitant pas se lancer dans le déplacement d'un bloc d'un poids considérable sans forces suffisantes », n'aurait pas hésité à recourir à « toute la force navale du royaume », aussi bien hommes que bêtes, pour tirer un énorme rocher depuis le rivage jutlandais. Ce gigantesque bloc de pierre n'était destiné ni à la construction d'une forteresse ni à la consolidation du Danevirke, mais avait vocation à « signaler la tombe de sa mère[53] ». L'épisode n'est probablement pas à prendre au pied de la lettre – d'autant que l'on ignore l'emplacement de la tombe de Thyra –, mais résonne peut-être comme un lointain écho des forces (humaines, animales et matérielles) que Harald a dû mobiliser pour déplacer des rochers, mais aussi très certainement du bois et de la terre.

Un gaspillage ostentatoire des ressources

La relative rareté de la pierre au Danemark, au sol plutôt argileux ou sablonneux - comme en témoigne aujourd'hui encore le recours assez large à la brique -, rend d'autant plus exceptionnel l'alignement naviforme de Jelling, avec ses 350 blocs. Quant à la construction du tertre sud, elle a requis des quantités de terre considérables, peut-être autour de 22 hectares de terre arable, au détriment donc des ressources agricoles de la région, dont les forêts n'ont pas non plus été épargnées. La seule palissade, longue de 1 440 mètres (avec ses quatre côtés de 360 mètres chacun), a nécessité plus d'un millier de chênes au moins centenaires, sans compter les bâtiments construits à proximité, mais aussi les autres ouvrages plus ou moins proches. Le pont de Ravning Enge a également mobilisé des ressources en bois considérables, sans oublier les forteresses circulaires. Pour construire la chaussée du pont, couvrant dans les 3 800 mètres carrés et supportée par environ 1 200 poteaux en chêne mesurant jusqu'à six mètres de haut, on estime que pas moins de 350 hectares de forêts de chênes ont dû être abattus, causant vraisemblablement la déforestation d'une bonne partie de la région et une pénurie durable en bois de chêne de bonne qualité[54]. De toute évidence, Harald avait largement accès aux ressources, pourtant limitées, de la région ; et il ne les économisait pas.

Un tel usage, aussi somptuaire que disproportionné du bois, de la pierre et de la terre n'est pas sans faire penser au mode de fonctionnement des autres élites européennes du premier Moyen Âge, qui fondent en grande partie leur pouvoir sur une forme de dilapidation affichée des richesses, étalées à profusion lors de banquets somptueux ou mobilisées massivement pour faire sortir de terre des bâtiments grandioses[55]. Le bon souverain du premier Moyen Âge est tout sauf économe. La halle scandinave comme celle qui se trouve peut-être sous l'église de Jelling s'inscrit dans cette même logique de « gaspillage ostentatoire » : il s'agit de « montrer que l'on est capable de construire une salle immense, de ne l'utiliser que dans les grandes occasions et de la laisser vide la plupart du temps[56] ».

Le lien entre les forteresses circulaires et les ressources du pays paraît ainsi très étroit : leur construction ne fut possible que grâce à ces dernières, mais elles furent peut-être aussi conçues - au moins en partie - pour leur contrôle, notamment par l'intermédiaire des taxes qui pouvaient y être collectées. L'implantation de ces fortifications dans des régions assez riches et peuplées du Danemark semble conforter cette hypothèse. Aggersborg en particulier permettait de contrôler un vaste arrière-pays et devait drainer une part importante de ses ressources - ce qui explique peut-être sa taille colossale, directement liée à l'importante capacité de stockage nécessaire. Les grandes forteresses de Harald sont donc à la fois l'expression et l'instrument du contrôle royal croissant sur les ressources - bien plus qu'un outil d'unification du royaume, même si celle-ci passe par la mainmise sur les moyens humains et matériels du pays[57]. Essor d'une nouvelle forme de pouvoir royal, mobilisation des ressources et émergence d'un système politique plus centralisé vont ainsi de pair. Ce faisant, Harald sape un autre fondement essentiel du pouvoir des grandes familles, qui tiraient traditionnellement leur prestige des fonctions cultuelles qu'elles assumaient, mais aussi de leur contrôle des ressources locales. L'ampleur des forces mobilisées et la dimension inédite du phénomène ont dû marquer durablement les esprits au point de résonner encore dans les écrits de Saxo Grammaticus.

Harald ne néglige pas non plus les vecteurs politiques à sa disposition pour mettre en scène son autorité, légitimée par la nouvelle religion, à commencer par la monnaie, tout à la fois instrument d'échange, moyen de financer ses ambitieux projets et outil véhiculant un message idéologique. Il orne ainsi ses pièces d'une croix, motif inédit dans la Scandinavie du dernier quart du Xe siècle. Par ce choix parfaitement réfléchi, Harald fait de cette nouvelle monnaie un outil symbolique, destiné à faire la promotion de son autorité, ainsi que de la nouvelle religion. En somme, ces nouvelles pièces ne délivrent pas un message différent de celui gravé dans la grande pierre de Jelling. Leur diffusion, pour partie en contexte aristocratique, est probablement une nouvelle illustration de la politique de largesse et de distribution des richesses du chef souhaitant maintenir son pouvoir : ces monnaies ont pu être distribuées par Harald aux grands dont il souhaitait s'assurer la loyauté[58]. La monnaie contribue ainsi à huiler les rouages sociaux, tout en servant peut-être, dans une moindre mesure, à payer une partie des ouvriers mobilisés sur les chantiers colossaux lancés un peu partout dans le royaume.

Des chantiers menés à grand renfort d'hommes

Pour mener à bien aussi rapidement de tels projets, Harald a mobilisé une main-d'œuvre importante, d'autant qu'une partie du complexe de Jelling a dû être réalisée en même temps que les forteresses. Qui étaient les ouvriers charriant la terre et déplaçant les lourds blocs de pierre à Jelling ou abattant le bois près d'Aggersborg ? Probablement pour partie des esclaves, mais le sujet est assez délicat : si ces derniers devaient représenter une part importante de la population en Scandinavie à l'époque viking, elle demeure très difficile à évaluer faute de sources. L'ampleur de chantiers comme ceux lancés par Harald, mais aussi l'augmentation de la taille de certaines fermes danoises et du nombre de bâtiments les composant dès le début du VIIIe siècle tendent toutefois à confirmer l'hypothèse d'une main-d'œuvre servile en nombre important[59].

Notre principale source d'information concernant les mobilités de populations provient désormais des analyses des isotopes du strontium : celles menées sur les os et l'émail des dents de 48 sépultures du cimetière de la forteresse de Trelleborg sur l'île de Seeland ont permis de conclure que les jeunes hommes enterrés dans ce cimetière venaient largement de contrées extérieures au Danemark, peut-être de Norvège et des régions slaves[60], qui sont précisément un important pourvoyeur en esclaves à cette époque. S'agissait-il d'individus ayant contribué à la construction de la fortification ou de mercenaires en garnison sur place ? C'est une question à laquelle les analyses n'apportent pas de réponse. La toponymie pourrait conforter l'hypothèse de la présence d'une population servile : Trelleborg serait, étymologiquement, « la forteresse aux esclaves » - *thrælI* désignant en vieux norrois l'esclave et *borg* la forteresse. Reste à savoir s'il faut comprendre cela comme « la forteresse abritant des esclaves » ou « la forteresse construite par des esclaves », sans compter que s'appuyer sur la seule toponymie, toujours très incertaine, reste éminemment hasardeux.

Les travaux de construction ont également pu être menés, en partie du moins, par une population non servile, sans que les deux sources de main-d'œuvre s'excluent : Harald n'a probablement pas eu trop de bras pour terminer ses chantiers en un tel temps record. Il n'est pas impossible qu'un système de corvées dues au roi soit venu compléter le recours aux esclaves, dispositif peut-être inédit pour les Danois, mais qui a pu s'inspirer de ce qui existait alors en Occident, où la construction et l'entretien des infrastructures de transport et des fortifications redeviennent une forme de corvée sous les Carolingiens[61]. Les rois anglo-saxons exigent pour leur part, à partir de la fin du IXe siècle, une triple charge d'entretien des ponts et chaussées, de construction et d'entretien des fortifications et enfin de service militaire au sein du *fyrd* (la mobilisation des hommes libres au niveau des comtés). Cette *trinoda necessitas* (ou « obligation trois fois nouée ») a également pu inspirer Harald, en quête perpétuelle de renforts humains pour mener à bien ses projets grandioses[62].

PARTIE II

Harald sur l'échiquier politique européen : un « roi étranger » ?

CHAPITRE 4

Harald, roi « ardent à défendre sa terre et à passer à l'attaque »

> À la mort de Gorm, Harald, qui désirait étendre l'heureuse domination dont il avait hérité en accomplissant des exploits d'un courage remarquable, brava l'océan qui entoure le monde en lançant un raid en direction de l'est[1].

C'est en ces termes que Saxo Grammaticus relate les débuts du règne de Harald, le « seigneur de la guerre », prédestiné par son nom à la chose martiale[2]. À peu près à la même époque, l'auteur de la *Saga des vikings de Jómsborg* souligne au contraire que le règne de Harald « fut d'abord calme[3] ». Tout cela paraît quelque peu contradictoire, même si le Harald dépeint par Saxo, une fois devenu roi et chrétien, n'est plus le va-t-en-guerre qu'il était dans ses jeunes années, mais bien plutôt un souverain faiseur de paix, contrastant avec la figure du païen fauteur de troubles. Ce récit largement reconstruit et la tonalité épique de l'ouverture du livre X des *Gesta* montrent néanmoins que l'organisation du royaume de Harald et l'identité danoise ne sont pas seulement le résultat de ses choix en matière de politique intérieure, mais dépendent aussi de la pression extérieure, en réaction à une menace, incarnée durant la seconde moitié du xe siècle par l'Empire ottonien. Harald a-t-il sciemment cherché à s'inscrire dans l'héritage de Godfred, le roi qui résista à Charlemagne au début du ixe siècle et qui est probablement à l'origine du premier monnayage dans la région de Hedeby[4] ? Les sources manquent pour être affirmatif, mais la politique de Harald répond clairement à une double logique, défensive et offensive : en bon viking, Harald fut « ardent à défendre sa terre et à passer à l'attaque[5] ».

« Assurer la défense du pays contre des attaques extérieures »

En dépit du récit que fait l'auteur de la *Saga des vikings de Jómsborg*, ne nous y trompons pas : les menaces pesant sur le royaume légué par Gorm à son fils ne manquent pas, qu'elles arrivent de la mer ou par la terre, du nord ou du sud. Harald consacre ainsi une bonne partie de son règne à « assurer la défense du pays contre des attaques extérieures[6] » – comme ses contemporains royaux et impériaux du reste.

Une frontière sud sous la menace ottonienne

Harald porte une attention toute particulière à la partie sud de son royaume, autour du Danevirke et du port marchand de Hedeby. De l'autre côté de la frontière se trouve un tout nouvel empire, fondé par Otton Ier en 962 sur l'héritage légué par son père Henri Ier, qu'il a considérablement agrandi et consolidé. Le choix du terme de « marche » pour qualifier le Danemark par Otton Ier dans sa charte de 965 en dit d'ailleurs long sur les rêves impériaux d'expansion vers le nord : conçu comme une marge des territoires germaniques, le royaume des Danois – ou du moins sa partie méridionale – a vocation, dans l'esprit du souverain ottonien, à rejoindre la longue liste des territoires sous son autorité[7]. Les récits des relations entre royaume des Danois et Empire ottonien sous Harald livrent majoritairement le point de vue germanique des événements. Malgré tout, aussi bien Widukind de Corvey ou Adam de Brême que Snorri Sturluson ou l'annaliste de Ryd mettent en avant les tensions entre le royaume des Danois et l'Empire ottonien. Quelques années seulement après l'accession de Harald au trône, vers 966, le rebelle saxon Wichmann le Jeune trouva ainsi refuge et assistance auprès des Danois, qui l'accueillirent « volontiers » selon Widukind[8]. Dès les débuts de son règne, Harald semble donc avoir choisi son camp : celui des adversaires du pouvoir ottonien.

C'est dans ce contexte qu'il décide de prolonger et renforcer le Danevirke avec le *Forbindelsesvolden*, démonstration de pouvoir certes, mais à la dimension défensive indéniable. Plusieurs auteurs s'en font d'ailleurs l'écho : Sven Aggesen présente ainsi cette structure comme une fortification destinée à protéger les Danois de la « rage teutonique[9] », même si, reprenant en cela Saxo Grammaticus, il fait de la mère du roi, Thyra, l'instigatrice de ce chantier, alors que son fils est parti piller au loin[10]. Celle-ci étant vraisemblablement morte depuis longtemps, avant son époux – puisqu'il célèbre sa mémoire sur la petite pierre de Jelling –, cela paraît toutefois hautement improbable. Saxo recourt ici à un de ses procédés habituels, dépeignant des femmes très viriles, jusqu'à les mettre en scène sur le champ de bataille, sans même se soucier de varier ses descriptions : le portrait de Thyra, animée d'un « cœur d'homme sous son apparence de femme », reprend presque mot pour mot celui de Lagertha, « femme douée au combat »[11]. Ces personnages féminins contrastent d'ailleurs fortement avec les chrétiennes qui apparaissent un peu plus loin dans l'œuvre, comme Estrid, fille de Sven à la Barbe fourchue, faiseuse de paix et généreuse bienfaitrice de l'Église de Roskilde[12]. On ignore si Thyra était encore païenne ou déjà convertie, mais pour les besoins de son récit, Saxo la range clairement dans la première catégorie, tout en se faisant l'écho des relations tendues entre les deux royaumes.

Si, après la conversion de Harald, Otton semble quelque peu calmer le jeu, ayant suffisamment à faire sur ses frontières orientales, l'apaisement ne dure guère : l'argument religieux ne tenant plus, le conflit se déplace sur le terrain strictement politico-militaire, autour notamment du contrôle de la région du Schleswig, nouveau point de friction entre les deux royaumes. Selon Widukind, les hostilités reprennent autour de 968, mais il n'est pas impossible qu'il se soit trompé de quelques années[13]. C'est peut-être la mort d'Otton, en 973, qui est le facteur déclencheur : Harald, enhardi par la disparition de son ancien adversaire, décide alors de lancer une invasion sur les terres situées au sud du fleuve Eider. La contre-attaque germanique ne se fait toutefois pas attendre. Du haut de ses 18 ans, le nouvel empereur, Otton II (961-983), ne se laisse pas impressionner, bien décidé à défendre l'héritage paternel. Les Danois doivent se replier, perdant à cette occasion la partie méridionale du Jutland, qui comprend le grand port marchand de Hedeby. Ce n'est que dix ans plus tard, à en croire cette fois Thietmar de Mersebourg, que Harald peut reprendre les territoires perdus, profitant de l'opportunité offerte par la conjonction de la défaite d'Otton II face aux Sarrasins à la bataille du cap Colonne en 982, suivie l'année d'après par sa mort et le déclenchement d'une vaste révolte slave, et de l'aide apportée par son beau-père, le prince abodrite Mistivoj (v. 965-995)[14]. En réalité, rien dans ce récit n'est certain : Thietmar attribue la victoire face aux « Danois révoltés » dans la région de Schleswig à Otton II, avec le soutien du duc de Saxe Bernard ; mais le poème scaldique islandais *Vellekla*, peut-être composé vers 990, puis inséré dans la *Saga d'Olaf Tryggvason*, l'attribue au jarl norvégien Håkon Sigurdsson, qui défend alors aux côtés des Danois le secteur du Danevirke et « met en fuite les Saxons[15] ». Cette version – qui, pour une fois, n'est pas issue du monde germanique – est ensuite reprise dans la tradition islandaise, notamment par la *Saga des rois de Danemark*, mise par écrit sur l'île vers le milieu du XIIIe siècle : il y est question dans un premier temps d'une défaite germanique, avant un rapide renversement de situation obligeant Harald et Håkon à remonter vers le Limfjord[16]. Cependant, dans tous ces récits, la chronologie reste assez incertaine : Olaf Tryggvason (995-1000), censé participer à la bataille, n'avait alors que 6 ans et le poète à l'origine de la *Vellekla* confond donc peut-être avec un autre affrontement[17].

La question du contrôle de la région autour du Danevirke, et plus spécifiquement de Hedeby, durant la période 973-983 n'est pas anodine : les enjeux économiques liés au port sont importants. Aucune source n'évoque néanmoins un passage sous domination germanique de Hedeby à ce moment. Thietmar précise qu'Otton « se rend en toute hâte à Schleswig [Hedeby][18] », mais sans préciser ensuite ce qu'il advient de la cité marchande. La numismatique semble bien plutôt montrer que Harald y contrôle encore la vie économique dans les décennies 970 et 980[19]. Peu après, il fait construire, à grand renfort de solides étais en bois, le *Kovirke* au sud de Hedeby, doublé d'un fossé creusé en V. Par cet ajout, Harald revendique clairement le contrôle du port, jusque-là au sud du rempart et donc en dehors du système défensif danois, tout en assurant la protection d'un secteur stratégique du royaume[20]. Mais peut-être est-ce alors déjà inutile : la disparition prématurée d'Otton II, à 28 ans, marque un coup d'arrêt assez brutal à cette politique expansionniste. Avec les débuts compliqués du règne de son fils, Otton III (983-1003), âgé de seulement 3 ans en 983, l'étau se desserre pour les Danois.

Des forteresses « anti-vikings »

Si la situation géographique du Danevirke laisse planer peu de doutes sur la provenance de la menace, les emplacements choisis pour ériger les forteresses circulaires n'apportent pas une réponse aussi claire concernant l'origine du péril. Leur construction paraît bien correspondre à la période qui voit une recrudescence des tensions avec l'Empire ottonien, au cours des années 970. Toutefois, leur implantation assez éloignée de la frontière avec l'Empire ottonien (sur les îles de Fionie et de Seeland, les confins jutlandais, et jusqu'en Scanie), jamais très loin des côtes – alors que les Ottoniens n'étaient pas vraiment redoutés pour leur flotte –, indiquerait plutôt qu'elles étaient destinées à contrer une autre menace. En effet, Harald doit faire face, en même temps que les relations se tendent avec l'empereur germanique, à d'autres dangers, venus cette fois du nord et de l'est. La pression ottonienne le contraint à concentrer une grande partie de ses efforts, des ressources et de ses hommes à la frontière sud, autour du Danevirke et de Hedeby, rendant le reste de son royaume plus vulnérable ; et ses voisins norvégiens et suédois ont pu être tentés d'exploiter cette position de faiblesse. Pour parer à cet autre péril sans trop dégarnir le front méridional en troupes, Harald aurait alors conçu un réseau de forteresses destinées à protéger le reste de son royaume, en particulier des dangers venus de la mer : des fortifications littorales pour des régions largement désarmées, offrant un peu partout dans le royaume des points de surveillance, d'alerte et de stockage en cas de nécessité. De fait, on ne construit pas un ouvrage fortifié seulement pour affirmer sa puissance, mais aussi pour défendre un territoire menacé et protéger ses ressources[21].

Ainsi, d'Aggersborg, d'où on bénéficie d'une vue imprenable sur le Limfjord, les îles proches de Mors et de Fur sont visibles à l'œil nu et même, derrière ces îles, celle de Thy ou la péninsule de Salling par temps clair : l'endroit est idéal pour contrôler le trafic sur le fjord et éventuellement prévenir en cas de menace. Cette forteresse a probablement fait partie d'un système d'alerte, comme on en trouve mentionnés dans les sagas. Le roi norvégien Håkon le Bon (934-961), un peu plus tôt au xe siècle, aurait ainsi ordonné « d'édifier sur les plus hautes montagnes des fanaux pouvant être vus d'un sommet à l'autre » et permettant de donner l'alerte en cas de danger « en sept nuits » seulement à travers toute la Norvège, du sud jusqu'au nord du pays[22]. En somme, Harald n'aurait pas construit des forteresses antigermaniques – c'est là plutôt le rôle du Danevirke –, mais des forteresses « anti-vikings », ce qui peut également expliquer la grande discrétion des auteurs germaniques sur ce sujet – et, par voie de conséquence, le silence assourdissant de nos sources textuelles sur ces édifices pourtant exceptionnels. La stratégie semble avoir payé : les populations locales ont pu résister à des attaques venues du reste de la Scandinavie, tandis que Harald déployait son armée sur la frontière avec son voisin germanique.

Cette hypothèse, émise par des archéologues danois partis à la recherche de l'ouvrage destiné à protéger la côte orientale du pays, a permis de découvrir Borgring. Les traces de dommages par le feu observées à plusieurs endroits de l'enceinte de cette forteresse, ainsi que les profonds sillons laissés par des roues, suggérant un important trafic entrant et sortant de l'espace fortifié, confirment que l'utilisation des lieux, pour brève qu'elle ait été, fut intense. Il est possible que Borgring n'ait même jamais été finie, mais cela n'a pas empêché son usage comme refuge ponctuel lors des attaques ou comme lieu de stockage des ressources, tel que le laisse penser la concentration des bâtiments observée dans la plupart des forteresses, qui n'ont par ailleurs livré que très peu, voire pas de traces de fonctions d'habitation[23].

Ces constructions laissent également peut-être entrevoir comment Harald recrutait ses hommes. Le chapitre de la *Saga de Håkon le Bon* qui mentionne le système des fanaux évoque aussi une loi instituée par le roi Håkon pour « diviser le pays en circonscriptions navales », elles-mêmes réparties au sein des provinces, et fixant « le nombre et la taille des navires que devait fournir chaque province lorsque la mobilisation générale était proclamée »[24]. Rien ne permet d'être certain que Harald a eu recours à un tel système, la pratique de la levée navale au Danemark, ou *leding*, n'étant pas attestée dans les textes avant 1085. Le terme apparaissant déjà dans des strophes scaldiques du Xe siècle, il n'est toutefois pas impossible que cette organisation remonte à son règne, sans qu'on puisse déterminer dans quelle mesure les descriptions qui en sont faites dans des lois ou sagas des XIIe et XIIIe siècles reflètent une organisation plus ancienne[25]. Mais si Harald a déjà eu recours à la pratique du *leding* – comme le laisse également entendre Snorri Sturluson lorsqu'il évoque, dans la *Saga d'Olaf Tryggvason*, les préparatifs pour une expédition, Harald décrétant alors la « levée navale[26] » –, il paraît assez vraisemblable qu'il se soit appuyé sur le réseau de ses forteresses littorales pour regrouper hommes, ressources et navires. Le port de Jómsborg, qui pouvait accueillir dans les 360 navires de guerre selon la saga, en est peut-être aussi un lointain écho[27]. Aggersborg, Borgring et leurs homologues ont également pu servir de garnisons pour des forces vives venues de l'extérieur du royaume, l'expansion du royaume et ses alliances offrant à Harald des perspectives de recrutement plus larges. Les hommes enterrés près de la forteresse de Trelleborg (Seeland), en grande partie d'origine étrangère, étaient-ils des esclaves ou des mercenaires ? L'un n'empêche pas l'autre et la grande hétérogénéité des défunts inhumés à l'ombre de la fortification semble dans tous les cas plaider pour une aire de recrutement – d'esclaves ou de mercenaires – assez vaste.

La militarisation du royaume

Alors que Harald fait construire sept forteresses circulaires - et peut-être plus encore -, les anciens centres de pouvoir tendent à s'effacer. C'est le cas de Lejre et de Tissø, sur l'île de Seeland, respectivement à une vingtaine de kilomètres de Borgring et à une trentaine de kilomètres de Trelleborg, ou encore d'Uppåkra, en Scanie, à moins d'une quinzaine de kilomètres de Borgeby. Un des devoirs fondamentaux de tout souverain est d'assurer la protection du territoire placé sous son autorité, avec la population qui y vit et les ressources qu'il comprend, ce que cette génération précédente de lieux élitaires, bien moins fortifiés - voire pas du tout -, ne permet pas vraiment.

Au-delà de ces forteresses, ce sont tous les sites stratégiques qui bénéficient à l'époque de Harald de mesures de protection, y compris les grands ports marchands, qui génèrent d'importantes richesses et suscitent par là même bien des convoitises, comme Aarhus, prospère cité commerciale fondée dans le dernier quart du VIIIe siècle. Le premier rempart, construit vers 934, y est consolidé, selon la dendrochronologie, après 957, très vraisemblablement sous Harald donc. La modeste structure initiale - mesurant entre deux et trois mètres de haut pour dix mètres de large - prend alors une tout autre ampleur, dépassant les cinq mètres en hauteur et atteignant une largeur de 18 mètres[28]. Probablement à la même époque, le premier fossé entourant Ribe, autre port marchand majeur du royaume, est également élargi, passant à sept ou huit mètres de large - alors qu'il n'excédait pas les trois mètres auparavant -, et renforcé par un rempart, dont les techniques de construction rappellent fortement, dans certains secteurs, celles du *Forbindelsesvolden*[29]. Mais c'est certainement à Hedeby que cette volonté de protéger les intérêts économiques du royaume est la plus évidente. Le port marchand, d'abord clairement à l'écart du système défensif représenté par le Danevirke, s'y trouve progressivement intégré : dès le début du règne de Harald, le site même est fortifié, avant de profiter quelques années plus tard du surcroît de protection offert par le *Forbindelsesvolden*. Ces nouvelles structures viennent s'ajouter à la colline fortifiée surplombant le port, dont elle assure la protection depuis le IXe siècle. Alors que les phases précédentes du Danevirke semblaient protéger l'ensemble du Jutland d'éventuelles incursions slaves et franques, les ajouts de Harald sont clairement conçus pour assurer la sécurité de Hedeby et ainsi garantir les intérêts économiques des marchands, mais aussi très vraisemblablement du pouvoir royal[30].

C'est toute la région de la Schlei qui est d'ailleurs marquée par une présence militaire assez forte, comme en témoigne la découverte de plusieurs tombes à armes assez luxueuses, datant majoritairement du Xe siècle et contenant pour certaines des éléments d'équipement équestre (parties de harnais, étriers...). Ces sépultures ostentatoires restent toutefois délicates à interpréter. S'il s'agit de celles de chefs ayant quelques velléités d'indépendance à une époque où le pouvoir royal s'affirme, elles sont une démonstration de pouvoir de la part d'un groupe local[31]. Mais on peut aussi imaginer que les individus enterrés là soient plus directement liés - voire soumis - à ce pouvoir royal, dans le cadre de la défense de la région et de ses côtes par exemple[32]. Ces tombes témoignent dans tous les cas de l'intérêt que les grands accordaient à ce secteur particulier, sans qu'il soit vraiment possible de déterminer si le devoir de défense du territoire relevait du roi seul, des élites locales ou des deux, agissant plus ou moins de concert. S'il ne s'agit pas d'un effet de source lié aux aléas des fouilles ou à des évolutions dans les pratiques funéraires, ces tombes à armes refléteraient l'emprise croissante des élites guerrières sur la société danoise du Xe siècle, une emprise qui paraît plus nette dans certaines régions : celle de la Schlei, mais aussi celle du Limfjord, qui abrite la grande forteresse d'Aggersborg, mais où étaient aussi implantées, avant que Harald n'y fasse construire sa forteresse, des familles influentes, peut-être liées au contrôle du passage du fjord[33].

En somme, ce sont tous les éléments et secteurs stratégiques du royaume qui sont fortifiés sous Harald, probablement même avant pour certains. La monnaie a elle aussi pu avoir une vocation militaire : peut-être était-ce d'ailleurs sa fonction première.

Les débuts de la frappe de la monnaie à la croix, vers 975/980, coïncident avec la période durant laquelle Harald se lance dans plusieurs grands chantiers militaires (forteresses, ponts, routes) et la diffusion privilégiée de ces pièces en contexte aristocratique pourrait indiquer qu'elles servaient à acheter la loyauté des grands, voire à payer l'armée, ce qui n'était pas nécessairement incompatible avec d'autres fonctions[34].

Tous ces éléments suffisent-ils finalement à parler de « militarisation » de la société danoise sous Harald, entendue comme un processus qui amène progressivement une société à se soumettre aux valeurs et principes prévalant dans le milieu guerrier (l'ordre, l'obéissance, la hiérarchie...), tout en allouant des ressources (en hommes, en matières premières ou même en monnaie) plus importantes au domaine militaire[35] ? Dans la société danoise du xe siècle, tous les secteurs paraissent bel et bien mobilisés au service de cet effort global : la population a pu être sollicitée davantage qu'auparavant, à travers le *leding* par exemple, et l'ordre règne jusque dans la plupart des réalisations architecturales du souverain, régies par des principes géométriques stricts. Ce processus de militarisation assez large s'inscrit en outre dans une double logique, défensive mais aussi offensive : il s'agit pour Harald de résister à la poussée ottonienne et aux menaces pouvant venir du reste du monde scandinave, mais également de soutenir une politique d'extension territoriale.

Étendre le royaume des Danois « outre-mer » : Harald à la conquête de la Norvège

Harald « étendit son influence outre-mer, jusque chez les Norvégiens », relate Adam de Brême, comme en écho au message affiché par la grande pierre de Jelling[36]. L'emplacement exact du terme « Norvège » (NURUIAK) sur cette dernière, exactement sous le pied de la bête prise dans le serpent/dragon, peut inviter à interpréter cette face comme une affirmation de la mainmise de

Harald sur la Norvège, dont la mention réduite à sa plus simple expression sur cette pierre runique contraste avec l'insistance sur le fait que c'est le Danemark « tout entier » que Harald affirme avoir conquis. Faut-il comprendre que la Norvège, elle, n'a pas été soumise « en entier » ? L'auteur de la *Saga des rois de Danemark* prétend pourtant le contraire en relatant que « le roi Harald se rendit en Norvège avec son armée et plaça tout le pays sous son autorité » ; mais il écrit près de trois siècles après les événements[37]. Se rendre maître de tout un territoire scandinave en cette seconde moitié de xe siècle, encore marquée par l'éclatement politique, est suffisamment exceptionnel pour être gravé dans la pierre ; la simplicité de la mention norvégienne en revanche semble plutôt laisser entendre que la situation est plus habituelle, la Norvège continuant à obéir à plusieurs maîtres.

À l'assaut des ressources norvégiennes

Dans la seconde moitié du xe siècle, le territoire norvégien est encore une mosaïque d'entités indépendantes, et ce en dépit des efforts du roi Harald à la Belle chevelure pour consolider un pouvoir royal unique au tournant des ixe et xe siècles. Le surnom gagné par son fils et unique successeur, Éric « à la Hache sanglante », résume à lui seul la suite de l'histoire norvégienne, pour le moins troublée, avec l'assassinat de la plupart de ses frères dès les débuts de son règne[38]. Dans ce contexte de compétitions internes, une région, le Viken (autour du fjord d'Oslo), jusqu'au Vestfold même (à l'ouest du fjord), est particulièrement disputée en raison des ressources qu'elle offre. Ses terres côtières sont en effet les moins hostiles du pays, avec un relief plus modéré et un climat moins défavorable aux activités agricoles. Dans cette région, où s'est développé depuis la fin du viiie siècle le port marchand de Kaupang, l'influence danoise semble assez ancienne, remontant au moins au début du ixe siècle à en croire les *Annales royales des Francs*[39]. Lorsqu'il rédige l'*Ynglingatal*, à la charnière des xe et xie siècles, l'auteur considère toutefois qu'à la fin du ixe siècle le Vestfold fait à nouveau partie du royaume de Norvège. Rien n'est moins certain, le poète confondant peut-être le contexte de cette période avec celui du moment où il écrit, alors que la région est passée sous autorité norvégienne[40]. S'il est donc bien établi que le Viken, et peut-être même le Vestfold, constituent une pomme de discorde entre Norvégiens et Danois, rien ne permet de déterminer si la « conquête de la Norvège » que Harald revendique sur la pierre de Jelling fait référence à l'extension de l'ancienne zone d'influence danoise ou à la reprise en main de territoires ayant échappé à cette tutelle. Dans tous les cas, le roi danois profite des troubles qui suivent le règne de Harald à la Belle chevelure pour s'immiscer dans la politique norvégienne et tenter d'ancrer durablement son autorité de l'autre côté du Skagerrak.

ROIS ET DIRIGEANTS DE NORVÈGE (FIN IXe-DÉBUT XIe SIÈCLE)

- v. 870 - v. 931 : Harald à la Belle chevelure
- v. 931 - v. 933 : Éric Ier à la Hache sanglante
- v. 934 - v. 961 : Håkon Ier le Bon
- v. 961 - v. 970 : Harald II à la Pelisse grise
- v. 970-995 : Håkon Sigurdsson (jarl de Lade, tutelle danoise)
- 995-1000 : Olaf Ier Tryggvason

À la mort d'Éric à la Hache sanglante, c'est son demi-frère, Håkon le Bon (934-961), rescapé du massacre quelques années plus tôt, qui lui succède. Il passe une partie de son règne à lutter contre les fils d'Éric, qui tentent de lui reprendre - sans succès - le trône. La dernière bataille qui les oppose, à Fitjar, en 961, voit une nouvelle fois Håkon l'emporter sur ses adversaires, mais il ne survit pas à ses blessures. Sa mort sans héritier permet à Harald dit « à la Pelisse grise » (961-970), un des fils d'Éric, de récupérer le trône. Difficile de savoir quel rôle précis jouèrent les Danois et leur roi dans les événements de Fitjar, mais la *Saga de Håkon le Bon* rapporte que « le gros des forces [des fils d'Éric] était constitué de contingents danois qui leur avaient été fournis par le roi Harald Fils [de] Gorm[41] ». Selon le récit tardif fait au XIIe siècle par l'*Historia Norwegiæ*, la mère de Harald à la Pelisse grise serait en effet une fille de Gorm et donc une sœur du roi des Danois Harald, ce qui pourrait expliquer à la fois le bon accueil fait par ce dernier à la veuve du roi Éric et à leurs fils, qui trouvent d'abord refuge auprès de lui et obtiennent ensuite son soutien pour reprendre le trône de Norvège[42]. Il y a néanmoins fort à parier que l'implication de Harald dans les affaires norvégiennes dépasse les seules préoccupations familiales et l'amour cousinal : il veille avant tout à défendre les intérêts danois dans cette région prospère, d'accès assez aisé depuis son royaume. Il a donc très probablement profité de l'occasion pour y réaffirmer son autorité, en échange de son soutien à Harald à la Pelisse grise, au point de pouvoir prétendre vers le milieu des années 960 - non sans exagération - avoir « conquis la Norvège ».

L'alliance entre les deux Harald, possibles cousins, est cependant de courte durée. Inquiet des trop grandes velléités d'indépendance du souverain norvégien, le roi des Danois profite de sa venue en terre jutlandaise vers 970 pour le faire assassiner au cours d'une embuscade. Il le remplace alors par un membre d'une importante famille du nord de la Norvège, celle des jarls de Lade (dans la région de l'actuelle Trondheim) : Håkon Sigurdsson[43] - celui-là même venu prêter main-forte aux Danois pour défendre le Danevirke face aux troupes ottoniennes. Mais cette nouvelle alliance fait également long feu : plusieurs sources tardives (la *Saga d'Olaf Tryggvason*, la *Saga des vikings de Jómsborg* ou encore Saxo Grammaticus) évoquent une bataille qui aurait opposé, à une date indéterminée vers la fin du xe siècle, les jarls norvégiens de Lade à des troupes danoises. Les raisons de la rupture entre Harald et Håkon ne sont pas claires. Snorri Sturluson invoque un motif religieux :

> À la nouvelle que le duc Håkon avait rejeté le christianisme et avait guerroyé dans maintes régions de son pays, le roi de Danemark Harald Fils [de] Gorm leva une armée, puis il partit pour la Norvège. Quand il atteignit les provinces qui étaient gouvernées par le duc Håkon, il se livra au pillage et dévasta toute la contrée, puis il fit débarquer ses troupes dans les îles qui portent le nom de Solund[44].

On le voit, le motif religieux, pour vraisemblable qu'il soit, n'exclut pas des motivations plus politiques. Las d'une longue domination danoise, accrue sous Harald semble-t-il, les Norvégiens, sous la houlette de leur chef, ont tout simplement pu chercher à se libérer de cette tutelle, profitant peut-être de l'affaiblissement du fils de Gorm, aux prises alors avec les troupes ottoniennes si cette rupture s'est déroulée vers le milieu des années 970, en lutte avec son propre fils si la date est plus tardive et correspond plutôt aux dernières années du règne de Harald. C'est ce que peut laisser entendre le récit de Saxo Grammaticus, qui présente l'envoi par Harald d'une « bande de pirates de Julin [Jómsborg] » pour punir Håkon, refusant de payer l'impôt qu'il lui doit, de son insubordination et de son insolence[45].

Il fait en effet peu de doutes que l'acharnement du souverain danois à garder un pied en terre norvégienne dépassait la seule symbolique ou même les arguments religieux : en quête incessante de ressources pour financer sa politique de construction grandiose, Harald avait aussi un besoin criant de guerriers pour faire face sur le front germanique. En échange de l'autorité en Norvège, Håkon a donc dû contracter un certain nombre d'obligations envers Harald, à commencer par l'assistance militaire, expliquant sa présence, quelques années auparavant, à ses côtés pour défendre le Danevirke face à la pression ottonienne[46], mais également le paiement de taxes. La *Saga des rois de Danemark* souligne ainsi que « le roi des Danois levait un tribut sur le pays [la Norvège] tout entier[47] ». Ce dernier était peut-être versé en partie sous forme de matières premières essentielles, telles que du minerai de fer – moins abondant en Norvège qu'en Suède, mais de bien meilleure qualité dans les monts norvégiens que dans les marais danois, qui livrent un fer riche en phosphore très cassant[48] –, des pierres à aiguiser ou même, pourquoi pas, du bois, dont le transport n'était probablement pas le plus évident, mais qui a pu faire défaut dans le cadre du vaste programme architectural de Harald, sans oublier de l'argent sous diverses formes (dirhams, lingots, anneaux et bracelets...).

C'est dans ce contexte de lutte pour préserver l'autorité danoise en Norvège et recruter de nouvelles troupes que se situe probablement la construction des grandes forteresses circulaires, en particulier celle d'Aggersborg, sur le Limfjord, souvent présenté dans les textes comme un point d'arrivée ou de départ[49]. Les chenaux de ce bras de mer - qui ont pu être agrandis à l'occasion de la construction de l'édifice - permettaient en effet de gagner aisément la Norvège, en reliant le fjord au Jammer Bugt (une petite baie au nord-est d'Aggersborg) ou au Vigsø Bugt (une autre baie, au nord-ouest d'Aggersborg)[50]. Des forces et ressources en provenance des territoires norvégiens pouvaient également être stockées dans la forteresse avant d'être ensuite redéployées dans le reste du pays[51].

Une conquête territoriale partielle et éphémère

En dépit d'éventuels renforts slaves et d'un possible recours à la levée navale (*leding*), les forces danoises ne parviennent pas à l'emporter. Débordé dans un premier temps par les forces danoises, acculé, désespéré, Håkon n'aurait pas hésité, selon Saxo Grammaticus, à livrer ses deux fils en sacrifice pour obtenir la victoire :

> N'ayant pas les ressources pour faire face au danger et se défiant du secours des hommes, il se tourna vers celui des dieux et tenta de s'attirer la faveur des forces supérieures par une offrande expiatoire inaccoutumée. Amenant ses deux jeunes fils vers l'autel comme on y mène des victimes, il les massacra en un sacrifice abominable pour s'assurer la victoire[52].

Si les mots choisis sont terribles pour décrire ce « sacrifice abominable » (*nefaria litatione*), « impie » même, tellement horrible qu'on ne saurait en parler pour reprendre l'étymologie du latin *nefarius* (« qui ne peut se dire »), l'auteur chrétien noircit vraisemblablement le tableau pour accentuer l'horreur commise par celui dont le principal tort reste bien à ses yeux d'avoir rejeté le christianisme. Suit alors une bataille navale, favorable aux Norvégiens, qui profitent d'une forte tempête. Peut-être s'agit-il de la bataille de Hjörungavágr, que la *Saga des vikings de Jómsborg* et Snorri Sturluson placent toutefois après la mort de Harald, sous son fils Sven[53]. Dans la *Saga du roi Olaf Tryggvason*, la réaction de Harald face à la traîtrise de Håkon ne paraît pas moins exagérée : pillant et dévastant tout sur son passage, incendiant les fermes et poussant la population à s'enfuir dans les montagnes, il semble renouer pleinement avec ses anciens réflexes de viking[54]. Il envisage d'ailleurs après cet épisode de se rendre en Islande, afin de se venger d'une loi obligeant à composer des strophes injurieuses à son égard. Il renonce et envoie finalement un magicien transformé en baleine pour châtier les insolents. Celui-ci est cependant repoussé aux abords de l'île par un dragon et d'autres bêtes. Une version reprise dans la *Saga des rois de Danemark*, mais qui s'éloigne de plus en plus du récit historique[55]...

La situation est confuse, les dates incertaines et les acteurs impliqués pas toujours bien identifiés. Les faits sont d'autant plus compliqués à démêler que les différents fronts sont probablement liés, encore que les précisions chronologiques fassent en la matière particulièrement défaut. Une accalmie sur le front germanique auraitelle permis à Harald de concentrer davantage ses efforts sur le front norvégien - tandis qu'Otton II, lui, se tourne vers le front slave ? C'est ce que laisse entendre Saxo Grammaticus lorsqu'il relate comment Harald et Otton finissent par s'entendre, entraînant la conversion du roi danois et la paix entre les deux royaumes[56] ; un récit qui ne colle toutefois pas avec la date traditionnellement retenue pour le baptême de Harald, vers 965, ou qui pousse à situer l'intervention en Norvège plus tôt dans son règne, la déconnectant par conséquent des événements sur le front germanique vers 973/975. La *Chronique de Roskilde* situe également le rétablissement par Harald du « roi des hommes du Nord Håkon chassé du royaume » sur le trône de Norvège après le baptême et la mise en place de trois évêchés danois[57] ; mais la chronologie du règne de Harald, ici ramassé en moins de deux chapitres, reste très incertaine. La difficulté à établir une chronologie cohérente tient peut-être au fait que les interventions de Harald en Norvège furent multiples, à des moments différents de son règne, et que la mémoire des détails s'est perdue au fil des générations, confondant des batailles ayant eu lieu à des moments distincts, mélangeant les acteurs et leurs motivations. Quelques grandes lignes se dégagent néanmoins, qui, quelle que soit leur date précise, ont durablement marqué les esprits. Il paraît ainsi faire peu de doutes que Harald soit intervenu en Norvège, consolidant ou réaffirmant un temps un contrôle danois ancien sur la région du Viken, voire au-delà, sans que l'on puisse vraiment parler de l'intégralité du pays. Cette influence danoise, qui n'a vraisemblablement pas dépassé les quelques années, semble par ailleurs n'avoir jamais vraiment été bien acceptée par les Norvégiens : la lecture de l'*Histoire des rois de Norvège* laisse l'impression que Harald doit batailler durant la majeure partie de son règne pour affirmer son autorité sur des chefs et rois norvégiens aux velléités d'indépendance un peu trop grandes à son goût.

Harald subit donc de toute évidence une série de revers du côté de la Norvège, à une date incertaine, pour des raisons peu claires et dans des proportions indéterminées certes, mais Håkon parvient visiblement à se débarrasser de la tutelle danoise dans une bonne partie du pays, « ne payant plus aucun tribut par la suite au roi des Danois[58] ». Impossible cependant de dire ce qu'il advient du Viken si disputé : Håkon était-il encore trop faible pour reprendre cette région en main[59], ou est-il alors parvenu, comme le laissent entendre les sagas, à reprendre le contrôle de « l'ensemble du pays[60] » ? Dans tous les cas, l'influence danoise paraît fortement reculer dans ses anciens territoires norvégiens, si bien qu'à la mort de Håkon Sigurdsson vers 995 - sous le règne du fils de Harald, Sven -, Olaf Tryggvason, descendant du roi Harald à la Belle chevelure, s'empare de la couronne.

Une opération de destruction mémorielle en terre norvégienne

L'archéologie confirme peut-être, à sa façon, les difficultés rencontrées par le souverain danois pour imposer sa tutelle aux Norvégiens. En effet, les principaux instruments lui permettant d'afficher son pouvoir semblent, à ce jour du moins, absents du sol norvégien : c'est le cas des forteresses circulaires, mais aussi des monnaies à la croix - pourtant présentes jusqu'en Scanie. Cela pose la question de l'intégration effective et durable du sud de la Norvège dans la sphère d'influence danoise[61] : Harald a-t-il déjà perdu l'essentiel des territoires norvégiens au moment où il émet ces pièces ? Ou son influence de l'autre côté du Skagerrak n'a-t-elle jamais été suffisamment forte pour pouvoir y diffuser sa monnaie ? Dans tous les cas, cette absence dans une contrée qui utilise majoritairement les monnaies (essentiellement des dirhams) à leur valeur pondérale est peut-être un écho matériel de l'instabilité du pouvoir danois en Norvège. Cela ne signifie pas pour autant que Harald ait renoncé à tout affichage de son autorité, mais dans ces contrées éloignées et indociles, cette volonté a pu revêtir d'autres formes.

De l'autre côté du Skagerrak, dans ce Viken et ce Vestfold tant convoités, se trouvent plusieurs espaces funéraires remarquables : celui de Borre, avec ses imposants tertres des VIIe-Xe siècles, marquant peut-être l'emplacement de sépultures royales[62], ou encore les deux monumentales tombes à bateau situées un peu plus au sud, non loin des rives du fjord, à Oseberg et Gokstad. Celle d'Oseberg, datée de 834 par dendrochronologie, abritait, sous un tumulus d'environ 45 mètres de diamètre et dépassant les 6 mètres de haut, deux corps de femmes dans un bateau magnifique, mais aussi un chariot, des luges, des lits superbement ouvragés, les restes de plusieurs animaux (chevaux, bovidés, chiens), de nombreuses bandelettes de soie persane et bien d'autres objets, mais aucun bijou ou accessoire vestimentaire précieux. Celle de Gokstad, construite plus tardivement, entre 895 et 903, renfermait, sous un tertre de taille assez similaire, un seul corps, masculin cette fois, ainsi qu'un superbe navire, trois bateaux plus petits, un traîneau, des éléments d'équipement équestre, des restes de chevaux, de chiens et même de paons et de rapaces, ou encore des fragments de boucliers (mais pas d'épée ni de hache)[63]. Les dégâts constatés lors de leur découverte (en 1880 pour Gokstad et en 1903 pour Oseberg) indiquent que les deux sépultures avaient déjà été visitées. Les premiers arrivants ont tout simplement creusé des tranchées, encore bien visibles, pour pénétrer dans la chambre funéraire. Cette première visite explique très certainement l'absence – surprenante pour de telles tombes – de tout bijou ou de toute arme. Pour autant, les visiteurs de ces deux tertres n'étaient peut-être pas de vulgaires pilleurs de tombes, comme pourraient l'indiquer les ravages causés à l'intérieur des chambres funéraires, jusque sur les corps : à Oseberg, les os de la plus vieille des deux femmes ont été jetés hors de la chambre et le crâne de la plus jeune piétiné. Ce qui pourrait être perçu comme un geste malencontreux causé dans la hâte suscitée par la crainte de se faire surprendre est en fait très certainement un acte délibéré. La taille impressionnante des tranchées percées pour accéder aux chambres funéraires, de quatre à six mètres de large, pour plus de vingt mètres de long, suggère également tout autre chose qu'une violation furtive, qui se serait voulue la plus discrète possible[64]. De tels travaux ont au contraire dû prendre plusieurs jours et être bien visibles. C'était d'ailleurs peut-être même l'objectif : rendre cette réouverture publique et faire largement connaître le triste sort réservé aux restes se trouvant à l'intérieur, comme une sorte de mise en scène de la destruction.

Mais qui a donc pu en vouloir à ce point aux défunts de Gokstad et d'Oseberg ? Les pelles en chêne ayant vraisemblablement servi pour creuser les tranchées ont pu être datées par dendrochronologie : celles découvertes à Oseberg ont été fabriquées après 953 (alors que la tombe date de 834) et celle de Gokstad après 939 (pour une sépulture datée de 895-903). Ces pelles n'ont donc pas pu servir à la construction des chambres funéraires et sont plutôt liées à une réouverture plus tardive, probablement au cours de la seconde moitié du xᵉ siècle si l'on se fie à leur degré d'usure, soit plusieurs décennies après la mort de l'occupant de Gokstad et plus d'un siècle après celle des défuntes d'Oseberg, à l'époque précisément où la région du Viken est au cœur des rivalités entre pouvoirs norvégien et danois[65]. On ignore malheureusement tout de l'identité des trois défunts enterrés dans ces deux sépultures luxueuses, distantes seulement d'une petite trentaine de kilomètres l'une de l'autre, mais il s'agissait de toute évidence de morts prestigieux, leurs descendants souhaitant à la fois leur rendre un hommage appuyé et se servir de ces tertres imposants pour laisser une trace matérielle, visible de loin et longtemps, de l'autorité du groupe en question. La construction de ces sépultures monumentales fut donc, comme à Jelling en somme, éminemment symbolique.

Néanmoins, un symbole n'a de valeur que si l'on sait à quoi il renvoie : si ce n'est plus notre cas pour ces sépultures d'Oseberg et de Gokstad, le (ou les) instigateur(s) de la réouverture au xe siècle devai(en)t encore savoir qui était enterré là. Peut-être s'agissait-il de membres éminents de la dynastie royale des Ynglingar, qui contrôlait la région au ixe siècle et dont serait issu Harald à la Belle chevelure, ce qui pourrait justifier les dégâts commis dans les tombes, commandités, on peut supposer, par un pouvoir rival cherchant alors à ancrer durablement son autorité dans la région. Pourquoi pas le roi des Danois Harald, mettant à bas les symboles pouvant légitimer d'autres prétendants ? La disparition des objets élitaires emblématiques que sont les bijoux et les armes ne serait par conséquent pas un simple vol, mais bien plutôt un retrait parfaitement conscient destiné à annihiler le prestige des défunts. En profanant ces tombes, en piétinant les os des membres d'une lignée concurrente et en les privant de leurs marqueurs sociaux, Harald se livre à une véritable opération de destruction mémorielle ; un mode opératoire qu'il a pu pratiquer ailleurs, notamment sur l'île de Fyn, où une autre sépulture à bateau prestigieuse semble avoir été également profanée dans la seconde moitié du xe siècle[66]. Le grand constructeur de Jelling et des forteresses circulaires a ainsi très bien pu être, dans d'autres contextes, un grand destructeur.

Toutefois, dans une Norvège à l'histoire troublée en cette seconde moitié du xe siècle, tout particulièrement dans le Viken, les potentiels rivaux des Ynglingar étaient probablement nombreux, sans qu'il soit nécessaire d'incriminer Harald : les membres de la dynastie royale précédente ou d'autres lignées de chefs ont tout aussi bien pu commanditer de tels actes de vandalisme, à commencer par Håkon Sigurdsson. Issu de la puissante famille des jarls de Lade – implantée à l'origine dans la partie septentrionale de la Norvège –, il cherche alors très vraisemblablement à s'affirmer plus au sud, où d'autres sépultures paraissent également rouvertes et endommagées, notamment à Borre, où l'on ne peut cependant pas établir une datation aussi précise qu'à Oseberg et à Gokstad[67]. Il pourrait donc également s'agir d'une forme d'exécration mémorielle entre des groupes norvégiens concurrents, cherchant à affirmer leur autorité, et dans laquelle le roi danois Harald n'aurait rien à voir. Dans tous les cas, ces actes forts témoignent à la fois d'un contexte politique troublé, dans lequel la compétition entre les différents acteurs a pu revêtir des accents dramatiques et macabres, et de la conscience qu'avai(en)t le (ou les) commanditaire(s) de l'importance des enjeux mémoriels dans les affrontements politiques du moment.

Prendre pied au sud de la Baltique

Attiré par les territoires norvégiens et suédois, Harald regarde toujours plus à l'est : vers les rives septentrionales de la mer Baltique donc, mais probablement aussi vers ses rivages sud. Les informations en la matière sont particulièrement parcellaires, voire contradictoires ; la frontière entre légende et réalité historique est plus floue que jamais, tout particulièrement en ce qui concerne les célèbres « vikings de Jómsborg ». Ces guerriers redoutables sont au cœur de récits légendaires, qui témoignent, à leur façon, de l'importance des enjeux, à la fois militaires et commerciaux, à l'œuvre au sud de la Baltique en cette fin de xe siècle.

Le fondateur de la forteresse baltique de Jómsborg ?

> [Harald] était un roi puissant et un grand guerrier [...] qui disposait d'un important duché dans le Wendland [régions côtières de l'Allemagne et de la Pologne]. Il y avait fondé la ville de Jómsborg en y établissant des troupes à qui il avait accordé une solde et des droits. Ces hommes gouvernaient la région en son nom. En été, ils s'adonnaient au pillage, tandis qu'en hiver, ils restaient chez eux. On les appelait les vikings de Jómsborg[68].

Si l'on suit la *Saga des rois de Danemark*, c'est donc Harald en personne qui serait à l'origine, dans les années 960, de la construction d'une forteresse au sud de la Baltique, destinée à abriter une confrérie de vikings, les *Jómsvikings*, un groupe de guerriers professionnels à la discipline très stricte y passant les hivers et partant en expédition à la belle saison. Mais la *Saga des vikings de Jómsborg* affirme que le fondateur est un autre prince danois, un dénommé Palnatoki, chef de l'île de Fionie. Pour Adam de Brême, ce sont les Slaves qui contrôlent le site fortifié qu'il appelle *Jumne*, désormais identifié de façon quasi certaine au site archéologique de Wolin (sur les rives de l'estuaire de l'Oder, en terres poméraniennes), pas les Danois, version en partie reprise par Saxo Grammaticus, pour qui Harald conquiert la cité slave de Julin, dont il n'est donc pas le fondateur[69].

Le flou qui règne autour de cet épisode tient pour beaucoup à la complexité politico-militaire sur la rive méridionale de la Baltique, occupée par plusieurs groupes nouant, dénouant et renouant des alliances au gré des circonstances. Résumons à grands traits la situation de la seconde moitié du xe siècle. Au sud du Danevirke, aux portes du royaume de Harald, se trouve l'Empire ottonien, jusqu'à l'Elbe. Au-delà, entre l'Elbe à l'ouest et l'Oder à l'est, plusieurs ensembles cohabitent plus ou moins bien : le long de la mer, à l'est de l'Oder, vivent les Poméraniens ; plus à l'ouest, tout près des territoires germaniques, le long de l'Elbe, se trouvent plusieurs groupes de Slaves occidentaux (parfois désignés sous le terme de « Vendes » dans les textes[70]) : les Abodrites (ou Obodrites), les Liutizes et bien d'autres, pour la plupart hostiles à l'Empire ottonien. Enfin, au sud des Poméraniens, le duché de Pologne est alors aux mains de Mieszko Ier (v. 960-992), un « ami de l'empereur » à en croire Widukind de Corvey[71]. De quelle autorité dépendait donc la forteresse de Jómsborg : des Poméraniens – sur le territoire desquels elle se situait si elle correspond bien à Wolin ? Des Slaves de l'Ouest ? Des Polonais cherchant alors à étendre leur influence et s'assurer d'une ouverture sur la Baltique ? À moins que la cité fortifiée n'ait disposé d'une forme d'indépendance.

Autant de questions qui sont liées à la nature du site : forteresse militaire, port marchand, ou les deux à la fois ? Sa situation stratégique, sur l'estuaire d'un grand fleuve, l'Oder, reliant la Baltique aux terres slaves, en faisait un endroit idéal pour les échanges commerciaux, mais également pour des activités militaires, comme le recrutement et le cantonnement de troupes. Que l'on envisage des guerriers scandinaves envoyés sur place par le pouvoir danois ou des mercenaires slaves engagés dans la région, le site présentait des atouts indéniables pour un souverain en quête de troupes fraîches et de nouvelles terres[72]. Si Harald conçut un jour le rêve d'étendre son influence sur les rives méridionales de la Baltique, Jómsborg/Wolin a pu être l'endroit tout indiqué pour prendre pied dans la région.

Les textes restent très allusifs concernant l'origine des légendaires « vikings de Jómsborg », se contentant d'en faire un des principaux soutiens du pouvoir royal danois. Saxo Grammaticus rapporte néanmoins que Harald mena sa dernière grande bataille, qui l'opposa à son propre fils, avec « des troupes mêlant Danois et Slaves[73] », ce qui pourrait rejoindre les résultats des analyses menées sur les restes humains de Trelleborg (Seeland), où on a également retrouvé des objets provenant peut-être des régions slaves. Les sources semblent par conséquent concorder pour faire de Harald un recruteur de mercenaires et/ou d'esclaves slaves, destinés à alimenter ses chantiers en main-d'œuvre et ses troupes en guerriers. Toutefois, cela ne signifie pas que l'essentiel de ses contingents était originaire de ces régions. Probablement présents lors de grandes batailles comme celle de Hjörungavágr, ces hommes ne représentaient qu'une partie d'une armée bien plus vaste et, peut-on supposer, assez composite, à l'image des bandes vikings sévissant en Europe depuis la fin du VIIIe siècle[74].

Les « vikings de Jómsborg » pourraient donc faire référence aux contingents slaves de l'armée de Harald. À moins que le mythe ne l'emporte sur la réalité, réduisant ces féroces guerriers à l'expression métaphorique d'une implantation danoise en territoire slave, comme l'écho déformé d'une lointaine présence. Jómsborg, telle que la décrivent les textes tardifs, n'est peut-être qu'une forteresse idéale, empruntant des éléments à plusieurs ouvrages défensifs ayant réellement existé, tout en mêlant des valeurs puisées dans l'univers chevaleresque. Il est en effet probable qu'elle relève avant tout de la création littéraire, rappelant plus l'univers médiéval des XIe et XIIe siècles que le monde des vikings[75]. L'auteur de la *Saga des vikings de Jómsborg* a malgré tout pu tirer une partie de son inspiration de lointains souvenirs remontant à l'époque de Harald, des alliances avec les Slaves occidentaux aux forteresses circulaires, en passant par les règles qui ont pu y être en vigueur. Des lois très strictes régissaient en effet la vie des guerriers de Jómsborg : enrôlement entre 18 et 50 ans uniquement, absence de privilèges pour les guerriers d'origine royale, obligation de venger son frère d'armes, interdiction de montrer sa peur ou même de simplement l'évoquer, mise en commun du butin, interdiction de créer la moindre tension au sein du groupe, présence féminine défendue, etc. sont autant de prescriptions qui paraissent un peu trop précises pour avoir été totalement inventées[76]. De l'esprit et de la plume de l'auteur de la *Saga des vikings de Jómsborg* est donc sorti un lieu hybride, produit de plusieurs générations d'accumulations littéraires, mêlant des réminiscences de l'époque viking et une bonne dose d'imagination[77].

Néanmoins, la période durant laquelle Jómsborg est censée être en activité – durant la seconde moitié du Xe siècle – correspond bien aux traces archéologiques d'une importante présence scandinave sur le site archéologique de Wolin – des environs de 950 à 1050 –, après une première phase marquée par des traits essentiellement slaves[78], indiquant que les Danois n'ont de toute évidence pas fondé le site. La forte présence danoise par la suite n'implique d'ailleurs pas nécessairement une forme de domination politique. Les archéologues ont en outre souligné que les femmes semblent avoir été peu nombreuses sur le site : faut-il y voir la part de vrai de la légende des guerriers de Jómsborg ? Le mobilier paraît indiquer des activités tournées davantage vers l'artisanat et le commerce que vers la guerre, mais la frontière entre le marchand et le pirate pouvait alors être très ténue.

Quant aux liens de Harald avec la région, ils sont peut-être confirmés par la découverte en 1841 du disque dit « de Curmsun » (d'après le terme désignant Harald comme « fils de Gorm », *Gormsson* dans la tradition norroise) dans la crypte de l'église médiévale en ruines de Wiejkowo, un village de Poméranie (en actuelle Pologne) à seulement trois kilomètres au sud-est de Wolin. L'inscription latine sur cette sorte de grosse pièce en or de 4,5 centimètres de diamètre pour un peu plus de 25 grammes relie en effet deux sites du sud de la Baltique à Harald : Jómsborg et Oldenbourg.

Inscription latine sur le disque de Curmsun :
+ARALD
CVRMSVN+
REXADTAN
ER+SCON+J
VMN+CIV
ALDIN+

Traduction française :
Harald
Gormsson,
roi des Danois,
de Scanie,
de Jumne [Jómsborg], de la cité
d'Aldinburg [Oldenbourg]

Ce second toponyme soulève bien des questions : le terme de « cité » (*civitas* en latin) s'explique aisément par l'élévation d'Oldenbourg au rang de siège épiscopal vers 970, mais la ville se situe alors plutôt dans une région dirigée par le beau-père de Harald, Mistivoj, non par Harald lui-même, pourtant présenté par l'inscription comme « roi [...] de la cité d'Aldinburg ». Si l'objet est authentique – ce que certains chercheurs pensent[79] –, le contexte de sa production et sa fonction précise restent à ce jour inconnus : ce n'est visiblement ni une pièce de monnaie ni un pendentif ; et les conditions obscures et anciennes de sa découverte compliquent d'autant son interprétation. Ce ne serait pas la première déclaration un peu exagérée de la part de Harald, mais la langue utilisée n'est pas le norrois comme sur la pierre de Jelling : l'usage du latin ne fait pas d'une origine danoise la piste la plus vraisemblable. Rien en tout cas ne permet d'affirmer que le fils de Gorm a effectivement contrôlé à un moment la forteresse de Jómsborg. Si toutefois ce fut le cas, cela ne dura guère : peut-être quelques années à peine dans la décennie 980[80].

La présence éventuelle, dans la forteresse, de mercenaires enrôlés par Harald impliquait vraisemblablement le versement d'une solde. L'auteur de la *Saga des rois de Danemark* précise d'ailleurs que le roi accorda aux vikings de Jómsborg « un salaire et une loi[81] », salaire qui a pu être versé sous forme de pièces à la croix. Cependant, si ces dernières ont été retrouvées en nombre assez important en Poméranie, la plupart des découvertes restent assez éloignées du site de Wolin, que l'on considère les trésors de Gralewo II ou de Wicimice, respectivement à plus de 160 kilomètres et à 70 kilomètres environ. Sur le site même, on compte seulement une pièce à la croix parmi les découvertes isolées et huit imitations de Dorestad - également attribuées à Harald - dans le trésor de Silberberg enfoui vers 980/984[82]. Impossible en outre de déterminer si ces quelques pièces sont liées aux activités commerciales de Wolin ou à la présence de mercenaires. Rien qui permette donc de confirmer la présence de guerriers à la solde de Harald dans la forteresse. Toutefois, la découverte en 2018 d'un important trésor d'argent à Schaprode, à l'extrémité occidentale de l'île de Rügen, a relancé le débat, tout en faisant peut-être écho aux seize objets en or découverts en 1873 sur l'île de Hiddensee, séparée de celle de Rügen seulement par un étroit bras de mer : traditionnellement associé à Harald ou aux siens, le trésor de Hiddensee reste néanmoins difficile à interpréter faute de datation et de contexte précis[83]. Celui de Rügen, enfoui à la toute fin du règne de Harald, après 983, constitue quant à lui la plus importante découverte à ce jour au sud de la Baltique de monnaies attribuées à Harald, avec, parmi des centaines de pièces et d'autres objets en argent, une bonne centaine de monnaies à la croix et d'imitations de Dorestad[84]. Or, l'île de Rügen - alors occupée par un peuple slave occidental, les Ranes ou Rugiens, également installé sur le continent, entre Abodrites à l'ouest et Poméraniens à l'est - constituait une véritable tête de pont du continent s'avançant dans la Baltique en direction de la Scandinavie, non loin des grands détroits entre cette mer et celle du Nord. Lors des événements qui ont marqué la fin du règne de Harald, un de ses hommes a peut-être été amené par les circonstances à enterrer là sa fortune, amassée au cours de plusieurs années de raids et de mercenariat, mêlant butin et solde. Ce trésor serait alors la trace du passage de guerriers à la solde de Harald ; une hypothèse parmi d'autres.

Les féroces « vikings de Jómsborg » n'ont probablement jamais existé, du moins pas sous la forme que décrivent les sagas, mais la légende s'en est emparée, faisant revivre le souvenir de ce qui ne fut pas. Pour autant, l'attention portée par Harald aux territoires situés au sud de la Baltique n'en est pas moins bien réelle, comme en témoigne l'habile politique d'alliances qu'il mène dans la région.

Une politique d'alliances matrimoniales pour se garder de l'Est

Le (ou les) mariage(s) de Harald constitue(nt) l'une des plus grandes zones d'ombre : on ne sait presque rien de sa vie matrimoniale, à commencer par le nombre d'épouses qu'il a pu avoir ou encore leur religion. Pas de présence féminine chrétienne poussant, dans l'ombre, le fils de Gorm à adopter le christianisme, à l'image d'une Clotilde près de cinq siècles plus tôt chez les Francs, construction littéraire assez classique mais totalement absente des récits de la conversion de Harald. Quand les sources livrent quelques maigres détails sur ses épouses, c'est bien souvent pour rappeler leurs origines étrangères, plus précisément slaves et suédoises, deux régions dans lesquelles le roi des Danois s'efforce d'étendre son influence. Les mariages de Harald paraissent donc s'inscrire dans une politique d'alliances plus vaste, dirigée vers l'est et pouvant expliquer la surprenante absence – à ce jour du moins – de forteresses circulaires dans le sud-est du royaume, Nonnebakken et Trelleborg (Seeland) restant pour l'heure les plus méridionales. Situées de façon à accéder rapidement au détroit du Kattegat, elles sont de toute évidence toutes tournées vers les territoires suédois et norvégiens, tandis que l'attention prêtée aux éventuelles menaces qui pourraient arriver du sud de la Baltique, depuis les terres des Slaves occidentaux, paraît bien moindre[85]. Quant au Danevirke, si ses phases plus anciennes avaient certainement vocation à protéger les Danois de leurs voisins sud-orientaux, ce n'est visiblement plus le cas dans la seconde moitié du xe siècle. Les Slaves de l'Ouest ne constituent alors plus une menace, probablement parce que Harald a opté sur ce front pour une autre forme de protection.

Ici, point de forteresses, mais des alliances, qui s'inscrivent très vraisemblablement dans le cadre d'un front antigermanique plus large, réunissant Slaves de l'Ouest et Danois. Harald aurait ainsi épousé une dénommée Tófa (ou Tove), la seule de ses épouses qui ait laissé une trace matérielle, sur une pierre runique découverte en 1836 à Sønder Vissing, à moins de 40 kilomètres au nord-est de Jelling, proclamant que « Tófa, fille de Mistivir, femme de Harald le Bon, fils de Gorm, a érigé cette pierre à la mémoire de sa mère[86] ». Si on ignore l'emplacement originel de ce bloc réutilisé dans le muret enserrant le cimetière, l'identité de l'époux fait, elle, peu de doute, le graveur ayant pris soin de préciser son ascendance paternelle. Harald est ainsi devenu le beau-fils du roi des Abodrites, Mistivoj, un des responsables du soulèvement slave contre l'Empire de 983 et du ravage à cette occasion de la cité de Hambourg[87]. Une telle alliance lui a permis de resserrer les liens avec les Slaves de l'Ouest, qui partageaient avec les Danois un ennemi commun : l'Empire ottonien. Toutefois, Tófa n'apparaît nulle part ailleurs que sur cette pierre runique : aucun texte ne la mentionne, aucun auteur n'a visiblement connaissance de cette union et on ignore tout des enfants qu'elle a pu avoir avec Harald. D'Adam de Brême à Saxo Grammaticus, tous paraissent avoir ignoré l'existence de cette pierre et donc de cette Tófa, que la tradition a pris l'habitude de présenter comme la deuxième épouse de Harald, après Gunhild et avant Gyrith.

En effet, chez Adam de Brême, l'épouse de Harald se prénomme Gunhild ; elle est baptisée en même temps que lui et que leur fils[88] : fin de l'histoire de Gunhild ; et Adam de Brême ne prête pas d'autre épouse à Harald. Sous la plume de Saxo Grammaticus, l'épouse de Harald s'appelle Gyrith ; elle est présentée comme la fille d'un chef suédois, Björn, qui a aussi un fils, Styrbjörn. Ce dernier, dépossédé du trône par Éric, surnommé « le Victorieux » (v. 970-995), part pour le Danemark, accompagné de sa sœur, demander de l'aide à Harald, qui l'accueille amicalement. Styrbjörn lui aurait alors offert la main de Gyrith, juste avant de se voir confier par le roi des Danois la direction de la forteresse de Julin, dont ce dernier vient de s'emparer[89]. Le nom de l'épouse de Harald diffère donc de celui mentionné sur la pierre de Sønder Vissing, mais dans les deux cas, il semble être question d'alliance en lien avec les affaires slaves. Saxo Grammaticus ajoute un peu plus loin que Harald a eu deux fils de Gyrith : Håkon et Sven[90] ; mais il est le seul à mentionner ce mariage avec la sœur de Styrbjörn. L'histoire est d'ailleurs quelque peu différente dans la *Saga des rois de Danemark*, qui présente Styrbjörn comme l'homme fort de la situation, capturant Harald lors d'une attaque menée sur le Danemark. C'est à cette occasion qu'un mariage aurait été conclu entre les deux maisons royales. Cette union ne concerne cependant pas Harald, mais sa fille, Thyra, dont il accorde la main à Styrbjörn[91]. Il n'est donc plus question d'enjeux slaves dans cette version, dans laquelle les rôles sont inversés : dans les deux versions, celui qui est en position de force se marie, tandis que celui qui est en position d'infériorité accorde la main d'une de ses parentes. Peut-être un schéma narratif inversé, sans grande valeur historique. À moins que les deux récits ne soient complémentaires, évoquant deux mariages ayant bien eu lieu, ce qui aurait fait tout à la fois de Harald le beau-frère et le beau-père de Styrbjörn, un excellent moyen donc de forger une alliance solide, mais aussi un sujet délicat pour les auteurs chrétiens, un peu gênés, peut-on supposer, par des liens de parenté très proches entre les quatre protagonistes.

Le souvenir précis des épouses de Harald s'est donc perdu au fil des générations et tous ces récits ne sont pas nécessairement exclusifs : Harald a pu avoir plusieurs épouses. Mais peut-être n'en a-t-il eu qu'une : les récits tardifs et largement reconstruits d'Adam et de Saxo peuvent faire douter de l'existence de Gunhild, dont on ignore tout hormis le nom – alors très commun –, et de Gyrith. Ne disposant pas de la moindre information sur le sujet et n'ayant pas connaissance de la pierre de Tófa, les auteurs ont pu inventer ces personnages féminins pour ne pas laisser leur protagoniste sans épouse à ses côtés dans leur récit.

Il reste malgré tout très probable que Harald se soit marié et il paraît assez vraisemblable qu'il soit allé chercher sa promise dans des contrées plus orientales, s'appuyant sur un mariage exogamique (ou même plusieurs) pour préserver son royaume des éventuelles menaces qui pouvaient arriver de l'est, voire pour renforcer son influence dans la région. De telles alliances seraient ainsi complémentaires de la prise de contrôle de la forteresse de Jómsborg. Dans les deux cas, les regards de Harald se tournent résolument vers l'est et le possible mariage de son fils Sven, plusieurs années plus tard, avec Sigrid Storråda (*Świętosława* en polonais), fille du duc de Pologne Mieszko Ier, ou encore l'union peut-être prévue par Sven pour sa sœur Thyra avec le roi des Vendes montrent que l'intérêt de la dynastie de Jelling pour les contrées au sud de la Baltique, qui voit se développer d'intenses échanges économiques, perdure au-delà de son règne[92].

CHAPITRE 5

Harald et le commerce de la Baltique

> Schleswig, également nommée Hedeby, est baignée par un bras de la mer Barbare appelé Schlei par les habitants et d'où la ville tire son nom. De ce port, on a coutume d'envoyer des navires vers les contrées slaves, la Suède, le Semland [petite péninsule prussienne] et jusqu'en Grèce [Byzance][1].

Par ces quelques lignes, Adam de Brême rappelle qu'un port comme Hedeby générait d'importantes richesses, qui ne pouvaient laisser indifférent Harald, toujours en quête de nouvelles sources de financement pour ses projets colossaux. Roi guerrier, en bon viking, il ne néglige donc pas le commerce, particulièrement dans la région de la Baltique. En effet, en cette seconde moitié de xe siècle, alors que les circuits commerciaux se réorganisent, se déportant vers l'est au détriment de la mer du Nord[2], c'est la « mer Barbare », autre nom donné par Adam de Brême à la Baltique, qui constitue le poumon des échanges en Europe du Nord. Mer des confins du monde connu, elle est intensément parcourue et régulièrement traversée par les acteurs du moment, à commencer par Harald, qu'il parte guerroyer contre les Slaves dans ses jeunes années ou chercher ensuite une épouse[3]. Cet espace maritime est à première vue très fermé, avec un nombre de points d'accès limité, ce qui rend leur contrôle d'autant plus stratégique – à partir précisément des eaux sous domination danoise, autour des îles de Seeland, de Fionie et des détroits environnants (Grand Belt et Øresund notamment). Mais il est aussi très ouvert : sur le monde scandinave au nord, sur les contrées baltes et slaves au sud, ou encore, par l'intermédiaire du réseau fluvial de l'actuelle Russie (Volga, Don, Dniepr) et des mers Noire et Caspienne, sur le monde oriental et méditerranéen, jusqu'à Constantinople et Bagdad. C'est donc vers cet espace maritime devenu majeur au cours du Xe siècle que se tournent les regards de Harald.

Affirmer une présence danoise en « mer Barbare »

Navires de guerre et navires de commerce, ou comment sillonner les mers au Xe siècle

Les sagas résonnent du vacarme des raids et des batailles menés par Harald à travers les mers, qu'il sillonne dans sa jeunesse pour acquérir gloire et richesses. Les navires à bord desquels il voyage deviennent alors moins polyvalents que ceux qu'utilisaient ses ancêtres, qui ne distinguaient pas nettement bateaux de guerre et bateaux de commerce – ce qui est finalement logique, étant donné que lorsque les vikings partaient en expédition, c'était potentiellement pour faire les deux. Mais à partir du Xe siècle, les navires de guerre, *langskip* en vieux norrois, s'affinent, tandis que les navires de fret, le *knörr*, s'élargissent et voient leur capacité de charge atteindre 50 ou 60 tonnes, ce qui les rend plus lourds et moins maniables que les *langskip*, mais bien plus adaptés aux échanges commerciaux[4]. Un équipage réduit suffit à le piloter et la voile est le principal moyen de propulsion – les rames sont réduites au strict nécessaire pour les manœuvres –, ce qui libère une place importante à bord pour les marchandises[5].

Si Harald a un jour navigué à bord d'un tel navire, ce n'était vraisemblablement pas son embarcation de prédilection. En effet, le viking, autrefois tantôt pirate tantôt marchand selon les situations, tend aussi à se faire plutôt l'un ou plutôt l'autre. Il lui faut alors choisir le type de bateau avec lequel quitter le port en fonction de l'activité qu'il entend pratiquer. Harald est un guerrier, pas un marchand. Il a donc certainement bien plus fréquenté les bancs de nage des *langskip* – ou donné des ordres à la vingtaine ou trentaine de rameurs qui s'y activait – qu'il n'a surveillé la bonne répartition du poids des tonneaux et autres ballots à bord des navires de fret, laissant à d'autres le soin de transporter depuis ou vers son royaume des cargaisons en tous genres. On peut l'imaginer à bord de *langskip* proches de celui qu'on a sorti du port de Hedeby en 1979 (connu sous le nom de *Hedeby 1*), daté par dendrochronologie des environs de 985 : ses 30,9 mètres de long de la proue à la poupe et ses 2,7 mètres de large dans sa partie centrale en font le navire le plus étroit connu à ce jour. En fonction des situations, du vent ou de l'effet de surprise recherché, il pouvait avancer à la voile, apparue dans les mers nordiques à partir du VIIe siècle et se généralisant au cours des VIIIe et IXe siècles, ou à la rame : le bateau *Hedeby 1* comporte à la fois un mât permettant de hisser une grande voile de laine carrée et des bancs de nage pouvant accueillir une trentaine de rameurs. Légers et maniables, ces *langskip* filaient jusqu'à 4,5 nœuds à la rame et 14 à la voile (soit entre 8 et 25 kilomètres/heure).

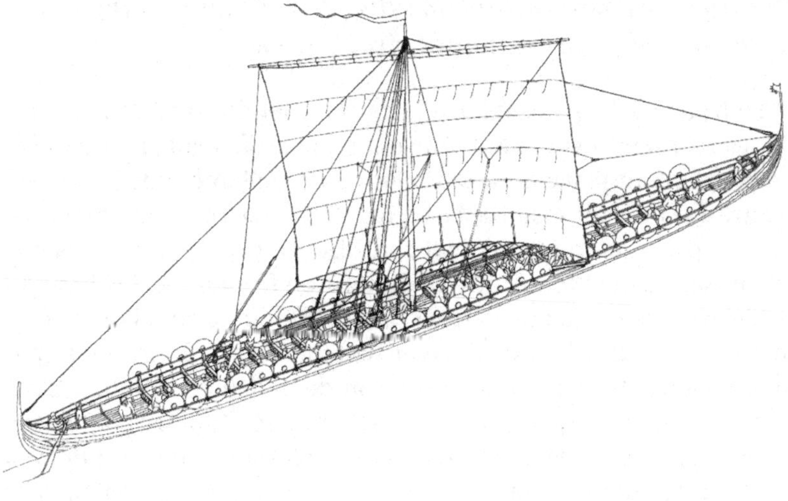

Reconstitution du *langskip Hedeby 1* (fin du Xe siècle).

C'est peut-être à bord d'un tel navire de guerre, retrouvé en 1979 dans le port de Hedeby, que Harald sillonna les mers. Tout en longueur (30,9 mètres de long, pour 2,7 mètres de large), il fait partie des plus grands navires vikings retrouvés à ce jour.

Bien plus large que le *langskip*, le *knörr* est également plus haut, pouvant atteindre autour de 2,5 mètres (contre 1,5 mètre pour un *langskip*), ce qui entraîne un tirant d'eau plus important : il est totalement impossible de remonter un fleuve peu profond avec un tel bateau, conçu pour la navigation en mer.

Ces évolutions nautiques ne sont pas sans conséquences sur la structure même des ports. Avec l'augmentation de la capacité de charge des navires, la construction d'aménagements (appontements, débarcadères, jetées) devient indispensable. À Hedeby, les installations en bois en bordure de la baie intérieure de la Schlei se multiplient dès le IXe siècle : la dernière phase d'expansion, destinée à permettre aux navires marchands hauturiers, plus profonds, de continuer à accéder au port, date du tournant des Xe et XIe siècle, donc peut-être du règne de Harald ou juste après[6].

Contrôler le passage entre mer du Nord et mer Baltique dans une période d'intenses circulations

Le Danemark, qui ouvre à la fois sur la mer du Nord dans sa partie occidentale et sur la Baltique dans sa partie insulaire orientale, est idéalement placé pour basculer assez facilement de l'une vers l'autre au cours du Xe siècle. La région du Danevirke joue à cet égard un rôle prépondérant, qui peut contribuer à expliquer les tensions entre Harald et Otton. Outre sa dimension frontalière, l'isthme du Schleswig est en effet un endroit privilégié pour la circulation entre la mer du Nord à l'ouest et la mer Baltique à l'est. La traversée par voie de terre de ce point le plus étroit de la péninsule jutlandaise, avec à peine une quarantaine de kilomètres d'une rive à l'autre, permettait d'éviter le long et dangereux contournement du Jutland par voie maritime en remontant vers le nord. Les navires arrivant par la mer du Nord (par exemple des îles Britanniques ou du nord de la Francie occidentale) pouvaient ainsi rejoindre Hollingsted en remontant le fleuve Eider puis la Treene[7] : arrivés à Hollingsted, les hommes descendaient des bateaux et faisaient du portage sur une petite vingtaine de kilomètres jusqu'à la baie de Haddebyer Noor,

Petite pierre de Jelling, attribuée au roi Gorm l'Ancien (xe siècle). Beaucoup d'incertitudes et de débats entourent encore cette pierre de taille assez modeste (1,39 m), à commencer par son emplacement originel et la date de sa réalisation. L'inscription proclame sur la face A que « Le roi Gorm a érigé cette pierre à la mémoire de Thyra, son épouse », qualifiée sur la face B de « joyau/remède du Danemark ». Elle est ensuite intégrée par Harald dans le complexe qu'il construit à Jelling.

Pierre de Tófa (DR 55, Sønder Vissing, seconde moitié du xe siècle). L'inscription runique gravée sur cette pierre de 2,45 m de haut proclame : « Tófa, fille de Mistivir, femme de Harald le Bon, fils de Gorm, fit ériger cette pierre à la mémoire de sa mère ». Harald, en épousant cette dénommée Tófa, dont on ignore tout, est devenu le beau-fils du roi des Abodrites, Mistivir (ou Mistivoj).

Les trois faces de la grande pierre de Jelling commanditée par Harald (années 960).
Sur ce colossal bloc de pierre de forme pyramidale (2,43 m de haut pour un poids de dix tonnes), Harald rappelle à tous son œuvre politico-militaire et son rôle décisif dans la conversion des Danois au christianisme. L'inscription commencée sur la face A proclame que « Le roi Harald fit ériger ce monument à la mémoire de Gorm, son père, et de Thyra, sa mère. Harald remporta pour lui-même le Danemark » ; se poursuit sur la face B : « en entier et la Norvège » ; avant de se terminer sur la face C : « et fit des Danois des chrétiens ». Il s'agit de la plus ancienne représentation du Christ connue en Scandinavie.

Le Christ coloré de l'Évangéliaire de Saint-Gall (v. 750) et celui de la grande pierre de Jelling (reproduction colorisée, 2013).
Ces deux scènes de crucifixion, réalisées à deux siècles d'écart, représentent un Christ triomphant très coloré. L'artiste sculptant la pierre à Jelling à la demande de Harald, probablement dans les années 960, s'est peut-être s'inspiré de cette enluminure sur parchemin de l'Évangéliaire de Saint-Gall (29,5 x 22,5 cm), réalisée vers 750 en Irlande. Les couleurs exactes employées à Jelling restent incertaines, mais elles étaient vraisemblablement très vives ; et les entrelacs entourant le Christ ne sont pas sans faire penser à l'étrange Christ emmailloté de Saint-Gall.

Plaques dorées de Tamdrup mettant en scène Harald et Poppon (vers 1200). Ces petites plaques, d'environ 16 cm sur 12 cm et qui servaient peut-être à décorer le bas de l'autel ou un reliquaire, semblent mettre en images le récit de Widukind. On peut voir Poppon tenter de convaincre Harald de se convertir *(haut, gauche)*, avant de se soumettre à l'épreuve du feu pour montrer la puissance du Dieu des chrétiens *(haut, droite)*, puis de montrer sa main intacte au roi *(bas, gauche)*, emportant l'adhésion de ce dernier, qui reçoit alors le baptême *(bas, droite)*.

Le Baptême de Harald par Claes Corneliszoon Moeyaert (v. 1643, huile sur toile, 194 × 373 cm). Sur ce tableau de taille imposante, Harald est représenté à la mode du XVIIe siècle (dans une église, au pied de l'autel, avec les symboles modernes du pouvoir), à la demande du roi du Danemark Christian IV, désireux d'agrémenter son château de Kronborg de peintures historiques centrées sur la royauté. Parmi les épisodes emblématiques retenus, le baptême du fils de Gorm était incontournable.

Reconstitution par Jean-Claude Golvin du port marchand de Hedeby au xe siècle.
Une vaste enceinte semi-circulaire, se prolongeant dans l'eau et reliée sur terre au Danevirke, protège les débarcadères et les centaines de bâtiments en bois, garantissant la sécurité des marchands et des transactions. À son apogée, le port a pu abriter jusqu'à un millier de personnes et était un des plus dynamiques en Europe du Nord.

1.

2.

3.

1. Monnaie au cerf frappée dans le Jutland (type KG 4) (v. 800-825).
Retrouvée dans une zone marécageuse près de Ribe en 2018, au sein d'un trésor de 252 pièces, cette monnaie arbore sur le revers un cerf, avec sa ramure et ses sabots à deux doigts, ainsi qu'un serpent au niveau de sa bouche. Elle fut peut-être frappée à Ribe même, alors le site commercial le plus important du royaume des Danois, sous le règne du roi Godfred.

2. Un exemplaire d'imitation de Dorestad et les deux principales variantes de la monnaie à la croix (KG 10a et KG 11) (années 970-980).
Ces petites pièces (env. 16 mm de diamètre), très fines (entre 0,30 et 0,35 g), vraisemblablement frappées à Hedeby, ont eu une durée de vie très courte, n'excédant guère le règne de Harald. L'introduction de la croix est une innovation de ce dernier, s'inspirant de modèles occidentaux et même byzantins. L'iconographie de l'imitation évoque celle des deniers, plus épais, frappés à Dorestad sous Charlemagne, mais en en perdant le sens (les inscriptions textuelles ont disparu, pour laisser place à des dessins aux formes approchantes).

3. Denier frappé à Dorestad (Wijk-bij-Duurstede) sous Charlemagne (seconde moitié du VIIIe siècle).
Cette pièce d'argent (1,24 g) fut frappée dans le grand port marchand implanté en Frise, Dorestad, alors contrôlé par le pouvoir carolingien. L'avers rappelle l'autorité émettrice détenant le monopole de cette frappe monétaire : CAROLUS (sur deux lignes) ; et le revers mentionne l'atelier monétaire où la pièce fut frappée, au-dessus d'une francisque, la hache de jet des guerriers Francs.

4.

5.

6.

4. Petit gobelet en argent dans le style dit « de Jelling » (milieu du xᵉ siècle).
Cet objet de petite taille (4,3 cm de haut pour 120 g) fut découvert en 1820 dans la chambre funéraire retrouvée vide du tertre nord à Jelling. L'intérieur est doré et les décorations extérieures sont incrustées de nielle (un émail noir). Les deux animaux au corps allongé, représentés de profil et s'entrelaçant, témoignent d'un savoir-faire remarquable.

5. Trésor d'argent de Schaprode (île de Rügen, mer Baltique, xᵉ siècle).
Découvert par hasard en 2018 et probablement enterré dans les années 980, ce trésor contient environ 600 pièces de monnaie (certaines datant du règne de Harald, d'autres plus anciennes, dont un dirham de 714 transformé en pendentif) et de nombreux objets, tous en argent (marteau de Thor, broches, anneaux…), rappelant l'importance de ce métal précieux dans les échanges du xᵉ siècle.

6. Le disque en or « de Curmsun » (entre 960 et 1125 env.).
De taille imposante (25,23 g pour 4,5 cm de diamètre), cet objet à la datation et à la fonction encore incertaines, découvert en 1841 dans la crypte de l'église de Wiejkowo (Pologne), non loin de Wolin, est réapparu en 2014. Il tient son nom du terme désignant Harald comme « fils de Gorm », *Gormsson* dans la tradition norroise. L'inscription latine proclame : « Harald Gormsson, roi des Danois, de Scanie, de Jumne [Jómsborg], de la cité d'Aldinburg [Oldenbourg]. »

Représentation de Harald sur un des piliers de la cathédrale de Roskilde.
L'apparence exacte de la peinture originelle du XVIe siècle reste inconnue en raison des nombreuses rénovations. Le dessin actuellement visible résulte des reprises de l'archéologue Jacob Kornerup dans les années 1870. L'inscription latine (*Haraldus rex danie anglie et norvegie pr[imus] fundator huius ec[c]l[esie]*) présente – abusivement – Harald comme « le roi du Danemark, de l'Angleterre et de la Norvège, premier fondateur de cette église ».

Thyra calmant la colère de Gorm par Johan Julius Exner (1849, huile sur toile, 115 × 122 cm).
Reine aux allures de Vierge Marie, drapée dans sa robe bleue et la tête couverte d'un long voile blanc, la frêle et blonde Thyra fait ici face à son redoutable mari, encore païen et reprenant tous les codes attendus pour représenter le barbare, notamment la longue barbe ; l'épée à ses côtés et son casque rappellent la dimension guerrière du personnage.

une anse du fjord de la Schlei, où ils les remettaient à l'eau pour ensuite gagner la Baltique. Un tel périple faisait gagner plusieurs jours de voyage en mer dans des secteurs réputés pour leurs mauvais courants, leurs côtes rocheuses et leurs attaques de pirates.

C'est précisément sur les rives de la baie de Haddebyer Noor, dans sa partie la plus occidentale – donc la plus protégée, car très en retrait, mais aussi la plus proche de Hollingsted lorsque l'on arrive par voie de terre – que s'est développé depuis le VIIIe siècle le grand port marchand du royaume des Danois, Hedeby, à l'endroit le plus étroit à la base de la péninsule du Jutland, en position protégée au fond de la baie, mais avec un accès aisé à la Baltique. À la rencontre de l'ancienne voie nord-sud, l'*Hærvejen*, et de la route ouest-est sur laquelle les navires pouvaient être tirés, Hedeby profitait en outre de la protection renforcée du Danevirke. Cette situation stratégique en faisait également le point de rencontre privilégié de différents peuples et cultures. Le marchand accostant dans ce port, à peine débarqué, pouvait croiser sur la jetée des voyageurs originaires de la péninsule jutlandaise ou des îles danoises, mais aussi des territoires norvégiens et suédois, ou encore des commerçants et artisans venus de l'ouest, de Francie occidentale ou de l'Empire ottonien, sans oublier des hommes et femmes arrivant de l'est, des contrées baltes et slaves. Dans les rues pavées de bois et encombrées de Hedeby, entre les parcelles abritant maisons d'habitation et ateliers en tous genres (de production textile, de métallurgie et de travail du verre, de l'ambre ou de la corne), au milieu de la rumeur incessante, langues et croyances se côtoyaient, pratiques alimentaires et usages vestimentaires se mélangeaient ; les marchandises se vendaient et s'achetaient, s'échangeaient, se payaient, se troquaient, parfois même directement sur le débarcadère, au pied du navire arrimé au quai. À l'époque de Harald, Hedeby était ainsi « une très grande ville sur les bords de l'Océan », selon les termes employés par le juif espagnol Ibrâhîm ibn Ya'qûb al-Turtûshî, en voyage dans la région vers 965/970[8]. En ajoutant deux nouvelles sections au Danevirke, c'est donc cette région stratégique et ce port dynamique et prospère que Harald a voulu protéger, dans un secteur essentiel pour la circulation des biens et des personnes. En effet, ces nouvelles portions n'assuraient pas seulement la protection du port : elles permettaient également de contrôler le trafic terrestre à la fois à destination du reste du Jutland, en remontant la voie principale de l'*Hærvejen*, et entre mer du Nord et Baltique, en empruntant une voie secondaire ouest-est. Harald pouvait ainsi garder la main sur d'importants flux commerciaux, mais aussi sur la circulation des troupes armées.

En empruntant l'*Hærvejen* en direction du nord du Jutland, après avoir traversé la quasi-totalité de la péninsule sur plus de 300 kilomètres, le voyageur atteignait les rives du Limfjord, qui ouvrait à son tour sur la mer du Nord. C'est l'endroit choisi par Harald pour implanter la plus grande de ses forteresses circulaires, à Aggersborg, à proximité d'un site préexistant, probablement lié à l'essor des échanges dans la région à partir du VIIIe siècle : de cet ouvrage, situé au point de franchissement du fjord, il était possible de contrôler le trafic sur ses eaux et de les sécuriser. Le Limfjord jouait en effet à cette époque un rôle essentiel dans les circulations maritimes entre Europe de l'Ouest, par la mer du Nord, et la région de la Baltique, plus à l'est. Un peu comme le fjord de la Schlei à la base de la péninsule, le Limfjord permettait de couper la pointe nord du Jutland et ainsi d'éviter les eaux agitées du Skaw (la pointe nord-est de la péninsule jutlandaise) pour emprunter celles, plus calmes, de la baie intérieure[9]. Contrôler un tel point était donc crucial pour qui voulait s'assurer des circulations marchandes mais aussi des troupes en tous genres (bandes de pillards ou armées royales) dans une région au carrefour du Viken, du Jutland et des territoires suédois. Les fragments de meules en basalte rhénan, de verres et broches émaillées carolingiens ou ottoniens, mais aussi les restes de récipients en stéatite et de pierres à aiguiser en schiste norvégiens confirment la tenue d'échanges avec le monde occidental et le sud de la Norvège, alors probablement sous domination danoise[10]. Les deux rives des détroits du Skagerrak et du Kattegat étaient donc étroitement liées, en particulier sous le règne de Harald, qui multiplia les efforts pour rester maître du Viken et qui, en contrôlant les deux extrémités du Jutland, s'assura la maîtrise des deux points de passage entre la mer du Nord et la Baltique, entre Europe occidentale et régions slaves et baltes, à une époque où le gros des échanges commençait à passer de l'une à l'autre.

Les grands ports du royaume, nœuds dans les réseaux d'échanges

Lorsque Harald succède à son père comme roi des Danois, cela fait déjà plusieurs générations que le royaume compte deux grands ports marchands : Ribe, sur le littoral occidental du Jutland, qui commence à se développer au tout début du VIIIe siècle, et Hedeby, qui voit le jour quelques décennies plus tard, plus au sud, sur les rives de la Schlei. Après plus d'un siècle de rayonnement dans les réseaux commerciaux du bassin des mers nordiques, les activités de Ribe paraissent décliner progressivement au cours de la seconde moitié du IXe siècle. Toutefois, le site ne disparaît pas comme on l'a longtemps pensé : il connaît un glissement progressif depuis la rive nord de la rivière du même nom vers la rive sud, où se développe ensuite le site médiéval, autour de la cathédrale, à l'endroit où l'on peut la contempler aujourd'hui encore[11]. La consolidation, probablement dans les années 960, du rempart protégeant la partie orientale du port de commerce implanté sur la rive nord montre que Harald, loin de se désintéresser de la porte maritime occidentale de son royaume, veille à en préserver les intérêts en garantissant la sécurité des marchands.

Mais Ribe n'accapare pas toute son attention. En cette seconde moitié de Xe siècle, c'est Aarhus, un peu plus au nord et surtout sur le littoral oriental du Jutland, ouvrant donc directement sur la Baltique - quand Ribe donne sur la mer du Nord - qui se développe fortement, tandis que Hedeby, également sur la côte orientale, en dépit d'un dynamisme qui semble moindre à partir du milieu du Xe siècle, connaît une longévité assez remarquable, avec des traces d'activités durant encore toute la première moitié du XIe siècle.

Aarhus est un des rares grands ports de commerce de la fin de l'époque viking directement implantés sur la côte, ce qui rend toute forme de contrôle plus difficile, mais facilite l'accès des navires à fort tirant d'eau. Sur les rives de la baie du même nom, le site bénéficie de la protection – contre les caprices de la mer, mais aussi, dans une certaine mesure, les convoitises des hommes – offerte par la péninsule de Djursland au nord et un ensemble de récifs rocheux au sud, complété par les îles de Tunø et de Samsø. Sa situation en bord de rivière et la présence d'un gué, nommé *Immervad* (dont le nom a survécu dans le nom d'une rue actuelle), en font un point de passage essentiel pour le trafic dans la région, la rivière étant difficile à franchir en amont. Sa position assez centrale dans le royaume danois, à peu près au milieu de la péninsule du Jutland, permet de « naviguer vers l'île de Fionie ou celle de Seeland, vers la Scanie ou jusqu'en Norvège » : lorsque les conditions de traversées étaient bonnes, on pouvait, selon Adam de Brême, gagner Hedeby au sud ou Alborg au nord en seulement un jour et demi de navigation, le fjord d'Oslo en trois jours et l'île de Bornholm en deux jours et demi[12]. La mention de Hedeby sur l'une des six pierres runiques découvertes sur le site (gravées, semble-t-il, entre le dernier quart du xe siècle et le premier quart du xie) paraît d'ailleurs confirmer que les deux centres marchands échangeaient entre eux[13]. La présence de nombreux artefacts et matériaux originaires de Norvège (pierres à aiguiser, stéatite, ivoire de morse ou encore bois d'élan) et des régions slaves côtières du sud de la Baltique (céramiques notamment) indique que le port était surtout tourné vers l'est et le nord (les îles danoises, la Scanie, la Norvège, voire au-delà), les objets d'origine occidentale restant plus rares.

On ne sait toutefois pas grand-chose de l'implication éventuelle de Harald dans l'essor d'Aarhus, si ce n'est que le rempart construit vers 934 est consolidé après 957, probablement par ce roi, alors en train de protéger les principaux points stratégiques de son royaume. Harald est peut-être aussi à l'origine de la première église construite en ces lieux[14], faisant ressortir une fois encore le lien étroit entre affirmation d'un pouvoir royal fort et christianisation, mais aussi diffusion du christianisme et circuits commerciaux[15]. Le site est d'ailleurs mentionné pour la première fois à l'occasion du synode d'Ingelheim, qui se tient en Germanie en 948 et auquel prend part Reginbrand, évêque d'Aarhus, aux côtés de ceux de Ribe et de Schleswig[16].

De l'autre côté de la Baltique, alors que les échanges s'intensifient dans la région, les enjeux autour de la forteresse de Jómsborg, loin d'être strictement militaires, sont également d'ordre économique : si cette base abritant des guerriers correspond bien au site archéologique de Wolin, il s'agit aussi d'un centre de commerce important sur la rive sud de la Baltique[17]. Celui-ci bénéficie en effet d'une position stratégique, sur l'estuaire d'un grand fleuve, l'Oder, qui relie la mer Baltique aux terres slaves : un point de passage idéal pour les flux commerciaux, à l'intersection des routes (terrestres et fluviales) majeures. Cela en fait, selon Adam de Brême, « un point d'ancrage très fréquenté[18] », qui s'étire le long de la rivière Dziwna, sur plus de trois kilomètres, tout en profitant de la proximité d'un important axe de communication nord-sud, sur la route menant de Hedeby à Novgorod, qui permet de gagner la Scandinavie au nord-ouest et les comptoirs rus' au sud-est. La proximité d'un gué franchissant la Dziwna relie le site à la Baltique, en passant par l'estuaire de l'Oder.

Après une première phase plutôt terrienne, peu tournée vers l'extérieur, peu impliquée dans les activités commerciales et marquée essentiellement par les influences slaves, le site connaît d'importants changements structurels dans la seconde moitié du IXe siècle, devenant un nœud majeur dans les réseaux commerciaux à longue distance : la présence scandinave se fait alors plus visible. À son apogée, Wolin a pu couvrir dans les 40 hectares et abriter plusieurs milliers d'habitants (peut-être jusqu'à 6 000), ce qui en fait un des centres urbains les plus importants de la Baltique, et ce jusqu'au XIIe siècle : « la plus importante de toutes les cités que l'Europe comporte » d'après Adam de Brême[19]. Ce site présente bien des similitudes avec Hedeby : un bâti dense, des activités nombreuses et diverses (travail des métaux, de l'ambre, du verre, du bois de cervidé, du cuir, production de céramique, réparation de navires...), des hommes et femmes de tous horizons, pour certains habitant les lieux, pour d'autres seulement de passage, le temps d'écouler leur cargaison et de se procurer les marchandises disponibles sur place. Les traces d'échanges aussi bien avec l'Est qu'avec l'Ouest sont ainsi très nombreuses : monnaies d'argent (arabes et occidentales), tissus en laine d'Écosse et de Scandinavie, stéatites et pierres à aiguiser norvégiennes, ivoire de morse du grand Nord, céramique rhénane, peignes frisons, perles de verre de Syrie et d'Égypte, soieries d'Orient[20].

Dès lors, on comprend mieux les tentatives de Harald pour contrôler le site. Il s'agissait pour lui de mettre la main sur une partie du commerce de la Baltique, qui a pu transiter par de nombreux ports, outre Wolin. Le trésor d'argent découvert sur l'île de Rügen, à Schaprode, possible vestige du passage d'un mercenaire à la solde de Harald dans la région, a tout aussi bien pu être enfoui là par un marchand enrichi par le commerce de la Baltique et effectuant ses transactions, en fonction de ses interlocuteurs, au moyen de pièces de monnaie ou de fragments d'argent. En effet, la situation particulière de l'île, avancée du continent dans la Baltique, en faisait une étape intéressante pour les marchands opérant dans la région, ce que confirme la découverte d'un centre de commerce sur le site de Ralswiek, à une bonne vingtaine de kilomètres de là. Fondé à la fin du VIIIe siècle, il prospéra durant tout le IXe siècle, avant de décliner progressivement au cours du siècle suivant[21] – ce qui ne signifie pas que l'île cessa alors d'accueillir toute forme d'échanges. Se sentant menacé ou souhaitant simplement mettre à l'abri une telle fortune pour ne pas voyager en la gardant sur lui, après 983 – date de la monnaie la plus récente –, le propriétaire du trésor décida de l'enterrer. Mort peu de temps après ou dans l'incapacité de revenir dans la région, il n'a jamais remis la main sur son magot, qui n'a revu la lumière du jour qu'en 2018. Schaprode, comme Wolin, n'a probablement pas fini de nous livrer tous ses secrets, mais l'ombre de Harald plane donc en ces lieux.

Renforcer les défenses de Ribe, de Hedeby et d'Aarhus, ou encore prendre pied sur la rive sud de la Baltique sont des moyens pour ce roi d'affirmer son autorité. Toutefois, ces sites commerciaux ne sont pas qu'une source de prestige : ils génèrent des revenus importants, un facteur à ne pas négliger dans une période de chantiers aussi grandioses qu'onéreux, nécessitant hommes et matériaux, qui peuvent être d'origine locale ou importés. À mesure que le contrôle royal se renforce sur le territoire, de tels points de concentration et de redistribution des marchandises font par conséquent l'objet d'une attention accrue[22].

Le roi et les marchands

Pénurie d'argent et coup de pouce monétaire de Harald

Harald, toujours en quête de biens de luxe pour mettre en scène son pouvoir et récompenser ses fidèles, pouvait difficilement - comme les autres grands du royaume du reste - se passer des marchands pour se procurer par exemple des verres et du vin importés du continent et destinés à venir garnir les tables des banquets, tout en se démarquant des traditionnels récipients en corne ou en bois, mais aussi des épées franques, particulièrement prisées en Scandinavie, des bijoux d'origine britannique ou encore des pierres précieuses venues d'Orient. Le contrôle des échanges qui se déroulaient dans les grands ports du royaume a pu rendre possible une forme de préemption sur de telles marchandises, difficiles, voire impossibles, à obtenir en dehors de ces lieux, mais aussi sur certains matériaux qui pouvaient avoir une dimension stratégique. La stéatite norvégienne par exemple était très appréciée pour son fort pouvoir calorifique : sa très grande résistance au feu et son incroyable capacité à accumuler et à conserver longtemps la chaleur en font une matière très précieuse pour les forgerons et les orfèvres. En l'absence de mines de fer dans la péninsule jutlandaise - où l'on ne trouve que du « fer des marais », ou limonite, de qualité assez médiocre -, on peut également supposer que Harald s'est tourné vers les mines norvégiennes et suédoises. De Norvège arrivaient également des pierres à aiguiser en schiste, extraites dans la région d'Eidsborg, dans le Telemark, et, beaucoup plus au nord, de Mostadmark : leur excellente qualité, due notamment à la finesse des grains de quartz, justifie des exportations massives - encore au XXe siècle[23].

Autant de matériaux extraits du sol et des monts norvégiens qui peuvent contribuer à expliquer l'intérêt de Harald pour le Viken, où se trouvait le port marchand de Kaupang, qui voyait affluer précisément pierres à aiguiser, minerai de fer et stéatite, ensuite en partance pour le sud, à travers le détroit du Skagerrak : les navires pouvaient redescendre par voie de mer vers Aarhus ou même, plus au sud, vers Hedeby, en longeant la côte orientale de la péninsule ; ils pouvaient aussi, plus simplement, accoster tout au nord du Jutland, le détroit à peine franchi, près de la forteresse d'Aggersborg, où les marchandises étaient stockées avant d'être ensuite redistribuées dans différents sites danois en empruntant l'*Hærvejen*. Le déclin progressif des activités à Kaupang à la fin du xᵉ siècle tient aux importantes évolutions des conditions nautiques et topographiques, provoquant l'ensablement du port, mais probablement aussi à l'accroissement des tensions dans la région entre pouvoir danois royal et chefs norvégiens[24]. Aucune source ne permet d'affirmer que Harald soit allé jusqu'à préempter certaines marchandises, mais le contrôle des ressources et des échanges à longue distance opéré à partir de la forteresse royale d'Aggersborg pourrait le laisser penser, tandis que, dans le port de Hedeby, le roi faisait peut-être mettre de côté par un de ses agents certaines marchandises dès l'arrivée des navires.

Harald a donc besoin des marchands, dont les activités ont pu se trouver menacées par un risque de pénurie des moyens d'échanges. En effet, depuis le VIIIᵉ siècle, c'est l'argent qui domine les échanges dans toute l'Europe du Nord-Ouest, sous différentes formes. En Scandinavie, faute de monnayage national avant le tournant des xᵉ et XIᵉ siècles, ce sont les monnaies étrangères qui sont utilisées, majoritairement à leur valeur pondérale : les marchands n'hésitent pas à les couper, ainsi que divers objets en argent (anneaux, bracelets, lingots : peu importe la forme, seules comptent la qualité et quantité de métal) pour obtenir le poids requis pour la transaction[25]. Dans ce tableau général, les Danois constituent toutefois une exception notable. Il existe en effet chez eux, depuis le VIIIᵉ siècle, des monnaies locales utilisées à leur valeur faciale, fixée par le pouvoir émetteur, dont la diffusion est néanmoins restée limitée (essentiellement dans les grands ports marchands de Ribe et de Hedeby, ainsi que dans quelques sites aristocratiques)[26]. En l'absence de mine d'argent en exploitation en Europe du Nord à cette période, ce sont les dirhams islamiques qui constituent la principale source d'approvisionnement. Ils affluent massivement depuis le milieu du IXe siècle sur les rives de la Baltique, en lien direct avec les territoires rus' qui servent d'intermédiaire entre monde méditerranéen et rivages nordiques[27]. Leur nombre décline toutefois très fortement à partir des années 970, si ce n'est avant. Dans un premier temps, les dirhams importés précédemment continuent à circuler, puis, au fil des années, ils commencent à se raréfier ; il faut ensuite attendre les années 990 pour que l'arrivée massive de monnaies occidentales, essentiellement germaniques, entraîne un nouvel afflux d'argent en Scandinavie[28]. Entre-temps, durant peut-être une vingtaine d'années, les marchands opérant en territoire danois doivent donc faire avec ce qu'ils ont pour effectuer leurs transactions, à une époque où la monnaie précédemment frappée à Hedeby est elle aussi sur le déclin.

C'est précisément à ce moment que Harald lance l'émission de deux nouveaux types de monnaies, s'inspirant vraisemblablement des précédents, notamment de celui de Hedeby : des pièces imitant les exemplaires carolingiens frappés dans le port frison de Dorestad et d'autres à l'iconographie inédite - résolument chrétienne - en Scandinavie, apparues vers 975/980 et arborant une ou plusieurs croix sur une face, des lignes incurvées ou des visages sur l'autre. L'histoire de ces pièces dépourvues de toute inscription et n'apparaissant dans aucun texte est mal connue, mais elles sont peut-être encore frappées à Hedeby et forment une part importante du monnayage danois, probablement jusque vers 985-990[29]. L'arrivée massive de pièces germaniques rend alors cette frappe à la chronologie très resserrée inutile. Le contexte de pénurie dans lequel ces pièces semblent avoir vu le jour pourrait par ailleurs expliquer leur petite taille et leur très grande finesse (environ 15-16 millimètres de diamètre pour seulement 0,20 à 0,35 gramme)[30]. Harald, qui avait tout intérêt à ce que les échanges se poursuivent de façon intensive dans les grands ports de son royaume, a ainsi pu chercher à inciter les marchands à continuer leurs activités, ce que pourrait indiquer la présence de ces pièces dans des sites à vocation commerciale, en particulier Hedeby et Aarhus.

La monnaie à la croix aurait ainsi rempli une double mission : payer l'armée et fournir un moyen d'échange dans les grands ports, garantissant ainsi la poursuite des transactions qui auraient pu pâtir d'une pénurie d'instruments commerciaux. Dans le même temps, elle permettait de réaffirmer, partout où elle circulait, le pouvoir chrétien de Harald, à travers l'iconographie arborée par les pièces. Bref, « des pièces chrétiennes pour les marchands de Hedeby et les soldats du roi » – pour reprendre le sous-titre de l'ouvrage de Jens Christian Moesgaard sur la question –, dont la diffusion dans les milieux marchands ne serait pas tant le fruit d'une volonté royale que d'un concours de circonstances favorable[31].

Une réforme monétaire inaboutie

Les monnaies frappées à la demande de Harald ne portent presque pas de traces de test pour vérifier la qualité du métal (petits coups de couteau ou pliures) et ne sont presque jamais coupées – contrairement aux autres, en particulier les dirhams islamiques –, ce qui peut s'expliquer par leur grande finesse[32]. Mais peut-être cela indique-t-il un changement de statut de ce nouveau monnayage, dont le roi a pu garantir la valeur, s'inspirant probablement de ce qui existait déjà à Hedeby – où l'usage de la monnaie semble encadré durant la majeure partie du xe siècle[33]. Toute vérification devient alors superflue, la moindre dégradation ou fragmentation faisant même perdre leur valeur aux pièces. L'aura de la nouvelle religion et le prestige du souverain chrétien peuvent également susciter un respect plus grand à leur égard que celui inspiré par les monnaies étrangères[34]. Toutefois, un tel système ne fonctionne que tant que les utilisateurs des pièces ont confiance (*fiducia* en latin) dans le pouvoir émetteur et en reconnaissent donc l'autorité : c'est le principe même de toute monnaie dite « fiduciaire ».

Ses constructions, sa politique religieuse, tout contribue à esquisser le portrait d'un souverain ambitieux, ne reculant devant rien. Parmi les chantiers entrepris, une réforme monétaire, visant à imposer un type de monnaie, qui aurait cours à une valeur faciale, n'est donc pas inconcevable. Au-delà des aspects commerciaux et symboliques, ces nouvelles pièces ont pu constituer une rentrée d'argent supplémentaire. En effet, leur titre légal - ce que l'on nomme « l'aloi » - ne correspond pas nécessairement à leur valeur intrinsèque : il peut être inférieur, générant ainsi une forme de plus-value. Un tel stratagème constitue une source de revenus importante pour le pouvoir contrôlant la frappe et la diffusion de la monnaie en question. Cependant, rien dans les pièces elles-mêmes ne permet de déterminer leur valeur d'usage. On peut simplement déduire de leur très faible taux de fragmentation une utilisation majoritairement à leur valeur faciale. Harald n'était d'ailleurs peut-être pas suffisamment puissant pour imposer aux marchands de Hedeby une monnaie surévaluée. Néanmoins, en quelques années seulement, les nouveaux exemplaires à la croix, aux côtés des imitations de Dorestad, dominent la circulation monétaire dans le royaume danois, leur diffusion donnant un aperçu de l'ampleur des territoires contrôlés par Harald, de la péninsule jutlandaise à la Scanie, en passant par les îles de Seeland et de Fionie[35].

Harald n'est toutefois pas allé jusqu'à instaurer un monopole royal sur la monnaie et on ne peut donc pas encore parler d'unité monétaire durant son règne. En effet, les pièces étrangères - en particulier les dirhams - présentes sur le sol danois continuent à circuler. Ainsi, à Hedeby, deux sphères parallèles de circulation monétaire se côtoient : d'un côté les nouvelles pièces, utilisées à leur valeur unitaire, garantie par le pouvoir, de l'autre les dirhams, utilisés en fonction de leur poids en argent - comme en témoignent leur fort taux de fragmentation et les nombreux poids retrouvés qui étaient utilisés avec des balances. L'étude des trésors découverts au Danemark fait également ressortir d'importantes variations régionales : la nette prédominance des imitations de Dorestad dans le trésor de Gremmerup, à une quarantaine de kilomètres plus au sud à proximité du port marchand de Hedeby, contraste par exemple avec la composition de celui de Grågård, pourtant à une soixantaine de kilomètres au nord de Jelling. La présence conjointe dans ce dernier de pièces étrangères (anglaises, continentales et dirhams), d'imitations de Dorestad et d'exemplaires à la croix montre que d'autres monnaies continuaient à circuler et à s'échanger aux côtés des deux promues par Harald, et qu'une même personne pouvait recourir aux différents moyens de paiement en fonction des besoins[36]. Harald n'est donc pas parvenu à imposer ses propres pièces partout dans son royaume, soit que cela ait dépassé son pouvoir, soit qu'il n'ait tout simplement pas eu pour ambition de contrôler à ce point le commerce, conscient que la société danoise n'était pas encore prête à un tel changement[37].

Vers une fiscalité médiévale à l'occidentale

Si Harald fonde toujours une partie de son autorité sur la possession et l'affichage de biens luxueux et prestigieux, à l'image des anciens chefs vikings, force est de constater que la tendance est, depuis le VIIIe siècle, à l'essor des transactions d'objets plus ordinaires (pierres à aiguiser, récipients en stéatite...). Loin de s'en désintéresser, constatant l'ampleur des richesses générées par les nombreux échanges faisant la prospérité de lieux comme Hedeby, Harald a peut-être décidé d'en prélever sa part, sous forme de taxes, en imposant les marchandises et les transactions, en nature ou en argent[38]. En l'absence de textes diplomatiques ou législatifs et alors que l'archéologie est d'un secours bien maigre en la matière, difficile de confirmer une telle hypothèse, mais la pratique est attestée dans bien des royaumes occidentaux. Le « Précepte des marchands » (*Praeceptum negotiatorum*), émis par Louis le Pieux en 828, nous apprend par exemple que les souverains carolingiens prélevaient 10 % de la valeur des marchandises dans les ports de Quentovic et de Dorestad[39]. Reste l'argument numismatique. La nouvelle monnaie frappée sous Harald a pu répondre à plusieurs objectifs : moyen d'échange, qui pouvait aussi servir à payer des armées ou des ouvriers, c'était peut-être également un outil fiscal, qui permettait de s'acquitter des taxes. Les *Annales royales des Francs* rapportent ainsi qu'au début du IXe siècle, le souverain danois du moment, un dénommé Godfred, tirait « très avantageusement » d'importants revenus – sous forme précisément de taxes – d'un port assez semblable à celui de Hedeby : Reric, sur les bords de la Baltique, correspondant probablement au site actuel de Groβ Strömkendorf[40].

Il paraît assez vraisemblable que le pouvoir royal danois ait procédé à de tels prélèvements à Ribe, Aarhus ou Hedeby. Ce dernier site se prêtait particulièrement bien à la mise en place d'un contrôle assez strict de la circulation – aussi bien militaire que commerciale – sur le fjord, en particulier grâce au rétrécissement formé par la petite péninsule de Reesholm, point de passage obligé pour accéder au port et d'où on pouvait même en bloquer l'accès sans trop de difficulté. Dans le port proprement dit, le découpage du secteur central en parcelles régulières a peut-être contribué à déterminer les taxes sur les transactions[41]. En contrepartie, le pouvoir assurait la protection des hommes et des marchandises : la sécurité des transactions a un prix.

Au nord du Jutland, la forteresse d'Aggersborg a pu remplir un rôle assez similaire en servant – outre ses fonctions de défense, de surveillance et de stockage – de point de levée des taxes liées au passage par les eaux, contrôlées et sécurisées, du Limfjord. Située à proximité immédiate d'un des trois points de franchissement du fjord – même si, en raison de la topographie changeante du secteur, on ne peut pas vraiment savoir comment ils étaient utilisés à l'époque viking –, elle constituait probablement un lieu de passage quasi obligé, à l'image d'un pont sur une rivière, ce qui explique le choix de cet emplacement précis[42]. Il était également assez facile de contrôler l'accès aux étroits canaux permettant de circuler dans le fjord et de gagner rapidement la Baltique à l'est, la mer du Nord à l'ouest ou la Norvège au nord.

Lorsque Harald décide de compléter le dispositif du Danevirke dans la partie méridionale de la péninsule jutlandaise, il a en plus, peut-être, plusieurs objectifs en tête : assurer la protection d'une région menacée, qui comprend le port de Hedeby, et plus généralement de l'accès méridional à son royaume, mais probablement aussi contrôler le trafic terrestre, tout en prélevant d'éventuelles taxes lors du franchissement de cette ligne fortifiée. Les rares portes qui perçaient l'ouvrage servaient à la circulation des armées, mais aussi des convois marchands ; elles limitaient les points d'accès au royaume tout en étant des points de passage obligés, où il était assez facile pour le pouvoir d'imposer la circulation des marchandises, une sorte de « barrière de péage » en somme. Harald n'a d'ailleurs rien inventé. Dès le début du IXe siècle, à l'époque du roi Godfred, le Danevirke visait à protéger le royaume des Danois et les activités commerciales transitant par la péninsule jutlandaise, en sécurisant mais aussi en facilitant le contrôle d'un des deux points de passage qui reliait la mer du Nord et la Baltique sans contourner tout le Jutland : défense militaire, le Danevirke semble avoir servi dans le même temps de « bouclier pour le commerce[43] ». Les sources écrites sont peu détaillées sur le sujet, mais Saxo Grammaticus relate un épisode qui se serait également déroulé sous le règne de Godfred et dans lequel il est question d'une fortification qui protégeait la frontière sud du royaume des Danois, tout en remplissant des fonctions fiscales : au sommet d'une construction de « 240 pieds » de long[44], un « agent fiscal royal » était chargé de percevoir le tribut imposé par le roi des Danois aux Frisons[45]. C'est tout le talent de conteur de Saxo Grammaticus qui s'exprime dans cette saynète très pittoresque. Le percepteur royal accepte les monnaies au son qu'elles font en tombant dans le creux d'un bouclier ; celles qu'il n'entend pas tomber ou qui ne sonnent pas comme attendu ne sont pas comptabilisées mais n'en restent pas moins dans le bouclier. Cet épisode à première vue étrange rappelle la dimension arbitraire de tout tribut imposé par un vainqueur à un vaincu, ou du moins un acteur en position de force à un autre en position d'infériorité. Mais peut-être renvoie-t-il aussi aux problèmes soulevés par les fausses monnaies, les imitations qui, n'ayant pas la même composition, le même poids que les originales, émettent un son différent au contact du bouclier. Que l'agent de Godfred ait été là pour humilier et pressurer les Frisons ou simplement pour vérifier l'aloi des pièces servant à payer le tribut, il est fort probable qu'il sorte tout droit de l'imagination de Saxo. Il semble toutefois faire écho à des problématiques que l'auteur associait, à la fin du XIIe siècle, à la structure fortifiée séparant les Danois des Frisons et qui fait vraisemblablement référence à une section du Danevirke :

une ligne de démarcation entre différents peuples, mais aussi un point de prélèvement pour diverses taxes et tributs.

Le Danevirke n'était d'ailleurs probablement pas la seule construction à associer des fonctions défensives et fiscales. Si l'enceinte qui entourait le port de Hedeby, et que Harald fit raccorder au Danevirke, ainsi que celles qui enserraient les centres marchands de Ribe et d'Aarhus avaient pour vocation de défendre ces lieux riches et donc convoités, peut-être servaient-elles aussi à indiquer leur statut particulier, à signaler qu'à l'intérieur du rempart, de l'autre côté du fossé, c'était un régime spécifique qui s'appliquait, en matière de droit, de fiscalité, voire de monnaie en usage. Dans la zone ainsi délimitée, les marchands étaient protégés, mais aussi – c'est la contrepartie – soumis aux taxes et aux droits de passage sur leurs marchandises et transactions. Les rangées de pieux barrant l'entrée du port de Hedeby, sorte de prolongement dans l'eau du rempart, ont pu revêtir ce double aspect défensif, en préservant le site d'éventuelles attaques venues de la mer, et fiscal, en surveillant de près les entrées et sorties des navires dans le port. Dans la *Saga des rois de Danemark*, l'empereur germanique Henri V (1111-1125) explique ainsi au duc Cnut Eriksson (aussi connu sous le nom de Cnut Lavard), alors détenteur du « duché de Schleswig » (1115-1131), qu'« il est d'usage en Saxe, comme dans bien d'autres contrées, d'isoler les ports du reste du pays pour y prélever des taxes, ce afin qu'aucun navire ne vienne y mouiller à moins de s'être acquitté d'un droit[46] ».

L'alignement de pieux découvert dans le port de Hedeby confirme que de telles pratiques existaient déjà à la fin du IXe siècle[47]. Les travaux effectués par le duc Cnut au XIIe siècle ne sont donc peut-être qu'une reconstruction ou une consolidation de cette première phase. On peut imaginer que, entre-temps, Harald se soit lui-même servi du dispositif pour prélever sa part de taxes sur les navires souhaitant accoster à Hedeby.

Une porte dans un rempart, un chenal dans une baie intérieure, un gué permettant de franchir les eaux sont autant de points de passage obligés se prêtant particulièrement bien à la perception de taxes, de même que les ponts. Sur le continent, les souverains carolingiens y percevaient par exemple le *pontaticum*, une pratique qui a pu donner des idées aux souverains danois. Or, de telles constructions faisaient justement partie des réalisations datant du règne de Harald, notamment le monumental pont de Ravning Enge, conçu pour faciliter et contrôler les communications, qu'il s'agisse d'échanges commerciaux ou de mouvements militaires, voire pour prélever un droit de passage. Faute de texte contemporain, nous ne pouvons qu'avancer des hypothèses, fondées sur des sources plus tardives ou des parallèles avec le monde occidental. Toujours est-il que les chantiers lancés par Harald étaient aussi onéreux que grandioses et qu'il lui a fallu trouver des sources de revenus pour les financer. La décision de battre une nouvelle monnaie n'était peut-être pas étrangère non plus à ce contexte économique si particulier, même si les frontières entre taxes, tributs et dons n'étaient pas toujours très nettes et la fiscalité pas totalement monétarisée. En ce règne de transition, toute forme de prélèvement et de préemption en nature n'a pas encore disparu, mais les besoins toujours plus importants en matières premières et en sources de revenus ont très certainement contribué à accélérer cette mutation majeure : faire la guerre, construire des forteresses gigantesques, monumentaliser le site de Jelling, tout cela nécessitait des ressources considérables et prendre part, même indirectement, aux échanges commerciaux irriguant l'économie nord-européenne fut probablement une opération assez lucrative.

Harald est donc peut-être à l'origine d'un processus décisif qui, avec les prémices d'un système fiscal, fait progressivement basculer le Danemark dans le monde médiéval européen, tandis que l'essor rapide au tournant des Xe et XIe siècles de Lund en Scanie ou d'Odense sur l'île de Fionie ouvre un nouveau chapitre de l'histoire économique européenne. En matière économique aussi, Harald est un roi à la fois encore un peu viking et déjà en voie d'intégration au monde chrétien occidental, son règne assurant la transition, tandis que les navires qui sillonnent, toujours plus nombreux depuis le VIIe siècle, les mers du Nord et de la Baltique, ainsi que la Manche, et les grands ports marchands qui les accueillent, lieux de brassage et d'échange, jouent un rôle décisif dans la circulation des nouvelles idées, croyances et techniques, contribuant activement à la pénétration en Scandinavie d'influences venues de l'ouest.

CHAPITRE 6

Quand Harald fait entrer le Danemark dans le monde européen

Au début du printemps 973, Harald envoie des légats au palais de l'empereur Otton Ier à Quedlinbourg, pour assister à une réunion rassemblant également des « ambassadeurs des Grecs [de Byzance], des Bénéventins, des Hongrois, des Bulgares [...] et des Slaves ». Une fois « toutes les affaires réglées de façon pacifique, les légats des Danois, pourvus de nombreux cadeaux, rentrèrent chez eux satisfaits », relate Thietmar de Mersebourg[1]. Si l'accalmie est de courte durée - une nouvelle crise s'ouvrant entre l'Empire et le royaume des Danois à la mort d'Otton, à peine quelques semaines plus tard -, l'assemblée de Quedlinbourg met malgré tout en lumière l'insertion des Danois dans la toile diplomatique ottonienne. Le choix même de se convertir au christianisme est déterminé par des enjeux à la fois internes - de légitimation - et externes : c'était pour Harald un moyen d'assurer une place à son royaume sur la scène européenne de la seconde moitié du Xe siècle, largement dominée par le royaume germanique, devenu un empire. En tentant de maintenir un équilibre entre anciennes traditions et innovations, Harald contribue à façonner une nouvelle société danoise, à la fois scandinave et chrétienne, qui prend progressivement conscience de son identité, de ses spécificités, mais aussi de son passé : elle se construit aussi par rapport à lui, ou plutôt à la vision qu'elle en a et qu'elle veut transmettre. Au sein de cette construction identitaire, diverses influences sont mobilisées par la dynastie de Jelling pour faire émerger une nouvelle forme de pouvoir.

Le « roi étranger » : la reconstruction des origines dynastiques

Bien qu'en marge du continent européen, le Danemark n'a jamais été coupé du reste du monde occidental et les influences extérieures s'y font sentir bien avant le règne de Harald. Plusieurs récits de fondation dynastique, élaborés au cours des générations, parfois très tardivement, intègrent une part d'extranéité, en tissant les fils de l'histoire autour d'un « roi étranger », arrivé d'on ne sait trop où – mais souvent de par-delà les mers –, on ne sait trop comment, pour gouverner un autre peuple et y fonder une nouvelle dynastie, appelée à durer : épisodes purement légendaires ou à la signification plus profonde ? Remonter à des origines mythiques constitue un schéma narratif assez classique, que l'on retrouve par exemple dans la *Saga des Ynglingar*, qui ouvre l'*Histoire des rois de Norvège*, mais aussi dans des sources occidentales – comment ne pas penser au monstre marin qui serait à l'origine de la dynastie mérovingienne selon la *Chronique* dite « de Frédégaire[2] » ? Le concept du « roi étranger », emprunté à l'anthropologue Marshall Sahlins qui étudiait les sociétés indonésiennes et océaniennes, ne renvoie pas nécessairement à l'origine étrangère d'un individu du point de vue géographique ou ethnique, mais peut faire référence aux racines – plus ou moins lointaines et mythiques – de la dynastie en général ou renvoyer tout simplement à des influences extérieures, perceptibles aussi bien dans les rituels et les cérémonies qu'à travers les monuments et les coutumes vestimentaires, dans les lois et l'organisation politique[3]. On peut ainsi distinguer trois niveaux d'extranéité : le roi effectivement d'origine étrangère, l'idéal du roi étranger forgé par la légende et le recours à des éléments étrangers comme source de pouvoir[4]. Harald n'est pas un « roi étranger » au sens où il serait né et aurait grandi dans une contrée éloignée du Danemark, mais il mobilise, dans le cadre de la construction d'un nouveau pouvoir royal, plusieurs éléments empruntés à d'autres cultures et ensembles politiques. Cette dimension « étrangère » du souverain revêt ainsi une dimension symbolique et se conçoit dans le cadre de la reconstruction d'un récit des origines.

Les racines des dynasties royales danoises se perdent dans les brumes des mythes, mais cette part d'extranéité revient dans plusieurs récits. Dans la scène d'ouverture du *Beowulf*, le lecteur assiste ainsi aux funérailles de Scyld, « grand roi » et « chef bien-aimé », ancêtre légendaire des Skjöldungar, installés à Lejre : la dépouille de Scyld quitte, à bord d'un bateau, les rives danoises « au gré puissant des flots » et le rivage du monde des mortels, ce qui fait écho au début de sa vie où, « pauvre nourrisson », il fut lancé « solitaire sur les vagues »[5]. Cette ouverture sans grande dimension historique introduit dès les premiers vers du poème le motif du « roi étranger », arrivé d'outre-mer puis recueilli et élevé en terre danoise dans des circonstances assez énigmatiques[6].

Des siècles plus tard, Adam de Brême ne propose pas un récit beaucoup plus clair des origines de la dynastie de Jelling, évoquant un certain Harthacnut, qui semble se confondre, sous sa plume, avec le père de Harald, Gorm[7]. Snorri Sturluson fait quant à lui de ce Harthacnut le grand-père de Harald et donc probablement le père de Gorm[8]. Adam précise que Harthacnut serait arrivé, au début du Xe siècle peut-on supposer, d'un endroit qu'il nomme *Nortmannia* pour s'emparer du trône des Danois. Il explique, un peu plus loin, qu'il s'agit de l'ancien nom de la Norvège, le Nord du point de vue danois ; mais il emploie aussi ce terme pour désigner la région accordée, précisément à cette époque, par le roi Charles le Simple à Rollon et ses hommes en 911, le futur duché de Normandie[9]. On ignore à quel moment exact Harthacnut quitte sa terre natale (peu avant ou peu après 911), mais Adam de Brême écrivant quelque cent cinquante ans plus tard, il n'est pas certain que le choix des toponymes soit à ce point respectueux de la chronologie[10]. Dans tous les cas, qu'il arrive de Norvège ou de Normandie, le fondateur de la dynastie de Jelling serait, selon ses dires, un ancêtre immigré. Reflet d'une quelconque réalité historique ou pure invention, ce choix est lourd de signification : Adam – ou la tradition transmise jusqu'à Sven Estridsen, source du chroniqueur en la matière – fait d'une contrée extérieure au Jutland, au-delà des mers, le berceau de la dynastie de Jelling et du fondateur de cette illustre famille un « roi étranger ».

Le complexe de Jelling s'inscrit d'ailleurs peut-être dans cette entreprise de transmission mémorielle, matérialisant, au moyen d'un alignement de pierres en forme de bateau géant, cette construction idéologique dans le sol jutlandais. L'ouverture du *Beowulf* rappelle en effet l'importance du navire pour les anciennes sociétés nordiques : lien matériel et symbolique, il abolit les distances à la fois dans l'espace et dans le temps, entre le royaume et l'extérieur, entre les vivants et les morts, entre nous et les autres. Andres S. Dobat souligne que les sépultures à bateau des VIe et VIIe siècles que l'on peut relier à des communautés parties émigrer hors de Scandinavie – comme la célèbre tombe de Sutton Hoo[11] ou celle de Snape, toutes deux en Est-Anglie – renvoient aux origines scandinaves des défunts, voire à la traversée maritime qu'ils effectuèrent de leur vivant. Peut-on aller jusqu'à considérer l'alignement naviforme à Jelling comme la matérialisation du berceau lointain, en partie mythique, d'un ancêtre traversant les mers pour « s'ancrer » au cœur du Jutland[12] ? La puissance évocatrice du navire dans la culture scandinave est telle que rien n'est tout à fait exclu.

On ignore totalement où Harald a vu le jour et les détails concernant son enfance et sa jeunesse sont très maigres, mais aucune source ne laisse envisager une naissance en dehors du royaume de Gorm. Vraisemblablement né quelque part dans la péninsule jutlandaise, peut-être dans la région de Jelling, Harald n'a donc rien, en tant qu'individu, du roi d'origine étrangère. Si l'on suit Saxo Grammaticus, il aurait toutefois passé une bonne partie de ses jeunes années hors du royaume paternel, tantôt bataillant contre les Slaves, tantôt pillant les lointaines contrées d'Irlande, le tout sous l'œil approbateur de son grand-père anglo-saxon Ethelred. Difficile de dire quel crédit accorder à ce récit, mais il contribue à conférer au personnage de Harald, avant même que celui-ci ne devienne roi, une coloration étrangère assez forte : déjà dans sa jeunesse Harald a eu l'occasion de découvrir d'autres royaumes, d'autres cultures, d'autres croyances, d'autres us et coutumes.

Par la suite, il renforce cette dimension par ses mariages avec la princesse abodrite Tófa et peut-être avec la Suédoise Gyrith. Pour la première génération, effectivement arrivée de l'étranger, il était important de contracter une union avec une femme indigène pour pouvoir s'ancrer durablement dans le pays d'immigration. On ignore absolument tout d'une éventuelle épouse de Harthacnut et de l'identité de la mère de Gorm. Quant aux origines de l'épouse de ce dernier, Thyra, elles restent très incertaines : princesse anglaise selon Saxo Grammaticus, elle serait plutôt, à en croire la *Saga des vikings de Jómsborg* et l'*Histoire des rois de Norvège*, la fille d'un roi du Jutland ou de la région de Hedeby. Une telle alliance aurait par conséquent permis au « roi étranger » – ou au fils du « roi étranger », dont la famille n'était alors peut-être pas encore bien ancrée dans le Jutland – de s'unir à un groupe puissant dans la région et ainsi de s'y enraciner durablement. Thyra, « joyau du Danemark » évoqué par Gorm sur la petite pierre runique à Jelling, brillait ainsi aux côtés du « roi étranger », lui apportant la légitimité danoise qui lui faisait encore défaut. La mise en avant de cette figure féminine sur les deux pierres runiques participerait ainsi de la construction mémorielle des origines de la dynastie. Pour la génération suivante, née de cette union, l'enjeu est tout autre. Il ne s'agit plus pour Harald de s'enraciner localement, de trouver un moyen de justifier son autorité sur les Danois, mais bien plutôt de consolider son pouvoir. Dans cette optique, un mariage exogamique, en dehors des groupes élitaires danois, est plus intéressant. Créer une alliance avec une autre puissance est en effet une source symbolique de prestige, en démontrant la capacité du roi à s'extraire de son milieu, à accéder à une sphère dépassant le contexte local : plus la mariée arrive de loin, plus le prestige est grand. Épouser une princesse lointaine n'est certes pas du plus grand secours en cas de menace imminente, mais c'est une façon pour le roi de se distinguer du reste de la population, en se parant d'une « aura d'exotisme et d'étrangeté[13] ».

La capacité à se procurer des biens à forte connotation exotique et ensuite à en faire étalage au cours de banquets somptuaires ou comme cadeaux luxueux s'inscrit dans une logique similaire : boire du vin dans des verres francs à la mode occidentale, par exemple, est une façon de se démarquer du reste de la population danoise qui boit plutôt de la bière dans des récipients en corne ou en bois[14]. Ces objets venus d'un autre monde matérialisent l'ailleurs et la capacité à entrer en relation avec lui, et par voie de conséquence, le pouvoir - de se les procurer, de conclure des liens et des alliances, de sortir de sa sphère d'influence habituelle -, ce qui rend d'autant plus indispensable le contrôle de lieux en lien avec le monde extérieur, à commencer par les grands ports comme Hedeby. Ce faisant, Harald contribue à redéfinir les contours de la royauté danoise et même, plus largement, l'identité danoise.

Cette identité en cours de redéfinition fait une double synthèse, d'éléments empruntés à la tradition ancestrale païenne et d'autres apportés par la nouvelle religion, de traits culturels danois (ou plus largement scandinaves) et d'influences étrangères. La mise par écrit d'une version de l'histoire - pouvant remonter aux origines de la dynastie - participe pleinement de cette construction identitaire. C'est également un signe d'autorité. Le pouvoir capable de s'approprier cette mise par écrit, voire de s'en assurer le monopole, peut transmettre sa version du cours des événements, ce dont Harald est probablement conscient, comme tendraient à l'indiquer les efforts qu'il déploie pour que la conversion des Danois au christianisme soit clairement associée à son seul nom sur la pierre de Jelling. Rien de tellement original en soi : Charlemagne avait ses *Annales royales des Francs*, Alfred de Wessex sa *Chronique anglo-saxonne*, Harald a sa pierre runique. Le texte est certes bien plus bref, mais l'esprit n'en est pas si éloigné. Dans les trois cas, il s'agit de transmettre une version des faits validée par le pouvoir royal. Cela implique des choix : mettre en avant certains événements ou personnages, en passer d'autres sous silence. Pas de place dans ces textes - que l'on peut somme toute qualifier d'« officiels » - pour des personnages jugés mineurs ou que l'on préfère laisser dans l'ombre. Tout le récit est construit autour de la figure du roi, pour transmettre aux générations futures les actions de Charlemagne agrandissant son royaume et convertissant une partie de l'Europe, d'Alfred luttant contre les vikings et unifiant l'Angleterre, de Harald repoussant les frontières de son royaume et christianisant son peuple ; autant d'actions royales jugées dignes de mémoire. Sur la grande pierre de Jelling, l'essentiel du message tourne autour des grandes réalisations du seul Harald, qui a veillé à nous léguer sa version des faits, et seulement la sienne, toute à sa gloire. La maîtrise de l'écrit est une force, qui permet à une dynastie de transmettre son histoire : Harald l'a parfaitement compris.

Mais quelles raisons peuvent motiver, dans ce cadre, une telle insistance sur les origines étrangères de la dynastie ? Qu'il s'agisse d'une reconstruction littéraire née de l'imagination d'Adam de Brême ou, plus probable, transmise par la tradition jusqu'au roi Sven Estridsen, ou d'une réalité que cette même tradition puis Adam ont choisi de rappeler - quand ils auraient pu la passer sous silence -, ce choix est symboliquement très fort. Pour tenter de comprendre en quoi un fondateur étranger peut être un facteur de légitimité, il nous faut faire abstraction de nos jugements de valeur : l'absence d'attaches locales n'est en soi ni un avantage ni un inconvénient, ni un bien ni un mal ; tout dépend de ce que l'on décide d'en faire et de la façon dont elle est perçue. En jouant des origines étrangères de sa dynastie et en s'entourant d'une aura d'exotisme, Harald intègre une part d'altérité, perçue positivement. Il n'est pas lui-même d'origine étrangère et cela importe d'ailleurs peu. Il suffit qu'il soit perçu comme porteur d'une forme d'extranéité, source à la fois d'innovation et de prise de conscience des spécificités danoises. L'identité danoise se construit par rapport à ses voisins européens du Sud, en les imitant ou en s'en démarquant selon les cas, mais aussi en intégrant en partie la perception que ces derniers ont des Danois, comme le souligne le terme même de « Danemark » - la « frontière des Danois » -, possible reflet du point de vue germanique et qui nous rappelle que l'on construit son identité en miroir par rapport à l'autre[15]. Découvrir d'autres peuples, d'autres usages, réfléchir sur d'autres histoires est une façon détournée de s'interroger sur sa propre identité : la perception de la différence aide à mieux se connaître soi-même. En faisant entrer de plain-pied son royaume dans le monde occidental chrétien, Harald a activement participé à ce processus de construction identitaire, à tel point que, lorsqu'il consolide le Danevirke, ligne de démarcation entre deux royaumes, deux cultures, il veille à ce qu'une porte permette de le franchir, symbole de cette pénétration en terre danoise d'idées, de croyances, de pratiques, de savoir-faire venus du sud, qui marquent l'ensemble de sa politique.

Une occidentalisation du Danemark ?

L'innovation et le changement n'effraient pas Harald, qu'il s'agisse de changer de religion, de modifier les méthodes de construction ancestrales ou d'introduire un nouveau moyen de paiement. Mais innovation ne signifie pas nécessairement invention. Les multiples sources d'inspiration de Harald sont en grande partie issues du monde occidental chrétien, un monde dont les Danois ont pris l'habitude de se méfier, redoutant ses velléités d'expansion en direction du nord, mais qui, dans le même temps, ne cesse de les attirer. Ce double mouvement de défiance et de fascination marque particulièrement le règne de Harald, durant lequel les influences occidentales se font sentir de plus en plus nettement. Peut-on aller jusqu'à parler d'une forme d'« occidentalisation » du Danemark, pour reprendre l'expression du Suédois Svante Fischer[16] ? Qui dit influences ne dit pas forcément totale adoption d'éléments étrangers, mais plutôt des formes d'adaptation, de réinterprétation, de mélange, d'« accommodation » selon la terminologie anglo-saxonne. Le dialogue qui se noue alors entre le royaume des Danois et le reste de l'Europe n'est pas seulement belliqueux : il voit au contraire se développer des formes de transferts culturels très larges[17].

Les royautés occidentales comme modèle politico-religieux

En se convertissant et en amorçant la christianisation durable de son royaume, Harald quitte l'altérité pour intégrer pleinement le monde chrétien, avec son système de croyances, mais aussi ses valeurs, ses codes. C'est donc tout à la fois le barbare qui change son point de vue sur le monde - c'est la définition même de la conversion - et l'Occident chrétien qui change son point de vue sur l'ancien barbare. L'enjeu est double pour Harald, qui y gagne une forme de reconnaissance par ses pairs, les autres souverains chrétiens d'Europe, et une autorité renforcée à l'intérieur de son propre royaume par le biais de l'importation d'un nouveau modèle de gouvernement. La figure du prince chrétien y est en effet rehaussée par la mission divine qui lui a été confiée, le « ministère royal » (*ministerium regis*) défini par des penseurs ecclésiastiques occidentaux du IXe siècle, comme l'évêque d'Orléans Jonas ou l'archevêque de Reims Hincmar, et qui consiste à guider son peuple vers le salut[18]. Harald ignore probablement tout de cette construction idéologique, mais il hérite de l'ancienne fascination du monde scandinave pour les sociétés occidentales, franque en particulier[19], tout en prenant vraisemblablement la mesure de l'intérêt pour lui du christianisme, capable de le légitimer comme seul maître du Danemark. Cet universalisme chrétien bouleverse profondément la conception ancestrale du pouvoir dans les sociétés germaniques, aussi bien chez les Francs, sous les Mérovingiens puis les Carolingiens, que chez les Scandinaves - à commencer par les Danois - au cours des siècles suivants.

Cette mise en avant de la figure royale, loin d'être spécifique au Danemark, s'inscrit donc dans un contexte occidental à la fois plus vaste et plus ancien. En Angleterre par exemple, de nouveaux symboles de la souveraineté royale font leur apparition autour du règne d'Edgar, surnommé « le Pacifique » (959-975) et contemporain de Harald : son sacre, en 973, le jour symbolique de la Pentecôte, vise à marquer les esprits et à rappeler qu'Edgar tient son autorité de Dieu[20]. Cette même année, peu de temps avant sa mort, Otton Ier organise de son côté, à l'occasion des célébrations de Pâques, une cérémonie fastueuse, destinée à mettre en scène la puissance impériale du souverain après sa campagne d'Italie[21]. De retour au Danemark, l'ambassadeur danois présent a très vraisemblablement fait à Harald un récit détaillé de cette assemblée, lui donnant peut-être des idées pour la dernière partie de son propre règne. Le chantier pharaonique entrepris à Jelling n'est ainsi qu'une des nombreuses manifestations de l'idéologie royale qui se développe alors en Europe, s'appuyant aussi bien sur des rituels et des cérémonies symboliques somptueuses que sur des monuments grandioses marquant le paysage. La capitale de Harald, tout en s'inspirant des bâtiments ottoniens dédiés à la mémoire dynastique, à Quedlinbourg ou Magdebourg par exemple, est probablement conçue comme une réponse scandinave au défi culturel germanique : une forme d'imitation agonistique en somme. En matière religieuse comme politique, c'est donc le modèle incarné et exporté par l'Occident chrétien, avec tous les marqueurs de l'autorité royale, qui semble l'emporter au Danemark.

Des influences étrangères dans le domaine militaire

Lorsque Harald se lance dans la construction des grandes forteresses circulaires, des sites fortifiés remplacent progressivement, à plusieurs endroits en Europe, les anciens centres de pouvoir. La connotation militaire que donne Harald à son règne n'a donc rien d'inédit, bien au contraire, et les sources d'inspiration n'ont pas manqué. Aux prises avec les Hongrois, le roi germanique Henri Ier (919-936), contemporain du roi danois Gorm et père du futur Otton Ier, aurait ainsi souhaité « que toutes les assemblées judiciaires et politiques, les rassemblements se tiennent dans les forteresses (*in urbibus*) ; qu'on s'y entraîne jour et nuit, afin d'apprendre en temps de paix ce qui serait nécessaire face à l'ennemi[22] ». C'est du moins ce que rapporte Widukind de Corvey (qui emploie généralement le terme *urbs* pour désigner une place forte[23]), témoignant de la militarisation de la société germanique, une génération seulement avant Harald.

Les forteresses circulaires danoises ont-elles abrité des assemblées politiques ou judiciaires ? Peut-être. Ont-elles servi de camps d'entraînement ? Très certainement. Leur forme circulaire en soi n'a rien de très original dans le monde scandinave : Lembecksburg (IXe-Xe siècles) sur l'île de Föhr, au large de la côte orientale du

Jutland, a par exemple cette forme caractéristique, tandis que plusieurs forteresses associées à une hypothétique présence scandinave sont également circulaires, comme le camp de Péran (Côtes-d'Armor, détruit au xe siècle)[24]. Plus que la forme, c'est donc leur répartition dans différentes régions du royaume qui, en semblant composer une forme de réseau - même incomplet -, évoque des parallèles extérieurs au monde scandinave, notamment les efforts déployés par le roi du Wessex, Alfred, quelques décennies plus tôt, pour protéger son royaume de la menace viking au moyen d'un réseau de forteresses abritant une garnison, les *burhs*[25]. Certaines d'entre elles ont une forme géométrique (Dorchester dans le Dorset, Cricklade dans le Wiltshire) et disposent d'un système planifié de rues perpendiculaires ouvrant sur une porte de chaque côté ; la plupart sont entourées d'un fossé et d'un rempart de terre (probablement surmonté d'une palissade). La forteresse de Tamworth (Staffordshire), construite en 913, constitue, avec sa structure interne en bois, le plus proche exemple connu à ce jour hors de Scandinavie du mode de construction des remparts des forteresses danoises[26]. Les similitudes entre ces dernières et les *buhrs* anglo-saxons, qui servent aussi de points de collecte des taxes, sont donc nombreuses, dans le mode de construction, l'organisation, le fonctionnement. Il n'est pas impossible que Harald ait eu connaissance de ce réseau construit quelques décennies plus tôt de l'autre côté de la mer du Nord, les échanges entre ces deux espaces étant nombreux et la menace dont Alfred cherchait à se protéger en partie danoise.

Les *buhrs* anglo-saxons ne constituent toutefois pas les seules influences étrangères possibles. Plus à l'intérieur des terres, les rois germaniques ont également fait ériger des forteresses pour se protéger des incursions hongroises. Le système mis en place en 926 par Henri Ier en particulier (le *Burgenordnung*) présente un certain nombre de points communs avec celui d'Alfred de Wessex. Il s'agissait d'assurer la construction et l'entretien de forteresses, encore « rares ou de piètre qualité » en territoire germanique à en croire Widukind[27]. Plus au sud, chez les Moraves, les Hongrois ou encore en Bohême, on retrouve des remparts faits de terre avec une structure interne en bois, par exemple à Mikulčice (au sud-est de la République tchèque actuelle), imposante forteresse construite en hauteur sur une île ou sur un méandre de la Morava, occupée du VIIe au début du XIIe siècle et associant structures défensives, bâtiments religieux et restes palatiaux[28]. Mais c'est peut-être du côté du littoral flamand qu'il faut aller chercher les « précurseurs directs, voire les prototypes, des forteresses danoises », avec celles construites au tournant des IXe et Xe siècles autour de l'embouchure de l'Escaut (Oost-Souburg, Burgh Haamstede, Domburg, Middleburg, Oostburg sur l'île de Walcheren par exemple) et dotées d'un rempart circulaire enserrant des rues pavées de bois se croisant perpendiculairement au centre, ce qui, considérant la proximité géographique, n'est pas très surprenant[29]. La présence de Scandinaves dans l'île de Walcheren à cette époque rend cependant possible une construction par des hommes du Nord. S'il est si difficile de déterminer l'origine des constructeurs, c'est précisément parce que cette forme spécifique de fortifications est très présente dans toute l'Europe du Nord depuis plusieurs siècles et jusqu'au XIe siècle : on en retrouve ainsi de nombreux exemples jusqu'en Irlande[30].

Le mouvement de fortification initié par Harald est donc un peu plus tardif que ces différents parallèles, mais cela plaide précisément pour une forme d'imitation - ou à tout le moins d'inspiration - puisée par les Danois chez leurs voisins européens. Cela ne signifie pas que les forteresses danoises remplissaient exactement les mêmes fonctions que les ouvrages anglo-saxons ou germaniques, mais tend à montrer que les informations, les techniques de construction et même, pourquoi pas, les architectes et ouvriers qualifiés circulaient bien au-delà des frontières des différents royaumes.

Un peu partout en Europe, les forteresses semblent avoir des fonctions à la fois matérielles et symboliques : conçues pour abriter des soldats, des réserves, servir de postes de guet, elles permettent aussi au pouvoir d'affirmer son autorité dans une région. Elles sont, au Danemark comme dans le sud de l'Angleterre ou sur le front oriental du royaume de Germanie, une forme d'expression théâtralisée du pouvoir royal dans une période de crise - liée à une menace extérieure -, la « réponse de dirigeants forts dans l'Europe du xe siècle[31] ». Les forteresses construites par Harald s'inscrivent donc dans ce contexte européen de mise en défense des territoires menacés, tout en conservant des traits scandinaves qui les rendent, en dépit des nombreux parallèles soulignés, uniques dans le paysage européen du xe siècle. Elles ne sont d'ailleurs pas les seules à porter la marque d'influences étrangères. La palissade érigée autour du complexe royal de Jelling n'est pas sans rappeler, par certains aspects, des sites germaniques ou slaves fortifiés en zone de frontière, tels que Starigard-Oldenburg[32]. En protégeant un espace politico-religieux qui abrite une église et des symboles de pouvoir, tout en servant peut-être de lieu d'assemblée, elle fait également penser à l'organisation de certains sites fortifiés en Europe centrale, comme Mikulčice ou Staré Město[33].

Les fortifications danoises sont donc un des signes de l'intégration progressive du Danemark à l'histoire du reste de l'Europe, Harald n'hésitant pas, à l'image des souverains anglais et germaniques, à mobiliser tous les moyens et symboles à sa disposition, jusqu'à créer également une nouvelle monnaie.

La monnaie, un moyen de paiement original en Scandinavie

L'usage de la monnaie à sa valeur unitaire restant assez rare en Scandinavie et les frappes nationales très peu nombreuses avant le xie siècle, le monde occidental a probablement constitué dans ce domaine aussi une source d'inspiration. Harald a en effet pu faire venir des monnayeurs continentaux et même anglais pour frapper ses monnaies à la croix et ses imitations de Dorestad[34]. Ces dernières sont certes des imitations d'imitations, les artisans reprenant des modèles circulant au Danemark déjà depuis la fin du ixe siècle, mais il n'en demeure pas moins que le modèle initial est clairement franco-frison, la proximité de l'Empire carolingien ayant certainement joué un rôle décisif dans la diffusion de ce type monétaire[35].

Accorder à une pièce une valeur fixe est également une tradition empruntée au monde occidental, où la confiance en une monnaie est étroitement liée à la garantie apportée par le roi représenté et nommé dessus. Rois puis empereurs carolingiens, et ottoniens après eux, ont fait du droit de frapper monnaie un monopole royal, un des attributs du pouvoir souverain, reprenant en cela la tradition impériale romaine. L'association d'un message religieux à cette dimension politique, par l'intermédiaire de motifs iconographiques aisément identifiables tels que la croix, s'inspire également d'une pratique occidentale : en témoigne le denier frappé sous Louis le Pieux (814-840) et son fils Charles le Chauve (843-877), dit « au temple » ou *christiana religio*, parfaite illustration de la vision chrétienne du monde qu'avaient ces souverains et de l'ordre socio-politique du royaume voulu par Dieu[36]. Impossible de savoir dans quelle mesure Harald était conscient de toute cette symbolique et de la polysémie de la monnaie, mais la forte présence de pièces locales dans son royaume reste tout à fait inhabituelle pour la région autour des mers du Nord et Baltique à cette époque, ne rappelant pas tellement les pratiques du reste de la Scandinavie, mais plutôt celles de l'Empire ottonien, de la Francie occidentale ou de l'Angleterre, héritiers d'une tradition monétaire bien plus ancienne et bien mieux ancrée dans leur royaume, où les monnaies étrangères étaient exclues de la circulation, au bénéfice du monnayage national imposé par un roi fort. Toutefois, si Harald conçut jamais le projet d'imposer un tel contrôle monétaire dans son royaume, il n'eut pas l'autorité nécessaire pour le mener à bien.

Faute de tradition monétaire locale - hormis le bref monnayage de Hedeby -, les sources d'inspiration iconographiques sont elles aussi largement étrangères. La complexité du motif en forme de croix en particulier ne peut manquer d'attirer l'attention : sur une grande croix centrale se greffent trois ou quatre petites croix, une à l'extrémité de chaque branche - hormis celle du bas sur certains types -, un visuel que l'on retrouve notamment en Angleterre et à Byzance. Lorsque la pièce ne comprend que trois petites croix, c'est un triangle qui termine la branche inférieure, un motif présent à Byzance aussi[37]. Il est peu probable que Harald ait fait venir des monnayeurs du monde byzantin, mais des monnaies en provenant circulent autour de la Baltique et en Scandinavie, comme le confirme leur présence dans certains trésors de Scanie ou sur l'île de Bornholm ; et des Scandinaves voyagent jusque là-bas depuis le IXe siècle en empruntant le réseau fluvial rus' (Dniepr, Volga, Don).

Au-delà de la symbolique entourant le pouvoir royal d'une nouvelle aura, c'est la façon même de gouverner qui évolue. La mobilisation massive des ressources en est un des signes les plus manifestes, rapprochant sur ce point encore la royauté danoise du modèle occidental. L'émission d'une monnaie nationale, sur le modèle de ce qui se faisait ailleurs en Europe, participe de la construction d'un nouveau royaume danois, envisageant désormais de vivre de la fiscalité, comme ses voisins occidentaux, et non plus du pillage comme au temps de ses ancêtres vikings. Mais les influences iconographiques étrangères dépassent largement l'étroite surface de métal des pièces danoises.

L'ouverture de l'art danois au monde occidental chrétien

Un « livre de pierre » à Jelling

Jelling offre un concentré de traditions scandinaves ancestrales, puisant ses racines dans les temps - pas si reculés - du paganisme, et d'innovations, largement inspirées aux Danois par leurs voisins européens. La comparaison des deux pierres runiques présentes sur le site, la petite attribuée à Gorm, probablement érigée dans les années 940 ou 950, et la grande, commanditée par Harald vers 965, fait ainsi ressortir plusieurs différences, à commencer par le sens d'écriture. Harald a en effet renoncé à la présentation traditionnelle des runes - encore utilisée par Gorm -, à la verticale, ou, plus exactement, à 90 degrés : pour lire le texte, il ne s'agit pas d'associer les runes les unes après les autres de haut en bas (ou de bas en haut), mais bien plutôt d'effectuer une rotation de la pierre - ou de la tête - pour retrouver le sens horizontal et lire ensuite comme nous en avons l'habitude, de gauche à droite. Une telle présentation, vraisemblablement liée à la forme des pierres choisies comme support, souvent bien plus hautes que larges, est tout de même peu pratique, obligeant le lecteur à quelques contorsions. En optant pour un tracé horizontal des caractères runiques, Harald facilite donc la lecture du message gravé dans la pierre ; mais il rejoint également le sens de lecture en usage dans le monde occidental : les runes se lisent désormais comme un parchemin. Seule une pierre suffisamment large rendait toutefois possible une telle innovation, ce qui est précisément le cas du colossal bloc pyramidal retenu par Harald.

La gestion de l'espace lapidaire diffère également : la pierre de Gorm reste réduite à sa plus simple expression – comme la majorité des pierres runiques danoises –, les trois lignes de runes remplissant la quasi-totalité de la surface, à l'exclusion de toute fioriture et sans beaucoup d'espace vide sur la première face, tandis que la seconde, avec seulement une ligne, laisse davantage de place sur les bords, que le graveur n'a pas cherché à meubler. L'insertion de motifs iconographiques gigantesques et complexes sur la pierre de Harald, occupant deux faces sur trois, donne en revanche l'impression, très différente, d'une profusion d'images, d'espace complètement rempli – et ce en dépit de la taille du support, bien plus grand que celui retenu par Gorm. Quand on se figure que ces pierres étaient à l'origine peintes, on peut imaginer l'effet que devait produire le spectacle offert par le monument pyramidal de Harald. Sa forme même est remarquable : d'un seul regard, on peut embrasser deux des trois faces, qui se lisent de gauche à droite, de haut en bas ; un « livre de pierre » en somme, qui comporte une page de texte et deux pages d'illustrations[38]. Les entrelacs gravés sur les trois faces ne sont d'ailleurs pas sans évoquer les enluminures, également très colorées, des manuscrits carolingiens, étroitement liés à la religion chrétienne[39], jusqu'aux décorations très abîmées sur la partie supérieure gauche de la face comportant essentiellement du texte, qui rappellent la lettrine ornée – peut-être ici d'un serpent/dragon – en tête de page.

De Saint-Gall à Jelling en passant par Reichenau : les possibles sources d'inspiration d'un Christ peu habituel

Avec l'arrivée du christianisme en Scandinavie, les réappropriations de modèles occidentaux se sont multipliées dans l'art nordique. Alors que traditionnellement les artistes scandinaves mettaient plutôt en scène des animaux stylisés, avec le style dit « de Borre » (v. 850-950), ils commencent à introduire quelques motifs végétaux, beaucoup plus utilisés en Occident, dans les enluminures notamment. De tels décors se déploient ensuite pleinement avec le style de Mammen (v. 950-1025)[40].

La représentation du Christ en croix sur la pierre de Harald évoque ainsi certains manuscrits germaniques, comme le codex de Gero, richement enluminé à l'abbaye de Reichenau vers 965-975[41]. On peut y contempler des volutes de feuillage et d'entrelacs dorés et argentés remplissant la totalité de l'espace dans les lettrines, un peu comme à Jelling, où l'artiste a veillé à ne laisser aucun espace vide sur la surface de la grande pierre, tout en entourant le Christ de rinceaux. Un Christ à la mode ottonienne en quelque sorte[42], qui était elle-même influencée par les enluminures carolingiennes, en particulier celles réalisées, dès le VIIIe siècle, non loin de Reichenau, à l'abbaye de Saint-Gall, d'où est sorti un superbe évangéliaire[43]. Imprégné de culture irlandaise, le *Livre de Saint-Gall* comporte dans ses dernières pages une scène de crucifixion peu ordinaire. Le Christ y est emmailloté dans des bandelettes de tissu, qui font davantage penser à celles qui servent pour les nouveau-nés qu'à la longue tunique avec laquelle le Christ est traditionnellement représenté jusqu'au IXe siècle, le *colobium* – ensuite remplacé par le pagne que l'on a désormais l'habitude de voir sur les crucifix, le *perizonium*[44]. Si sur la pierre de Jelling les entrelacs sont moins denses et ne servent pas de vêtement, venant plutôt par-dessus une sorte de tunique courte semble-t-il, le parallèle n'en est pas moins frappant, avec, dans les deux cas, un mode de représentation du Christ assez rare.

L'expression du visage et la position du corps peuvent également être rapprochées : les yeux sont grand ouverts, vides de toute expression, la tête relevée et le buste bien droit. Les deux artistes, séparés l'un de l'autre par deux bons siècles, proposent un « Christ triomphant » (*Christus triumphans*), cloué vivant et dépourvu de toute marque de douleur, celui qui domine l'art occidental jusqu'au XIIIe siècle. Toutefois, à partir du Xe siècle, un tout autre mode de représentation du Christ sur la croix, timidement apparu dans l'art carolingien au milieu du IXe siècle, commence à devenir plus fréquent dans l'art ottonien[45] : le « Christ souffrant » (*Christus patiens*), auquel nous sommes davantage habitués et que l'on peut contempler par exemple sur la croix dite de Mathilde à Essen ou celle de Gero à Cologne. Sur ces deux croix de la fin du Xe siècle, le Christ est représenté la tête retombant vers l'avant, les yeux clos, le corps s'affaissant[46]. Les analyses dendrochronologiques menées sur celle qui fut commanditée par l'archevêque de Cologne Gero (969-976) – celui-là même qui fit réaliser le codex évoqué précédemment – ont permis de déterminer que le chêne ayant servi de matière première fut abattu peu après 965, de façon à peu près contemporaine au baptême de Harald donc. L'artiste ayant œuvré pour celui-ci à Jelling était ainsi un contemporain de ces croix ottoniennes, tout en connaissant visiblement très bien le travail des moines de Reichenau et de Saint-Gall. Impossible de dire s'il est lui-même passé dans la région du lac de Constance, où il aurait pu découvrir l'art des volutes et le Christ triomphant à la mode irlandaise, ou si Harald a fait directement travailler un artiste continental. On suppose par ailleurs que le Christ de Jelling était haut en couleur : même si toute trace de peinture est aujourd'hui perdue, on sait que le rouge était très probablement, avec le noir et le blanc, une couleur très utilisée en Scandinavie à l'époque viking, et que le bleu et le jaune étaient également assez fréquents[47], autant de couleurs présentes précisément sur le manuscrit de Saint-Gall. Ce dernier propose un Christ très coloré et contrasté, avec sa tignasse blonde, ses bras rouges, ses jambes bleues et sa tunique dans les tons de rouge-brun – et non blanche comme on pourrait s'y attendre.

En somme, l'artiste semble avoir choisi de représenter le Christ de Jelling à la mode du VIIIe siècle – et non de marcher dans les pas des artistes ottoniens –, en s'inscrivant dans la tradition de la « crucifixion triomphale », qui permet de manifester la puissance du Christ, vainqueur à la fois des « liens de la mort », symbolisés par des entrelacs, et du paganisme. Le Christ de Jelling appartient donc encore, à l'image de celui de Saint-Gall, à un « art missionnaire » qui ne raconte pas l'histoire du Fils de Dieu, mais met en scène sa toute-puissance : le Christ triomphe de la mort comme Harald fait triompher le christianisme sur le paganisme[48]. Ce choix lourd de signification crée un décalage chronologique avec l'art ottonien, en train d'amorcer une évolution radicale en la matière, tout en proposant aux contemporains de Harald un Dieu à l'image de leurs anciennes divinités, triomphant et non souffrant. Le fils de Gorm n'hésite ainsi pas à puiser son inspiration dans un ailleurs à la fois géographique et chronologique – un peu comme avec le réseau de forteresses en somme. Les chances que l'artiste de Jelling connaisse les premières représentations du Christ souffrant sont toutefois minces, soyons honnêtes. Mais si c'est le cas, il a clairement choisi de se démarquer de la mode ottonienne, qui sert de source d'inspiration mais en aucun cas de modèle à reproduire, comme en témoigne la reprise par l'artiste de certains éléments caractéristiques de cet art alors en plein essor, tels que les volutes de feuillage. Toute inspiration n'aboutit pas à une imitation, mais peut au contraire être à l'origine de formes infinies de réappropriations, à l'image de cette version originale de la crucifixion, qui fait la synthèse d'une tradition étrangère ancienne, d'éléments extérieurs contemporains et de traits empruntés à la culture scandinave ancestrale, à commencer par la langue et le système scripturaire utilisés.

L'émergence d'une culture scandinave originale

Pour délivrer son message de roi chrétien, Harald opte pour les runes et la langue norroise, non pour l'alphabet romain et le latin. La grande pierre de Jelling conserve par conséquent, en dépit de toutes les influences occidentales, un caractère profondément scandinave, que l'on retrouve dans la prédilection pour les motifs animaliers, au cœur de l'art nordique traditionnel. Les figures centrales de la deuxième face relèvent ainsi du bestiaire, splendide exemple du style de Mammen qui se développe dans la seconde moitié du xe siècle et tire son nom d'une hache alliant des décorations végétales à la représentation d'un oiseau. La scène gravée à Jelling constitue même à ce jour la plus ancienne occurrence connue en Scandinavie de cette combinaison entre une bête et un serpent. Ce motif devient par la suite assez populaire et se retrouve par exemple, durant la seconde moitié du xie siècle et au début du xiie, sur les broches du style d'Urnes, d'après le nom du village norvégien dans le Vestland qui abrite une splendide *stavkirke* (ou « église en bois debout ») du xiie siècle, construite sur des pieux supportant la structure du bâtiment. Les broches tout comme le portail nord de cette église mêlent des motifs animaliers très stylisés avec des boucles et entrelacs rappelant en partie l'iconographie déjà présente sur la grande pierre de Jelling, sorte de « prototype de ce motif » appelé ensuite à se complexifier et se diffuser bien au-delà du Jutland[49].

À Jelling, l'art scandinave s'ouvre clairement au monde occidental, tout en conservant des traits spécifiques de la culture ancestrale. Une forme d'occidentalisation à la danoise en somme. En adoptant et adaptant certains traits culturels, politiques, économiques occidentaux à leurs us et coutumes, leurs valeurs, leurs croyances, les Danois font émerger une culture originale, nordique et chrétienne. Rendons hommage à la remarquable inventivité de l'artiste à l'origine de la grande pierre de Jelling, qui, sous la double influence de la culture scandinave traditionnelle et des manuscrits occidentaux, nous a laissé une œuvre exceptionnelle dans le paysage lapidaire danois, dominé par des pierres runiques beaucoup plus simples. Cela tient bien sûr au commanditaire, le roi Harald, en pleine œuvre d'affichage politique et de construction mémorielle.

PARTIE III

Mort du roi et naissance du mythe

CHAPITRE 7
Une fin de règne compliquée et oubliée

La plupart des grandes réalisations de Harald ne lui survécurent pas, et ce en dépit des moyens matériels et des efforts humains colossaux qu'il avait engagés : les forteresses circulaires et le *Kovirke* ne furent pas réparés, le pont de Ravning Enge pas entretenu, le site de Jelling finit par être abandonné, la diffusion des monnaies à la croix cessa rapidement. Que s'est-il donc passé, dans la seconde moitié des années 980, pour que Harald renonce ainsi, assez brutalement, à la plupart de ses grands projets, lui qui avait dépensé tellement d'énergie et de moyens pour les mener à bien ?

La dernière partie du règne de Harald fait écho, par son caractère nébuleux, à sa prime jeunesse. Dans les années 980, le roi est vieillissant, mais quel âge a-t-il exactement ? Il est d'un « grand âge », dit Adam de Brême[1], ce qui est pour le moins vague et tient aux incertitudes qui entourent le moment de sa naissance. Toutefois, si on envisage les années 920, Harald aurait alors autour d'une soixantaine d'années : un âge fort respectable à une époque où la majorité de la population ne dépassait guère la quarantaine et où seule une infime minorité vivait au-delà de 60 ans – ce qui était néanmoins plus fréquent dans les catégories élitaires[2]. Cet âge avancé pourrait expliquer une forme de lassitude chez le souverain ou, à tout le moins, une plus grande fragilité. Le chef de guerre vieillissant, « moins vigoureux », comme l'écrit si bien Adam de Brême[3], a souvent plus de difficulté à faire entendre sa voix, dont l'écho faiblit à mesure que les années passent.

S'ouvre alors le dernier chapitre de la vie de Harald, rempli de ressentiments, de crispations et de rancœurs. Les tensions éclatent au cours des années 980, avec, comme chef de file des mécontents,

Sven, son propre fils. C'est une fin de règne difficile qui s'annonce pour le souverain danois et une période troublée qui s'ouvre pour son royaume.

Tensions et frustrations des dernières années

Une relation père-fils houleuse

Reprenons donc le fil de ces dernières années. Il est assez vraisemblable que Harald ait eu plusieurs enfants, surtout s'il ne s'en est pas tenu à une seule épouse. Pourtant l'identité de ses descendants est à peine mieux connue que celle de ses ancêtres. Lorsque l'on rassemble les bribes d'informations contenues dans différents textes, on trouve la trace d'une fille, Gunhild, assassinée en Angleterre en 1002 avec son époux Pallig lors du massacre des Danois à la Saint-Brice, à en croire le récit assez confus du moine Guillaume de Malmesbury (v. 1095-1143)[4]. Snorri Sturluson mentionne quant à lui une autre fille, Thyra, mariée au roi de Norvège Olaf Tryggvason (995-1000), après avoir été d'abord promise par son frère Sven au roi des Vendes[5]. Elle apparaît également sous la plume d'Adam de Brême, qui évoque aussi un fils, Hiring, dont il ne nous dit rien, si ce n'est qu'il est mort en Angleterre, « tué par les Northumbriens[6] ». Saxo Grammaticus mentionne pour sa part un fils que Harald aurait eu avec Gyrith : Håkon, dont on ne sait presque rien[7]. Il n'y a que pour un de ses enfants que les sources concordent : Sven, que l'histoire a retenu sous le surnom « à la Barbe fourchue », mais dont l'identité de la mère reste incertaine. Adam de Brême le présente comme le fils que Harald eut avec Gunhild, mais Saxo Grammaticus évoque, lui, Gyrith. Rien n'exclut non plus qu'il soit le fruit de l'union avec Tófa. À moins qu'il ne soit pas né d'une épouse légitime, mais d'une concubine, comme le laissent entendre les sagas, qui en font le fils bâtard que Harald aurait eu avec une « femme pauvre » – servante ou esclave, ce n'est pas très clair –, nommée Æsa-Saum et rencontrée lors d'un banquet à Jómsborg, un fils qu'il refuse obstinément de reconnaître[8]. Cette filiation douteuse pourrait contribuer à expliquer le désamour de Harald envers Sven, le roi se voyant imposer une progéniture à laquelle il refuse tout droit.

Pour plusieurs auteurs, tout semble ainsi découler d'une relation pour le moins difficile entre le père et le fils, mais la part de responsabilité dans les ressentiments entre les deux hommes varie considérablement d'une source à l'autre. Selon Adam de Brême :

> Sven, qui ourdissait complot sur complot contre son père, s'enquérait de la façon d'écarter du pouvoir le roi désormais affaibli par son grand âge, avec l'aide de ceux que son père avait contraints à rejoindre le christianisme. [...] En cette guerre plus lamentable encore qu'une guerre civile, le camp de Harald fut vaincu. Le roi lui-même, blessé, fuyant le champ de bataille, s'échappa à bord d'un navire en direction de la cité des Slaves qu'on appelle Jumne[9].

L'affrontement entre le père et le fils tourne donc rapidement à l'avantage de Sven, traître à son propre père, tel Absalon face à David - comparaison utilisée telle quelle par Adam. Le récit de cette triste fin de règne sous la plume d'Adam pose toutefois autant de problèmes que le reste de son texte. À peine au pouvoir, Sven expulse les évêques germaniques du Danemark, avant de subir les foudres divines. Exilé par deux fois, capturé par deux fois, rançonné, rejeté par les Slaves - qui avaient au contraire fait bon accueil à son père -, Sven finit par trouver refuge auprès du roi des Scots[10]. Toute la fin du règne de Harald et l'accession au pouvoir de son fils sont ainsi placées sous le signe de l'opposition entre paganisme et christianisme, Adam recourant au même procédé de construction binaire que celui utilisé pour créer un contraste entre Gorm et Harald, dont le règne se trouve ainsi encadré par celui de deux farouches païens. Adam de Brême va plus loin encore, en accusant Sven d'apostasie. Baptisé en même temps que son père dans la foi chrétienne, il est coupable de renoncement au christianisme, du moins jusqu'à la bataille de Svolder, qu'il remporte sur les eaux de la Baltique face au roi de Norvège Olaf Tryggvason au tournant des Xe et XIe siècles. Cette victoire est la preuve que Dieu est à ses côtés ; Adam ne peut désormais plus poursuivre son œuvre de dénigrement du nouveau souverain, qui tourne ensuite ses regards vers l'Angleterre.

Ce ne serait pas la première fois qu'un fils conteste la couronne à son père : récits historiques et légendaires sont émaillés de telles figures hantant notre imaginaire collectif, de Louis le Pieux destitué sous la pression de ses fils au IXe siècle au légendaire roi Arthur tué par son fils ou neveu Mordred[11]. Dans la plupart de ces histoires, qu'elles rapportent des événements ayant effectivement eu lieu ou relèvent du domaine du mythe, le père – et encore roi – a le beau rôle. C'est le cas de Louis le Pieux dans les écrits de Nithard, c'est également celui d'Arthur dans la matière de Bretagne. Aux yeux des auteurs chrétiens, il incarne l'autorité, garante du bon ordre voulu par Dieu : entrer en conflit contre le père revient à contester le Père. Adam de Brême ne fait ainsi que s'inscrire dans cette tradition chrétienne, qui s'appuie également sur les écrits bibliques, comme le rappelle le parallèle qu'il fait explicitement entre Harald et David, contraint de fuir Jérusalem pour échapper à la vindicte filiale. L'épisode se clôt aussi par un combat mettant aux prises les troupes du père et celles du fils, mais la situation tourne finalement à l'avantage de David et c'est Absalon qui perd la vie, causant une vive douleur à son père[12]. Si l'issue du récit biblique est donc différente de celle du règne de Harald, les événements qui précèdent laissent penser qu'Adam de Brême, le premier à relater ainsi les derniers temps du fils de Gorm, a repris en partie un schéma littéraire vétérotestamentaire : « Les Danois font de Sven leur roi[13] », comme « le cœur des hommes d'Israël a pris parti pour Absalon » ; Harald franchit la Baltique pour se réfugier en territoire slave comme David traversa le Cédron pour fuir dans le désert ; et, lors de l'affrontement final, aussi bien Harald que David sont plus inquiets du sort de leur turbulente progéniture que du leur.

La plus grande prudence s'impose par conséquent dans l'usage des écrits de tous ces auteurs chrétiens : dans les faits, rien ne permet vraiment d'affirmer que le fils de Harald soit allé jusqu'à renier le christianisme comme le prétend Adam. Certes Saxo

Grammaticus et l'auteur de la *Chronique de Roskilde* l'affirment également[14]. Dans leurs récits, Sven, coupable de perfidie et de trahison envers son père et le Père, abolit les rites chrétiens, restaure l'ancien culte polythéiste et lance même des persécutions contre les chrétiens ; les Danois resombrent alors dans le paganisme. Mais sous la plume enlevée de Saxo, tous les personnages sont très typés : ce Sven déloyal et impie s'oppose à un Harald valeureux et entreprenant, lui-même construit par rapport à un Gorm faible et violent, époux d'une Thyra aussi intelligente que déterminée. Il est vrai que l'atmosphère n'est pas des plus favorables à la foi chrétienne en cette fin de Xe siècle : en 983, une grande révolte des Slaves de l'Ouest, dans laquelle est impliqué le prince abodrite Mistivoj, beau-père de Harald, s'est déjà appuyée sur le prétexte religieux pour tenter de secouer le joug ottonien[15], une intention que l'on retrouve peut-être chez Sven lorsqu'il expulse - s'il les a effectivement expulsés - les évêques germaniques de son royaume. Mais ses motivations sont alors probablement d'ordre plus politique que religieux, les clercs apparaissant comme des agents de l'impérialisme ottonien. L'iconographie chrétienne des monnaies que Sven fait frapper à partir de 995 - les premières en Scandinavie à porter une inscription en latin - rend vraiment peu crédible un retour des Danois au paganisme.

C'est d'ailleurs une tout autre histoire que raconte l'*Éloge de la reine Emma*, le plus ancien texte relatant la fin du règne de Harald qui nous soit parvenu, vraisemblablement rédigé en Flandres, peut-être par un moine de l'abbaye de Saint-Bertin, vers 1041[16]. Dans ce récit concernant essentiellement le monde anglo-danois, il est bien question aussi de tensions entre Harald et Sven autour de la transmission du pouvoir, mais les torts semblent plutôt du côté du père qui, jaloux de son fils, fait tout pour lui barrer la route de la succession, suscitant le courroux de l'armée danoise, qui prend alors fait et cause pour Sven. Il s'agit d'une présentation clairement à l'avantage de ce dernier, d'« origine très noble[17] » et aimé de tous, hormis de son père - dont l'auteur ne daigne même pas donner le nom -, qui n'a pour lui que haine et jalousie, jusqu'à le rejeter ouvertement et lui dénier tout droit au trône. Ce qui pourrait passer pour une trahison de l'armée à son égard est ainsi présenté comme la juste défense de ce fils mal-aimé et privé de ses droits légitimes, qui règne ensuite avec diligence et sagesse. Aucune évocation ici d'un éventuel retour massif au paganisme sous Sven, l'auteur insistant au contraire dès le début du texte sur la « faveur divine » dont jouirait ce fils rejeté par son père. Mais cette vision des faits n'a pas été reprise par les récits ultérieurs, peut-être parce qu'elle s'éloignait trop de la tradition chrétienne défendant l'autorité paternelle et royale, tout en passant sous silence les origines danoises de Sven puis de son fils Cnut, soit que leur appartenance à la dynastie de Jelling ait été jugée de trop peu d'importance, soit que leurs ancêtres païens dérangent[18].

Parricide sous la plume d'Adam, juste défenseur de son bon droit dans l'*Éloge de la reine Emma*, Sven est donc une figure pour le moins ambiguë et les relations avec son père sont certainement tendues, la part de responsabilité de l'un et de l'autre restant difficile à établir. Est-ce d'ailleurs si important ? L'issue est dans tous les cas fatale à Harald. Sven, quant à lui, a largement hérité de l'image impopulaire d'un « roi féroce », faisant preuve de « cruauté et perfidie », à la suite d'Adam de Brême, puisant peut-être son inspiration sur ce point chez Thietmar de Mersebourg[19]. Ce dernier n'évoque pas l'affrontement entre le père et le fils, mais il paraît être le premier à conspuer Sven pour son manque de foi, brossant le portrait aussi rapide que sombre d'un souverain « impie parmi les pieux », qui sème la destruction en lieu et place de guider son peuple dans le droit chemin de la foi[20]. Au contraire, dans la *Saga des vikings de Jómsborg*, il n'est aucunement question de religion[21] : le conflit est d'ordre strictement politico-familial et ne semble en rien lié à un retour du paganisme en terre danoise. Qui était vraiment Sven ? Un souverain dont l'image a très vraisemblablement pâti du tableau très sombre esquissé dans les sources, sans qu'il soit vraiment possible de démêler le vrai de l'exagération. On peine à cerner la sincérité de la foi du fils de Harald et ses qualités (ou défauts) de dirigeant, mais tout cela constitue finalement une autre histoire...

Entre ambitions démesurées du roi et rancœurs accumulées des grands

Qui peut croire que Sven soit venu à bout de son père sans la moindre aide, à la seule force de son ressentiment ? Ce n'est d'ailleurs pas vraiment ce que disent les textes : Adam de Brême évoque une « conspiration » des Danois pour renverser Harald et le christianisme ; l'auteur de l'*Éloge de la reine Emma*, l'armée qui abandonne Harald pour prendre le parti de Sven ; la *Saga des vikings de Jómsborg*, « les hommes du roi » qui acceptent Sven comme nouveau souverain à l'annonce de la mort de Harald. Quant à Saxo Grammaticus, il raconte comment un certain Toki, un des hommes de Harald, jarl de Fionie – et fondateur de la forteresse de Jómsborg dans la *Saga des vikings de Jómsborg*, où il apparaît sous le nom de Palnatoki –, qui surpassait tous les autres par son courage, frustré de ne pas voir sa bravoure suffisamment reconnue par le roi, décide d'entrer au service de Sven[22]. Encore une histoire de ressentiment donc, et de religion puisque, toujours selon Saxo, les capitaines de la flotte de Harald auraient ensuite suivi son exemple, motivés par leur rejet du christianisme, mais aussi en raison des « charges extraordinaires » dont le souverain « accablait le peuple »[23]. Ils suggèrent alors à Sven d'entrer en guerre contre son père et de prendre le pouvoir, ce qu'il accepte. Sven n'a donc pas agi seul, mais s'est au contraire appuyé sur les rancœurs accumulées tout au long du règne de Harald.

La mobilisation des ressources matérielles et humaines sans précédent sous ce dernier a peut-être contribué à sa chute. Le coût probablement faramineux de son vaste programme de construction a pu susciter des mécontentements qui, s'accumulant au fil des ans, ont débouché sur une révolte, que Sven a su habilement récupérer à son avantage. Mais ne s'agit-il que d'une histoire de taxes et de corvées trop lourdes ? En cette fin de Xe siècle, entrent en collision deux conceptions de la structure politique et sociale danoise : d'un côté l'approche traditionnelle, organisée autour d'un pouvoir polynucléaire païen, et de l'autre l'évolution vers un pouvoir royal fort, plus centralisé et chrétien. Construites, semble-t-il, au tout début de la crise qui mena Harald à sa chute, les fortifications étaient peut-être aussi une façon pour ce roi de maintenir son autorité, par la violence et la force au besoin, dans le cadre d'un processus de formation étatique qui a pu revêtir des accents conflictuels[24]. Il est possible même que la plupart des grandes réalisations de Harald aient été abandonnées après son règne en raison des connotations qu'elles véhiculaient, Sven ne souhaitant pas prolonger l'usage de ces constructions qui matérialisaient dans le paysage le prix à payer pour leur réalisation et une concentration de pouvoir jusque-là inhabituelle en territoire danois ; qui incarnaient la tentative avortée d'un souverain ambitieux rêvant d'une royauté forte et s'appuyant largement sur des forces extérieures. Peut-être perçues comme le symbole de l'arbitraire royal, les forteresses s'effacent devant l'espoir des grands du royaume d'un retour aux anciens processus de négociations entre plusieurs pouvoirs. Il n'est d'ailleurs pas impossible que ce soit pour cette raison que les textes ne les mentionnent pas, pas plus que le monumental pont de Ravning Enge. La tension créée par Harald entre l'ordre social traditionnel - incarné par un acteur collectif chez la plupart des auteurs : le peuple des Danois, l'armée ou les grands - et les nouvelles conceptions du pouvoir qu'il importe de l'Occident chrétien a fini par tourner à l'antagonisme.

Sven n'a plus qu'à enflammer l'étincelle de la révolte, rendue d'autant plus facile que l'aura paternelle est alors ternie par la perte de territoires jusque-là âprement défendus. Après sa défaite lors de la bataille de Hjörungavágr face à son ancien allié Håkon Sigurdsson, Harald doit en effet renoncer à une partie de la Norvège, à ses forces armées et aux revenus qu'il en tirait. Les pertes sont donc tout à la fois matérielles et symboliques, faisant pâlir l'étoile du grand chef de guerre qui se targuait, une petite vingtaine d'années plus tôt, d'avoir « remporté le Danemark en entier et la Norvège ». Les conséquences sont lourdes : le prestige de Harald décline et les rapports de force se reconfigurent sur la scène nord-européenne, au détriment du Danemark, au point de suggérer à l'armée et aux grands du royaume que le moment est peut-être venu de changer de chef de guerre et de dirigeant politique. L'heure de Sven, rongeant son frein depuis des années, a enfin sonné. S'il n'est pas impossible que la palissade de Jelling, marquée par un incendie, porte les traces de ces contestations[25], la bataille décisive a lieu sur mer, dans un golfe au nord de l'île de Seeland, l'Isefjord, situé à l'ouest du fjord de Roskilde, selon Snorri Sturluson, tandis que, à en croire la *Saga des vikings de Jómsborg*, père et fils se rencontrent près de l'île de Bornholm, au large de la Scanie, pour mettre un terme aux raids, pillages et ravages menés par Sven et ses hommes dans le royaume. Dans les récits de Snorri et d'Adam de Brême, Harald est grièvement blessé lors du combat[26]. Abandonné par ses anciens alliés, il ne lui reste plus qu'une option : l'exil.

L'EXIL COMME ULTIME CHAPITRE DE LA VIE D'UN ROI DÉCHU

Un roi en fuite

Alors que ses soutiens se font de plus en plus rares, traqués par les partisans de son fils, fidèles d'hier pour certains, désormais ennemis acharnés ne rêvant que d'une chose - se débarrasser définitivement du roi déchu -, Harald doit donc renoncer dans le même temps au trône et à son pays, abandonner ses rêves et laisser derrière lui ses projets grandioses. L'éventail des possibilités s'offrant à lui est alors des plus restreints : on l'imagine mal se réfugier en Norvège ou chez les Ottoniens ; plus à l'ouest, la Francie occidentale est en proie à l'instabilité suscitée par des successions rapides[27], se terminant par un changement de dynastie - avec l'accession des Capétiens au trône en 987 -, et l'Angleterre n'a pas encore retrouvé le calme et la stabilité après l'assassinat du roi Édouard en 978. Ne restent dès lors à Harald que les contrées au sud de la Baltique.

Plusieurs textes livrent un récit assez proche : blessé, Harald appareille en hâte avec les quelques hommes qui lui sont restés loyaux en direction des territoires slaves, trouvant refuge, selon Adam de Brême et Saxo Grammaticus, à Jómsborg (*Jumne* pour l'un, *Julin* pour l'autre)[28]. Un tel choix est assez étonnant de la part d'un souverain chrétien : la forteresse slave est encore un repaire de païens, comme le rappelle Adam de Brême, surpris à la fois de ce choix fait « contre toute attente » et de l'accueil très « humain » qui est fait au roi déchu[29]. Une telle option paraît même des plus risquées, en raison de la proximité de la Pologne, plutôt en bons termes avec l'Empire ottonien. Aucune mention de Jómsborg dans l'*Éloge de la reine Emma*, plus proche dans le temps des événements que le bref récit d'Adam et pourtant bien plus allusif sur le lieu de la fuite de Harald, parti se réfugier « chez les Slaves[30] », ce qui, considérant la situation géopolitique complexe de la rive sud de la Baltique, reste pour le moins vague. Harald a pu chercher asile chez un allié sûr, farouche opposant aussi bien aux Ottoniens qu'à leurs alliés polonais : son beau-père, Mistivoj, à la tête des Abodrites encore jusqu'aux années 990 semble-t-il, de l'autre côté de la lagune de Szczecin. Ce dernier, pourtant baptisé, fait partie des meneurs de la grande révolte païenne des Slaves à l'origine de la destruction du siège archiépiscopal de Hambourg. Peut-être faut-il y voir la raison pour laquelle, quelques décennies plus tard, l'archevêque du moment, Adam, préfère évoquer une fuite vers Jómsborg, plutôt qu'auprès des destructeurs de sa cité. Un tel choix narratif convient beaucoup mieux à la reconstruction binaire qu'il nous propose, dans laquelle le souverain en exil, jouissant de la faveur divine, est bien accueilli en tout lieu, même en territoire païen, tandis que son fils est, lui, peu de temps après, rejeté par tous, y compris par ces mêmes païens[31].

Nul ne saurait dire si Harald a fait des étapes avant d'arriver chez Mistivoj ou à Jómsborg, mais la découverte des trésors de Hiddensee et de Schaprode pourrait suggérer un passage par les îles du sud de la Baltique. Rien ne permet pour l'heure d'établir un lien direct entre ces trésors et le départ de Harald pour les territoires slaves, mais, parmi les scénarios possibles pour celui de Schaprode – celui de Hiddensee, d'une immense valeur, a probablement une autre histoire –, enfoui probablement dans la seconde moitié des années 980 – juste avant, juste après ou au cours même de cette fuite –, on peut imaginer celui du quarteron des derniers fidèles.

Parmi la poignée d'hommes accompagnant le souverain dans son exil, l'un ou plusieurs d'entre eux ont pu vouloir mettre en sécurité quelques richesses, destinées à être récupérées plus tard, peut-être dans l'espoir de lancer une nouvelle attaque pour reprendre le pouvoir. La mort de Harald peu de temps après, ainsi que de certains de ses hommes, ceux précisément qui avaient enterré ces trésors peut-on supposer, met fin à cet espoir et la fortune d'argent, ignorée du reste du monde, est restée sous terre durant plus de mille ans.

Une mort à une date incertaine et en un lieu indéterminé

À en croire la plupart des sources, l'exil de Harald est de courte durée. Saxo Grammaticus ne peut toutefois résister au plaisir de conter une dernière petite histoire. Depuis Jómsborg où il s'est réfugié, Harald tente une ultime tentative pour reprendre le pouvoir, à la tête d'une armée de Danois - recrutés dans l'île de Seeland lors de sa fuite - et de Slaves occidentaux. L'affrontement a lieu sur les rives de la petite péninsule de Helgenæs, rattachée au Jutland, à une vingtaine de kilomètres à l'est d'Aarhus. La bataille s'éternise, sans qu'aucun camp parvienne à l'emporter, poussant les protagonistes à ouvrir des négociations. L'épisode se termine misérablement pour Harald, victime de la traîtrise de Toki, rallié à Sven : alors que le roi déchu s'est éloigné pour « vider ses entrailles » à l'abri d'un bosquet[32], Toki, plein de ressentiment à son égard, lui décoche un trait mortel. Harald est ramené à Jómsborg, où il rend son dernier soupir. Le motif de la flèche mortelle décochée traîtreusement par un dénommé Palnatoki - désignant selon toute vraisemblance le même personnage - est également présent dans la *Saga des vikings de Jómsborg* : alors que Harald campe pour la nuit avec quelques hommes sur le rivage, à la veille de la bataille - la chronologie diffère ici légèrement -, Palnatoki profite de l'obscurité et du manque de vigilance du roi, accroupi près du feu, pour le transpercer d'une flèche, qui atterrit tout droit dans le postérieur royal et ressort par la bouche[33]. Dans cette version, Harald meurt sur le coup, dans des circonstances somme toute guère plus glorieuses que chez Saxo, pour ne pas dire grotesques[34]. Cette étrange flèche des plus mal placées est en fait la réponse sarcastique de Palnatoki à l'humiliation que lui avait infligée le roi quelques années plus tôt, alors que le jarl faisait pourtant partie de ses fidèles. Saxo relate en effet comment l'archer de talent qu'était Palnatoki, après s'être vanté, ivre, de pouvoir transpercer d'une flèche une pomme fichée sur une pique, s'est vu contraint par le « pervers » Harald d'atteindre celle qui était placée sur la tête de son jeune fils[35]. Une histoire qui n'est pas sans préfigurer celle du célèbre Guillaume Tell et qui fait probablement écho à un schéma narratif assez ancien et largement répandu dans la tradition indo-européenne[36].

Triste fin pour un roi, fort peu glorieuse pour un viking, censé mourir les armes à la main pour rejoindre le Valhalla – mais il est vrai que Harald meurt en chrétien. Toutefois, cette fin humiliante n'apparaît pas dans toutes les versions de la *Saga des vikings de Jómsborg* : un manuscrit plus récent nous fait un récit bien plus sobre du même événement, se contentant de préciser que Palnatoki atteint mortellement le roi alors en train de se réchauffer près du feu, sans entrer dans plus de détails[37]. Peut-être s'agit-il là d'une version réécrite en atténuant l'ultime humiliation de Harald, mais les relations entre les différents manuscrits ne sont pas claires, pas plus que celles que cette saga entretient avec le récit de Saxo Grammaticus[38].

Rien de tel non plus chez Adam de Brême : sous sa plume, Harald, grièvement blessé, meurt « quelques jours après » son arrivée en terre slave, ce qui rappelle le « peu après » de l'*Éloge de la reine Emma*[39]. Tout semble donc n'être qu'une affaire de jours, sans qu'il soit vraiment possible de dater cet événement avec précision : peut-être 985, 986 ou 987, voire plus tôt dans les années 980. Adam précise que le décès de Harald survient dans les derniers temps de l'archiépiscopat d'Adaldag. Ce dernier mourant en 988, on pourrait en déduire que la mort de Harald date de cette même année ou de 987. Cependant, les datations d'Adam sont ici d'autant plus douteuses qu'il paraît avoir construit des « biographies parallèles » de Harald et d'Adaldag – son prédécesseur à la tête du siège de Hambourg-Brême –, en indiquant pour leurs durées de règne et d'archiépiscopat le chiffre rond de cinquante ans[40]. La plus grande prudence est également de mise concernant le jour. Adam rapporte que le décès de Harald est commémoré - à son époque donc, près d'un siècle plus tard - lors de « la fête de tous les saints[41] ». Mais cela ne signifie absolument pas que Harald est mort un 1er novembre : le fait de vénérer un individu un jour fixe n'est en rien une preuve de la date exacte de sa mort, qui s'est, dans bien des cas, perdue dans les limbes de la mémoire collective. La date même invite à la plus grande prudence. La Toussaint correspond en effet à la fête de tous les saints dont la date réelle de la mort n'est pas connue. Un tel choix semble donc plutôt indiquer que l'on ignore à l'époque d'Adam le jour précis de la mort de Harald, relégué dans la fosse commune commémorative du 1er novembre.

Mort en un lieu indéterminé, à une date incertaine, Harald est ensuite inhumé en un lieu tout aussi indéfini. Que le touriste visitant la cathédrale de Roskilde ne s'y trompe pas. Ce sont encore les écrits d'Adam de Brême, repris en tout point sur le sujet par Saxo Grammaticus et la *Chronique de Roskilde*[42], qui permettent à cette cité d'affirmer fièrement qu'elle abrite la dernière demeure de Harald[43]. En effet, selon Adam, la dépouille est ramenée au Danemark et le roi est « enterré en la cité de Roskilde, dans l'église que, le premier, il avait lui-même édifiée en l'honneur de la Sainte Trinité[44] », ce qui tendrait à indiquer que le centre du royaume des Danois s'est déplacé, à la toute fin du règne de Harald, de Jelling à Roskilde. Après avoir peut-être projeté d'être enterré à Jelling, Harald aurait donc finalement été ramené après sa mort dans la cité naissante qu'il avait lui-même contribué à développer, en la dotant en particulier d'un premier bâtiment religieux, ancêtre de la monumentale cathédrale de brique des XIIe et XIIIe siècles, nécropole royale que l'on peut aujourd'hui encore admirer. Mais cette version des faits ne concorde pas avec les données archéologiques, qui indiquent que la ville se développe plutôt au XIe siècle[45]. Quant au pilier du chœur supposé renfermer les restes du souverain, il s'est révélé désespérément vide lors de sa réouverture au XIXe siècle et les deux lignes sous le portrait réalisé au XVIe siècle, présentant Harald comme « roi du Danemark, d'Angleterre et de Norvège, premier fondateur de cette église », ne prouvent rien, si ce n'est que celui qui les rédigea connaissait bien ses classiques (en particulier Saxo Grammaticus et Adam de Brême)[46]. L'auteur de l'*Éloge de la reine Emma*, une fois encore bien plus allusif, se contente pour sa part de préciser que Harald meurt « chez les Slaves ». On n'entend alors plus parler de lui dans ce texte, qui ne nous donne pas le moindre début de piste concernant le lieu d'inhumation du souverain, ne précisant même pas si sa dépouille est restée « chez les Slaves » ou a été ramenée au Danemark, comme semble le croire Adam de Brême. Soit le sujet n'intéressait pas l'auteur, soit ce dernier ne disposait pas de cette information, peut-être déjà perdue dans la mémoire collective seulement une cinquantaine d'années plus tard.

Il faut donc se résoudre à l'évidence : on ignore pour l'instant l'emplacement de la sépulture du souverain danois, n'en déplaise à la cité archiépiscopale de Roskilde. Il n'est d'ailleurs pas impossible que la dépouille de Harald, privé de nombre de ses anciens soutiens, n'ait jamais regagné les rivages danois. Certains voient ainsi dans la découverte du disque de Curmsun une preuve que Harald repose en terre slave, peut-être non loin de la forteresse de Jómsborg. En l'absence d'église à Wolin même, les proches entourant le souverain dans son dernier voyage ont pu se tourner vers le bâtiment religieux le plus proche, qui était alors probablement la petite église en bois de Wiejkowo, à quelques kilomètres seulement, là où, précisément, aurait été découvert le disque, indiquant donc l'emplacement de la tombe de Harald[47]. Toutefois, ni la fonction de cet objet ni son détenteur n'ayant pu être établis avec certitude, cela reste du domaine de l'hypothétique : une nouvelle illustration des problèmes que peuvent rencontrer l'historien et l'archéologue lorsqu'ils tentent de faire entrer leurs sources respectives en résonance.

Un demi-siècle, c'est bien court pour oublier un souverain qui a marqué son temps comme Harald. Cela représente cependant environ deux générations et implique qu'il ne reste alors plus vraiment de témoins en âge de se souvenir des événements. La mémoire et sa transmission orale sont-elles faillibles au point de perdre si rapidement tout souvenir des circonstances de la mort du roi danois ?

Nombre d'événements du passé se sont transmis sur des temps bien plus longs : oublier si vite tous les détails d'un fait important comme le décès et l'inhumation d'un roi paraît donc surprenant, sauf si les générations suivantes mettent tout en œuvre pour en effacer le souvenir.

EFFACER LE SOUVENIR DU PÈRE : UNE TENTATIVE DE *DAMNATIO MEMORIAE* SOUS SVEN ?

La mémoire est tout à la fois sélective et évolutive, s'en tenant à quelques moments jugés clés dans l'histoire du groupe. Qui dit choix dit aussi oubli, matériau aussi impalpable qu'inéluctable dans toute construction mémorielle, qu'elle soit textuelle ou matérielle (à travers la culture funéraire en particulier)[48]. Construire la mémoire, c'est aussi mettre en avant certains événements ou personnages au détriment d'autres ; et la contrôler est une forme de pouvoir. Dès les années suivant la mort de son père, Sven mobilise ainsi tous les outils mémoriels à sa disposition afin d'effacer le souvenir paternel. Il ne commémore par exemple pas, selon l'habitude ancestrale, sa mémoire en faisant ériger une pierre runique ; non pas qu'il ignore cet usage – comme en témoigne une pierre qu'il fait graver à Hedeby à la mémoire de Skarde, un de ses hommes mort dans ce port[49] –, mais bien par choix. Ce faisant, Sven entend « éliminer la mémoire de son père », acte qui relève de la *damnatio memoriae*[50], une pratique d'origine romaine, consistant à retirer tous les honneurs accordés précédemment à un individu coupable de trahison, mais aussi à effacer son souvenir partout où il pourrait être présent (nom gravé sur un monument, statue le représentant...). Cet usage continue d'avoir cours au Moyen Âge : la dynastie des Mérovingiens en fut une des premières victimes et les pierres runiques commémoratives scandinaves peuvent également relever de cette logique[51]. Dresser une telle pierre est lourd de sens, mais ne pas en ériger aussi – c'est juste moins visible dans le paysage pour l'historien. Sven semble ainsi avoir privé son père des pratiques commémoratives ancestrales, mais aussi des usages chrétiens plus récemment introduits au Danemark.

Pour les chrétiens, l'endroit où repose le défunt peut faire l'objet d'un véritable culte. Dans le cas de Harald, l'incertitude qui plane autour de son lieu d'inhumation est donc pour le moins problématique, même si on ne peut totalement exclure l'hypothèse de Roskilde. Il est en effet peu vraisemblable que Sven ait laissé construire un monument fastueux à gloire de son père haï. On pourrait aller jusqu'à imaginer que, en ce début de règne peut-être encore mal assuré, Sven ait préféré écarter tout risque de révolte et ne pas créer autour de la tombe paternelle un point de ralliement pour d'éventuels partisans de Harald ou pour les déçus des premiers temps de son propre règne[52]. Le récit de Saxo Grammaticus, qui souligne le contraste qu'il y a alors entre l'ingratitude des Danois envers Harald de son vivant et le vibrant hommage qui lui est rendu à sa mort[53], colle certes mal avec cette interprétation, mais un tel hommage paraît peu crédible considérant le vif ressentiment de Sven. Il est plus probable que les funérailles se déroulèrent en petit comité, sans bruit ni faste, expliquant que la mémoire de cet événement rendu modeste, inexistant presque, se soit rapidement perdue.

En privant son père de funérailles dignes de son rang et de monument funéraire perpétuant son souvenir, Sven a condamné son père à l'oubli à « perpétuité[54] ». Mais pour effacer totalement Harald, encore eût-il fallu faire table rase de l'intégralité de son règne, avec toutes ses réalisations, faire disparaître le site de Jelling, enfouir sous la terre les restes des forteresses circulaires, revenir au paganisme ancestral. Or, si la plupart des grandes réalisations de Harald ne lui survécurent pas, aucune ne semble avoir été volontairement détruite : elles ont subi les ravages du temps, mais n'ont pas eu à endurer la colère dévastatrice de Sven, qui n'a probablement pas non plus renoncé au christianisme, contrairement à ce que voudrait nous faire croire Adam de Brême. En d'autres termes, le règne de Sven ne marque pas un retour à une situation antérieure à celui de son père. Sur bien des points finalement, le fils poursuit l'œuvre paternelle laissée inachevée, à commencer par la christianisation du royaume. Sven n'est donc pas allé jusqu'au bout de sa logique de destruction mémorielle, qui aurait nécessité d'effacer le souvenir du père partout où il était visible, en particulier à Jelling. Était-ce d'ailleurs seulement possible ? Avec Harald, le Danemark a intégré pleinement l'Occident chrétien et le processus est désormais trop avancé pour pouvoir faire machine arrière, si tant est que Sven l'ait souhaité.

La meilleure façon d'effacer le souvenir de son prédécesseur reste finalement de s'en distinguer et de le surpasser, afin de le remplacer dans les mémoires. Le règne de Sven est ainsi marqué par une volonté de rupture, perceptible à plusieurs niveaux. La plupart des grands symboles du pouvoir royal et de la dynastie changent : l'emplacement de la capitale et même la monnaie, la frappe des pièces à la croix, si emblématiques du règne de Harald avec leur iconographie chrétienne, ne se poursuivant pas. Elles sont ainsi presque totalement absentes des trésors des années 990 et 1000, sans que Sven soit pour autant allé jusqu'à en interdire l'usage. Il avait peu de raisons de s'évertuer à éradiquer des pièces appelées à s'éteindre d'elles-mêmes en raison d'un nombre assez limité. La monnaie est certes un symbole d'autorité fort, mais après tout, celle à la croix n'a jamais comporté ni le nom ni le portrait de Harald, et l'arrivée massive de pièces étrangères (germaniques et anglaises majoritairement) a probablement suffi à balayer ces anciennes monnaies, victimes également de leur finesse, qui les rendait très fragiles[55]. En somme, l'héritage monétaire de Harald ne survit guère plus à son fondateur que ses autres réalisations. Pourtant, en encourageant l'usage de la monnaie, même modestement, sur quelques sites marchands et élitaires essentiellement, Harald a contribué à familiariser les esprits à ce moyen de paiement, en commençant par les commerçants et les grands du royaume, les plus à même d'en diffuser ensuite plus largement l'usage. Le Danemark entre définitivement dans la sphère monétaire occidentale à partir du XIe siècle, avec les monnaies du fils de Harald et surtout du contemporain et informateur d'Adam de Brême, Sven Estridsen (1047-1076), arrière-petit-fils de Harald par sa mère Estrid.

Pour se distinguer de l'œuvre paternelle, Sven se détourne également de Jelling, déplaçant le centre du pouvoir de la dynastie plus à l'est, autour des nouveaux sites urbains d'Odense, de Lund et surtout de Roskilde, prestigieux siège épiscopal depuis 1022 et centre administratif majeur du royaume au XIe siècle, comme le rappellent les termes latins choisis par Adam de Brême (*civitas* et *sedes regia*)[56]. En attribuant la fondation de la cité et celle de sa première église à Harald, peut-être s'efforce-t-il de justifier le choix de Sven, en en faisant un simple prolongement d'une décision paternelle[57]. Adam tenterait ainsi d'inscrire Sven dans la continuité du règne de Harald, quand lui-même n'aspire qu'à s'en démarquer. Quoi qu'il en soit, c'est désormais Roskilde qui, au cœur du projet de régénération politique de Sven, sert de nécropole royale, devenant par là même le grand lieu de mémoire des Danois, au détriment de Jelling. Néanmoins, si Sven rêva au début de son règne d'annihiler la mémoire de son père, cette entreprise avorta en partie : la grande pierre de Jelling a survécu à son commanditaire et malgré le changement de lieu de pouvoir, Jelling conserve sa dimension symbolique, la dynastie de Harald et de Sven restant, pour la postérité, étroitement attachée à ce lieu.

Pour réaliser ses rêves de grandeur, Sven doit donc emprunter un chemin différent de celui de son père. Ce chemin, ce ne sera pas celui du Nord, mais celui de l'Ouest. Détournant dans les premiers temps de son règne ses regards de la Norvège si convoitée par Harald, Sven prend ainsi résolument la direction des îles Britanniques. Il abandonne alors totalement les forteresses paternelles, guère utiles dans le cadre de sa nouvelle politique : leur entretien serait à la fois coûteux et de peu d'intérêt dans ce nouveau contexte, alors que la pression germanique est elle aussi quelque peu retombée[58]. Plus généralement, le règne de Sven marque la fin des ambitieux travaux sur le sol danois. Avec la reprise des grandes expéditions outre-mer, il devient probablement impossible de mobiliser les ressources et les hommes sur tous les fronts à la fois. Sven a fait son choix : son nom, il veut l'associer à la constitution d'un royaume des Danois plus vaste que jamais, s'étendant sur plusieurs mers, jusqu'au monde occidental. Les raids vikings sévissant sur les côtes anglaises, menés à une échelle encore modeste dans les années 980, prennent alors, avec son entrée en scène au cours de la décennie suivante, une tout autre ampleur. La *Chronique anglo-saxonne* s'en fait l'écho dès l'année 994, qui voit le siège de Londres par Sven et ses hommes[59]. Il bataille une vingtaine d'années et l'Angleterre est finalement conquise en 1013, ce qui n'est pas sans conséquence pour l'institutionnalisation du christianisme au Danemark.

À partir du XIe siècle, les évêques nommés au Danemark, faute de vivier local suffisant, sont largement recrutés en Angleterre, et non plus en terres germaniques, ce qui contribue à raviver les tensions avec l'Empire ottonien, les trois évêchés danois (Aarhus, Ribe et Schleswig) relevant en effet du siège métropolitain germanique de Hambourg-Brême ; une situation à laquelle Adam de Brême fait peut-être référence lorsqu'il déplore les « persécutions contre les chrétiens au Danemark[60] ». On peut se demander si le portrait si sombre qu'il brosse de Sven n'est pas précisément lié à l'évolution de ce recrutement. Derrière la tendance à l'exagération de l'archevêque de Hambourg-Brême, ne faut-il pas comprendre que Sven pourchasse, non pas tous les chrétiens en raison de leur religion, mais bien plutôt les évêques germaniques car ils incarnent une forme de tutelle ottonienne jugée intolérable aux yeux du nouveau souverain, rêvant de grandeur pour son royaume, et donc d'indépendance, y compris sur le plan religieux ? Ce regain de tension avec l'Empire ottonien et le siège de Hambourg-Brême – qui ne s'apaise que sous le règne de Sven Estridsen – montre néanmoins que Sven, loin d'avoir renoncé au christianisme, poursuit en la matière l'œuvre paternelle, en institutionnalisant la nouvelle religion grâce à la nomination d'évêques toujours plus nombreux[61]. Dans ce domaine aussi, Sven s'inscrit finalement plutôt dans la continuité de Harald, tout en tentant d'emprunter une voie plus personnelle, qui passe par des ecclésiastiques d'origine anglaise. S'il est donc peu probable que Sven ait rejeté le Père, il a certainement tout fait pour se démarquer du père : une forme de rupture dans la continuité en somme.

CHAPITRE 8

De Jelling au *Bluetooth* : la construction d'une figure mythique

La tentative de *damnatio memoriae* de Sven, bien qu'inaboutie, contribue à expliquer les nombreuses parts d'ombre du personnage de Harald et de son règne, affectant durablement tout un pan de la mémoire danoise. Il faut ensuite attendre près d'un siècle avant qu'Adam de Brême ne tente de retisser les fils de cette histoire. Faute de textes contemporains des événements suffisamment détaillés, la mémoire de Harald se reconstruit au cours des siècles suivants, à partir de bribes de souvenirs, d'extrapolations plus ou moins fantaisistes, de récupérations pas toujours habiles, faisant progressivement passer ce souverain de l'histoire au mythe. Nous sommes donc dépendants, pour retracer aujourd'hui la vie et le règne de Harald, des différentes versions, avec leur lot de suppressions et d'ajouts effectués au fil des générations : la figure de Harald telle que nous la connaissons aujourd'hui est le résultat d'un long processus de sédimentation qui a vu s'accumuler différentes strates matérielles et textuelles[1].

Sortir Harald de l'ombre : des réappropriations médiévales contrastées

La mémoire de la date et du lieu de la mort de Harald paraît s'être perdue assez rapidement. Pourtant, quelques décennies plus tard, lorsque Guillaume de Jumièges essaie d'identifier le « roi de Dace Aigrold » évoqué par son prédécesseur Dudon de Saint-Quentin, en en faisant « Harald, roi des Danois, chassé de son royaume par son fils, nommé Sven »[2], il l'associe clairement au fils de Gorm, dont le souvenir semble donc encore vivace du côté de l'abbaye de Jumièges vers 1070. C'est précisément à cette même époque que, à plus de 700 kilomètres de là, à Brême, Adam se lance dans la rédaction de son *Histoire des archevêques de Hambourg*, rassemblant les lambeaux d'informations ayant survécu au naufrage mémoriel, réinterprétant les quelques données connues, réécrivant les pans manquants. La reconstruction de l'histoire et de l'identité - présentée avant tout comme chrétienne - des Danois émerge ainsi « non pas des ténèbres païennes, mais plutôt d'un grand vide[3] » : « l'opération de sauvetage mémoriel » est lancée trop tard pour qu'une partie de la mémoire n'ait pas irrémédiablement sombré dans l'oubli[4].

Adam de Brême et la fabrique avortée d'un saint danois

Lorsque Adam de Brême, premier artisan de cette reconstruction, prend sa plume, Harald et Sven appartiennent à un passé désormais révolu - Sven est mort depuis un bon demi-siècle, l'année suivant sa conquête de l'Angleterre (1014). Avec la disparition des protagonistes, les rancœurs aussi se sont éteintes et Adam peut donc appuyer son propos sur le couple père/fils qu'il construit de façon antagonique, le second apportant la part d'ombre nécessaire pour mieux faire ressortir l'éclat du premier. Adam rêve pour Harald de la « palme du martyre ». Pour y contribuer, il se lance dans un véritable travail d'hagiographe. Il fixe ainsi la date de commémoration du souverain au 1er novembre par une formulation suffisamment allusive pour qu'on ne puisse pas déterminer s'il s'inscrit dans une tradition antérieure ou s'il vient d'intégrer Harald dans le calendrier des saints en lui attribuant un jour consensuel[5].

Choisir un jour de commémoration ne suffit toutefois pas à faire un saint. Adam s'attache aussi à mettre en avant tout ce qui, dans la destinée de Harald, s'y prête : l'exil, l'abandon par la plupart de ses anciens soutiens, la persécution par son propre fils et, bien entendu, les miracles, indispensables pour fonder une réputation de sainteté. Là encore, le propos est pour le moins vague : « il y en a qui affirment[6] » que Harald avait le don de guérison de son vivant et encore après sa mort pour ceux venant se recueillir sur son tombeau. Aucune autre source ne mentionne un tel pouvoir de guérison. Il s'agit en réalité du *topos* hagiographique du saint guérisseur, à l'image du Christ en personne. Dans la tentative de fabrique de ce saint danois, tous les moyens sont également bons pour faire de l'exil et de la fin de Harald une forme de martyre. Sous la plume d'Adam, le roi viking, qui s'adonna dans sa jeunesse aux raids, pillages et autres actions tant décriées par les auteurs chrétiens depuis plus de deux siècles, apparaît après son décès comme l'égal des missionnaires morts pour leur foi durant tout le haut Moyen Âge, un « innocent blessé, exilé au nom du Christ[7] ». Harald avait peut-être des torts envers son fils, son exil était avant tout motivé par des considérations politico-militaires ; qu'importe : la figure historique s'efface pour laisser place au mythe.

Cependant, malgré les efforts d'Adam de Brême, Harald reste un roi guerrier qui a perdu son royaume l'épée à la main, non un évêque évangélisateur envoyé en terre de mission armé de sa seule crosse. L'archevêque de Hambourg est très certainement conscient des limites de son parallèle implicite ; c'est pourquoi il lui faut compléter le tableau. Tout martyr a son bourreau : Sven, le fils indigne, est tout désigné pour endosser ce rôle[8]. Adam construit ainsi son récit de façon binaire, un procédé qui lui est cher. Influencé par la conception vétérotestamentaire d'une royauté soutenue par la volonté divine, il oppose deux conceptions de l'exil : porte ouvrant sur le martyre pour Harald, c'est une punition divine pour Sven, qui doit l'endurer durant treize années[9], nombre symbolique associé au traître. Judas de son propre père, Sven est puni pour son impiété. Le thème de l'exil joue un rôle central dans la construction du personnage de Harald chez Adam de Brême, contribuant à la « progression spirituelle » du souverain converti. L'exil étroitement associé au martyre relève d'ailleurs des *topoi*, tels qu'on peut les retrouver dans la construction de la sainteté d'autres princes scandinaves, comme saint Magnus des Orcades ou le roi norvégien saint Olaf[10]. On pourrait même aller jusqu'à y voir l'expression métaphorique – peut-être pas totalement consciente dans l'esprit de son auteur - des aléas de la progression du christianisme en terre danoise. À travers cette reconstruction, structurée autour du couple antinomique Harald/Sven, roi pieux/roi impie, bon exil/mauvais exil, Adam témoigne à sa façon du cheminement long et sinueux que suit tout processus de christianisation.

La finalité d'une telle construction n'est toutefois pas très claire : Adam cherche-t-il à promouvoir au Danemark un culte dynastique susceptible de « faire pièce à celui du Norvégien saint Olaf », à la demande peut-être du souverain danois du moment, Sven Estridsen, descendant de Harald[11] ? À moins que son objectif premier ne soit, en incitant le peuple à aller se recueillir sur le tombeau du roi faiseur de miracles, que Roskilde devienne le centre de son culte. Rien ne permet d'aller jusque-là, d'autant qu'Adam le dit lui-même : ce statut de saint martyr pour Harald n'est, au moment où il écrit, qu'un souhait personnel. « Il ne sera pas privé, je l'espère, de la palme du martyre », écrit-il[12], espoir qui reste un vœu pieux. On ne dispose d'aucune trace d'un éventuel culte de Harald au XIe siècle, d'aucune hagiographie de ce souverain ; et il faut attendre 1101 pour qu'un roi danois accède au rang prestigieux de saint, avec Cnut IV, mort en 1086.

La tentative de Sven pour effacer le souvenir paternel a en partie échoué, celle d'Adam pour créer un saint royal danois autour de Roskilde aussi. La figure de Harald reste indissociable de Jelling et sa mémoire est d'abord célébrée non pas à Roskilde, mais à Tamdrup, dans le Jutland, où un autel somptueusement décoré de plaques d'or nous livre le récit en images de l'ordalie de Poppon et du baptême de Harald.

Widukind de Corvey à Tamdrup : la mise en scène d'un baptême miraculeux

En 1870, de superbes plaques dorées - peut-être destinées à l'origine à décorer le bas de l'autel ou un reliquaire - ont été découvertes dans l'église de Tamdrup[13]. Véritable bande dessinée de métal, l'ensemble est composé de 29 plaques : 24 de forme rectangulaire mêlant des épisodes du Nouveau Testament et des scènes tirées de l'histoire danoise, auxquelles s'ajoute une figure christique encadrée par le Tétramorphe. Au moins quatre (et peut-être jusqu'à sept) des plaques mettent en images le récit de Widukind de Corvey, centré sur le missionnaire Poppon, qui ne recula devant rien, pas même devant l'épreuve du feu. On y voit le clerc s'efforçant de convaincre le souverain danois, d'abord réticent face à sa prédication, de se tourner vers le vrai Dieu. Deux autres panneaux sont consacrés au miracle de Poppon, la main dans ce qui semble être une sorte de gantelet de fer au-dessus d'un foyer, puis la sortant pour la montrer, intacte, au roi. Une quatrième plaque propose une mise en scène du baptême de Harald, à demi immergé dans une cuve baptismale, ou plutôt dans un tonneau, qui n'est pas sans rappeler certaines représentations du baptême de Clovis[14]. Sur une cinquième image, on voit le roi, cette fois seul, s'agenouiller devant l'autel, peut-être celui que l'on retrouve sur une des plaques les plus difficiles à interpréter, qui pourrait évoquer une scène de consécration d'autel, en lien avec le panneau représentant un archevêque en train d'officier. Si l'archevêque en question est Poppon et l'autel celui de l'église de Tamdrup – mais rien n'est moins sûr –, ces deux scènes, plus difficiles à relier aux cinq autres, seraient une mise en abyme des origines du bâtiment religieux qui abrite ensuite les 29 plaques.

Les cinq panneaux centrés sur les figures de Harald et de Poppon proposent ainsi une mise en images du récit que l'on trouve chez Widukind, mais une mise en images bien tardive, puisqu'elle fut réalisée, semble-t-il, au tournant des XIIe et XIIIe siècles, soit plus de deux siècles après la mort du chroniqueur saxon. Cependant, si la mémoire précise du baptême est aujourd'hui perdue, ce n'était peut-être pas encore le cas vers 1200 lorsque l'artiste choisit, pour orner l'autel (ou un reliquaire), les scènes du miracle de Poppon et du baptême de Harald. Cette œuvre pourrait ainsi être le signe d'une forme de survivance de cette version du baptême de Harald dans les esprits du XIIe siècle. À moins qu'il ne faille y voir la commande de la part d'un grand (ecclésiastique ou laïc) particulièrement versé dans l'histoire de son pays et connaissant les écrits de Widukind. Difficile à dire, l'artiste, le commanditaire et les circonstances de sa production restant inconnus. Toutefois, l'église de Tamdrup est également réputée pour ses fresques du XIIe siècle : dans un style proche de celles que l'on peut observer dans l'église de Jelling, elles ont pu être réalisées par le même peintre[15]. Cela pose la question d'un éventuel lien entre Tamdrup et Jelling, deux sites abritant chacun une église parmi les plus anciennes du Danemark, édifiées dans un contexte de christianisation des Danois.

Le visiteur arrivant aujourd'hui à Tamdrup est d'abord frappé par l'isolement du bâtiment, perdu sur une petite butte morainique en plein Jutland, à une dizaine de kilomètres au nord-ouest de la ville de Horsens. Tout dans cette église, de sa taille peu ordinaire à sa décoration grandiose, en fait un édifice hors du commun. Terminée vers 1125, cette basilique romane à trois nefs est en effet bien trop grande, avec sa quarantaine de mètres de long, pour n'être qu'une simple église de village. Sa situation est tout aussi exceptionnelle : sur sa butte d'environ 80 mètres de haut lui permettant de dominer le paysage rural environnant - incroyablement plat -, elle est légèrement en retrait par rapport au littoral, tout en bénéficiant d'un accès fluvial assez rapide au fjord de Horsens. Cette double logique d'accessibilité et de protection contribue à en faire un lieu assez central dans la région et même au-delà : environ 150 kilomètres séparent Tamdrup d'Aggersborg et des rives du Limfjord, l'extrémité septentrionale du Jutland, et environ 170 kilomètres de Hedeby, dans la partie la plus méridionale de la péninsule. Les environs de Tamdrup sont dépourvus - dans l'état actuel des découvertes - de forteresse circulaire, mais la région a dû intéresser chefs et rois de l'époque viking. En effet, à une quinzaine de kilomètres plus au nord se trouvent les deux points culminants du Jutland, le Yding Skovhøj et le Møllehøj : leur altitude reste certes assez modérée, avec respectivement 172,66 et 170,86 mètres aujourd'hui, mais ils offrent une vue imprenable sur la région, ce qui en fait des points de contrôle et de surveillance idéaux. Lorsque l'on prend la direction de l'est, au bout de quelques kilomètres seulement, on atteint les rives du fjord de Horsens, qui procure à la fois un lieu de mouillage abrité pour les navires et une ouverture directe sur le détroit du Kattegat, juste en face de l'île de Samsø, dans un secteur stratégique pour le contrôle des eaux danoises, qui a donc probablement accueilli des bateaux à l'époque de Harald ; les fouilles menées à Horsens dans les années 1990 ont d'ailleurs révélé des traces d'occupation remontant au xᵉ siècle[16]. Dernier atout pour Tamdrup et ses environs, la présence d'un des tracés secondaires de l'*Hærvejen* permet de rejoindre Aarhus, à une petite cinquantaine de kilomètres de là, en direction du nord-ouest, et Jelling en poursuivant vers le sud-ouest sur une trentaine de kilomètres, deux lieux importants du royaume des Danois sous Harald.

Les fouilles menées à Tamdrup dans les années 1980 et 1990 ont permis de découvrir un ensemble de bâtiments d'habitation et d'ateliers de tissage de la fin de l'époque viking, situé au nord et au nord-ouest de l'église actuelle. L'un d'entre eux se distingue par sa taille, entre 19 et 25 mètres, et par son architecture : il s'agit d'un bâtiment long dit de type Trelleborg. La présence d'objets à vocation commerciale (un trésor datant de l'époque du roi Sven Estridsen, mais aussi des dirhams fragmentés, des lingots d'argent et des poids) et d'artefacts d'origine étrangère, ou dénotant à tout le moins une influence extérieure (anglaise pour des éléments d'équipement équestre, plutôt germanique pour certaines monnaies), suggère que le secteur de Tamdrup était intégré à un vaste réseau d'échanges à la fin de l'époque viking. La découverte de bijoux luxueux (en particulier un anneau d'or serti d'un grenat et daté du milieu du xɪᵉ siècle) indique qu'il ne s'agit pas là d'un village ordinaire, mais plus vraisemblablement d'un grand domaine abritant un chef, même peut-être une résidence royale aux xᵉ et xɪᵉ siècles si l'on en croit les datations estimées pour la plupart des objets et restes découverts. Cet ensemble élitaire est ainsi antérieur à la construction de l'église de pierre, mais celle-ci succède probablement à une première église en bois[17]. Cette présence élitaire pourrait donc expliquer la construction d'un tel édifice religieux en ces lieux à première vue désolés. Cela ne suffit toutefois pas à éclairer la présence de Poppon et de Harald sur les plaques dorées, sauf à envisager un lien plus étroit entre Tamdrup et Jelling, à une trentaine de kilomètres au sud-ouest. L'architecture du bâtiment le plus imposant, similaire à celle des bâtiments retrouvés dans les forteresses circulaires, laisse en effet penser qu'il remonte à l'époque de Harald, ce qui pourrait expliquer que la mémoire des débuts de la christianisation danoise soit restée si vivace en ces lieux, avant qu'ils ne perdent en importance au cours du XIIe siècle, au profit de Horsens.

La nature exacte des liens entre Tamdrup, d'une part, Jelling et Harald de l'autre, reste difficile à cerner. Tant que l'on ne disposait que des superbes plaques dorées, l'hypothèse d'une réappropriation plus tardive de la mémoire du baptême de Harald, dont les détails étaient alors perdus, restait la plus probable. Mais cela n'expliquait pas la présence de cette église somptueuse à cet endroit. Les découvertes plus récentes, notamment le bâtiment de type Trelleborg, poussent à reconsidérer la question et à envisager des liens plus étroits avec Jelling et sa dynastie, peut-être dès le règne de Harald. Tamdrup pourrait-elle être le lieu du miracle de Poppon et du baptême royal ? Widukind de Corvey reste très allusif sur le sujet : les événements se déroulèrent « lors d'un banquet en présence du roi », écrit-il[18], ce qui limite quand même le champ des possibles. En effet, un chef ou un roi viking n'organise ou n'assiste pas à un banquet n'importe où : la grande halle est le lieu privilégié de ce type d'événement somptuaire. Où ont résonné les cris de stupéfaction lorsque Poppon réussit, sans se brûler, l'épreuve du feu ? Entre les poutres et parois de bois de la grande halle de Jelling, qui précéda peut-être la première église ? Sous le toit de celle de Tamdrup, à seulement une journée de voyage de la capitale et où la construction d'une église ne tarda guère non plus ? On ne le saura probablement jamais, si tant est qu'un dénommé Poppon assistât jamais à un banquet en présence du roi Harald...

Grand chef viking ou souverain aux dérives tyranniques dans les sagas et les récits tardifs

Alors que l'artiste inconnu de Tamdrup réalise sa bande dessinée de métal, au-delà des mers, dans une Islande christianisée en profondeur, sont rédigées les célèbres sagas, en norrois et non en latin. Reprenant une tradition orale souvent plus ancienne, elles proposent une présentation idéalisée de l'époque viking païenne, perçue comme une sorte d'âge d'or héroïque, et font un tout autre portrait du roi Harald. Plus que le chrétien, c'est ici avant tout le chef de guerre qui intéresse les auteurs, le roi aux ambitions pan-scandinaves, convoitant le sud de la Norvège et même au-delà, un « puissant roi et un grand guerrier[19] ». Harald a beau être converti, les sagas continuent à le présenter comme un « viking », héritier de ces hommes sillonnant les mers depuis la fin du VIIIe siècle en quête de richesses et pour qui tous les moyens sont bons pour faire fortune[20]. La *Saga de Håkon le Bon* le dépeint ainsi en roi accueillant et généreux – comme tout bon chef doit l'être –, ayant le sens de la famille, celle d'Olaf Tryggvason en chef de guerre à la tête d'une « armée très puissante[21] ».

Toutefois, toutes les sagas ne sont pas si élogieuses à son sujet. Dans une version de la *Saga des vikings de Jómsborg*, la présentation est même peu flatteuse : Harald y apparaît comme un souverain plein de duplicité et dépourvu de sagesse[22]. L'épisode de sa mort dans une position humiliante, que l'on retrouve également chez Saxo Grammaticus, est bien loin de l'image traditionnelle du valeureux guerrier viking mourant au combat l'arme à la main. Les motivations de l'auteur restent assez obscures[23], mais le motif de l'archer qui « fait ou défait » les rois n'est pas propre à la culture scandinave, comme en témoigne l'histoire du roi achéménide Cambyse au livre III des *Histoires* du Grec Hérodote, « roi légitime égaré par l'*hubris* et sombrant dans la folie criminelle » qui perce d'une flèche le cœur du fils d'un de ses fidèles[24]. Si, dans la version scandinave, le roi tyrannique et l'archer sont deux personnages distincts, la question du pouvoir royal n'en est pas moins centrale, le motif de l'archer régicide ou du roi-archer meurtrier étant étroitement lié à une forme de « dérive "tyrannique"[25] ». L'épisode rapporté par Saxo Grammaticus du gigantesque bloc de pierre que Harald tente de faire déplacer à grand renfort d'hommes pourrait ainsi faire écho aux penchants tyranniques – ou perçus comme tels – du souverain sur ses vieux jours : manquant de bras, il mobilise des soldats, qui lui reprochent ensuite de les avoir traités comme des bêtes de trait et refusent de se battre pour lui. Les termes de Saxo sont d'ailleurs très durs. Il évoque, à propos de cette pierre, un « ordre qui aurait dû faire rougir » le roi et qualifie l'attitude de ce dernier lors de l'épreuve imposée à Palnatoki et mettant en péril la vie de son jeune fils de « perversité[26] ». À travers ces termes réprobateurs, ce que critique Saxo est donc une forme d'orgueil mal placé, de manque de considération pour ses hommes, bref d'injustice, d'intempérance, de déraison, tous les défauts précisément du mauvais souverain selon la morale chrétienne[27].

Difficile de dire si Saxo, surtout familier des auteurs latins, connaissait le mythe du roi Cambyse, mais, ainsi relu, cet étrange mélange de motifs archétypaux et de valeurs chrétiennes pourrait donc dissimuler une réprobation des dérives du pouvoir royal, offrant une clé de lecture à cette étrange fin du roi des Danois : le Harald vieillissant n'est plus le prince chrétien vertueux digne de régner qu'il fut lorsqu'il embrassa le christianisme. Cette évolution pourrait également expliquer le portrait à première vue contradictoire dans la *Saga des vikings de Jómsborg*, où Harald est présenté comme un souverain « droit et populaire », gouvernant « avec honneur et renommée » au début de son règne, avant de tourner au roi arrogant et au père indigne sur ses vieux jours[28]. Toutefois, bien plus près des faits, sur la pierre runique découverte à Sønder Vissing et peut-être érigée du vivant de Harald, à la demande de son épouse Tófa, celui-ci est au contraire surnommé « le Bon[29] ». Tout est donc question de point de vue, mais aussi d'époque, plusieurs siècles séparant Saxo ou les auteurs des sagas de Tófa. Les générations continuent ensuite à se succéder et le souvenir de Harald et des siens s'estompe peu à peu.

La redécouverte moderne d'un passé en partie oublié

Quand Jelling refait surface

À Jelling, la terre et la végétation ont recouvert certains éléments, les dissimulant aux yeux des générations suivantes : l'alignement naviforme - redécouvert seulement en 2006 -, mais aussi l'éventuelle halle, dont le souvenir fut peut-être effacé par la construction au même emplacement de la première église. D'autres, au contraire, ont continué à marquer durablement le paysage, en particulier les deux grands tertres, mais au fil du temps leur signification précise s'est perdue, au point que nous ne sommes plus capables aujourd'hui de déterminer avec certitude leur fonction[30]. Déjà lorsque, vers 1186, le chroniqueur danois Sven Aggesen évoque Jelling (*Jalang*), la « cour royale » près de laquelle sont inhumés Gorm et Thyra dans les deux tertres encore visibles[31], il est bien difficile de déterminer ce qui est inspiré dans ses propos par des sources plus anciennes - aujourd'hui perdues - ou par la tradition orale et ce qui relève de la réécriture tardive. Après une dernière mention dans le Cadastre de Valdemar (v. 1231) parmi les propriétés jutlandaises de la Couronne[32], Jelling semble sombrer dans l'oubli.

Au XVIe siècle, les sceaux de la province de Tørrild - dans laquelle Jelling a été intégrée vers 1300 - témoignent de ce double processus de permanence et d'oubli. En représentant l'église de Jelling entourée des deux tertres, ils continuent à commémorer l'importance du lieu, sans qu'il soit vraiment possible de dire dans quelle mesure les femmes et les hommes du XVIe siècle associaient ces monuments aux débuts de la christianisation du Danemark ou à un lointain passé païen[33]. Ils ne savaient probablement pas grand-chose de l'histoire précise de Jelling, complexe royal aujourd'hui si connu qu'il est devenu un incontournable des études vikings. À cette époque, la petite pierre de Gorm sert de banc près de la porte de l'église[34] : des générations de croyants ont dû l'user de leurs fonds de culotte. Drôle de façon de rendre hommage au « joyau du Danemark »... L'église entourée de ses deux tertres est devenue un symbole du site et de la province à laquelle ils appartiennent, mais un symbole dont on ignore alors désormais largement la signification.

Sceaux de la province de Tørrild (XVIe-XVIIe siècles).

Les sceaux de cette province représentent l'église de Jelling (qui s'y trouve intégrée depuis le XIVe siècle) entourée des deux tertres, autant d'éléments devenus emblématiques du lieu, sans qu'il soit vraiment possible de savoir comment les habitants d'alors les interprétaient.

Ces sceaux témoignent toutefois d'un regain d'intérêt pour les lieux et pour cette période de l'histoire danoise, en particulier de la part du pouvoir royal danois du moment : en 1586, le roi Frédéric II (1559-1588), possible commanditaire du portrait de Harald sur un des piliers du chœur de la cathédrale de Roskilde, fait dégager - ou redresser, on ne sait pas très bien - la grande pierre runique[35]. Quelques décennies plus tard, la petite pierre de Gorm quitte ses fonctions de banc pour retrouver celles de monument commémoratif : à un moment que l'on peine à préciser, entre 1627 et 1639, elle est déplacée et installée à la position qu'elle occupe aujourd'hui encore, tout près de la grande pierre érigée par Harald[36]. Peu après, à la suite d'un passage sur les lieux, l'humaniste féru de manuscrits, de runes et de vestiges matériels Ole Worm publie, en 1643, la première présentation du complexe royal, avec une description et des dessins des deux pierres runiques[37]. Dans ces mêmes années 1640, le roi du Danemark Christian IV (1588-1648) commande une série de peintures historiques pour son château de Kronborg : l'une d'entre elles est une représentation du baptême de Harald par le peintre hollandais Claes Corneliszoon Moeyaert (1591-1655), alors plutôt connu pour ses scènes bibliques et mythologiques. L'objectif du souverain est de proposer une réinterprétation visuelle des grands événements de l'histoire de son royaume, qui frappe les esprits et sensibilise les Danois aux moments jugés essentiels de leur passé, tout particulièrement ceux dans lesquels la royauté joua un rôle central. Le baptême de Harald était incontournable, mais c'est un baptême à la mode du XVIIe siècle : dans une église, au pied de l'autel, avec les symboles modernes du pouvoir (couronne et sceptre)[38]. Quelques décennies plus tard, en 1704, les premières fouilles sont finalement entreprises sur le site de Jelling, toujours à l'initiative du pouvoir royal.

L'histoire danoise à la mode romantique

Ce sont surtout les artistes romantiques, toujours en quête de grandes figures épiques et mystérieuses, de vieilles pierres et de monuments en ruines, qui, en sortant Harald et ses parents de l'oubli, contribuent, des siècles après Adam de Brême ou l'artiste de Tamdrup, à forger la légende de la dynastie de Jelling. Dans *Palnatoke*, tragédie mettant en scène Harald et Sven et dont l'action se déroule à Roskilde en 991, Adam Oehlenschläger reprend le personnage de Poppon, devenu pour les besoins de la dramaturgie évêque de Schleswig, mais aussi Palnatoke, jarl de Fionie (le Palnatoki de la *Saga des vikings de Jómsborg*), qui tue Harald au quatrième acte, un scénario que n'aurait pas démenti Saxo Grammaticus. La pièce est jouée pour la première fois en 1826, au Théâtre royal danois, en plein âge d'or romantique des tragédies et drames historiques - Victor Hugo achève son *Cromwell* l'année d'après et son sulfureux *Hernani* quatre ans plus tard. Si aujourd'hui tout le monde a oublié le *Palnatoke* d'Adam Oehlenschläger, les mots de ce poète résonnent encore régulièrement lors des cérémonies officielles. Il est en effet aussi l'auteur de l'hymne national danois, *Der er et yndigt land* (« C'est un pays charmant »), dont les paroles offrent une remarquable synthèse de l'ambiance nostalgique d'un temps révolu qui règne en ce début de XIXe siècle - un temps de « géants en armure » dans un pays présenté comme la « salle de Freyja », « près de la plage de l'est salée » (la Baltique)[39].

L'intérêt que suscite ce moment de l'histoire danoise ne se limite d'ailleurs pas à la figure de Harald : Gorm et surtout Thyra ressortent également de l'oubli. La mère de Harald, dont on ignore pourtant tout des croyances et convictions religieuses, réapparaît sous les traits de l'épouse chrétienne incitant le roi païen à la conversion. Sur une peinture à l'huile de Johan Julius Exner datant de 1849, on la voit s'efforcer de calmer la colère de Gorm envers des prisonniers chrétiens. Drapée dans sa robe bleue, la tête couverte d'un long voile blanc et captant toute la lumière de la toile, la frêle et blonde Thyra a tout de la figure de la Vierge Marie, tandis que l'épée reposant aux côtés du roi, son casque et sa barbe sont censés rappeler le féroce guerrier viking[40]. Exactement à la même époque, Thyra incarne aussi la résistance face aux menaces extérieures chez d'autres artistes, inspirés de toute évidence par les récits de Saxo Grammaticus, pensés comme une *Énéide* danoise

Thyra supervisant les travaux du Danevirke
par Lorenz Frølich (1855).

Sur cette gravure, la figure féminine de Thyra, à la fois maternelle et royale, rassurante et déterminée, devient l'incarnation de la patrie face à la menace germanique, dans un contexte de vives tensions autour de la région du Schleswig. En l'absence de son fils Harald, elle supervise en personne les travaux du Danevirke, avec le fjord de la Schlei en fond.

cherchant à affirmer l'indépendance de son pays, en particulier par rapport à l'Empire ottonien. Cette figure féminine devient un symbole particulièrement fort dans le contexte des tensions avec les territoires germaniques, qui touchent le Schleswig depuis 1848. On peut ainsi voir, sur une gravure de 1855 réalisée par Lorenz Frølich, Thyra en train de superviser les travaux du Danevirke, avec le fjord de la Schlei en fond[41]. Figure patriotique, la mère de Harald est aussi l'allégorie de la patrie unie pour protéger son territoire et ses enfants, le peuple danois, ce qui contribue probablement à expliquer le choix d'une figure féminine, à la fois rassurante et déterminée, royale et maternelle, dans un contexte de guerre.

Chaque époque qui s'empare de la figure de Harald ou de celles de ses parents contribue donc à les remodeler en fonction de la mode et des besoins du temps. Entre histoire et légende, ces personnages deviennent une sorte de millefeuille mémoriel fait de réappropriations successives. Dans ce processus de reconstruction perpétuel, notre époque ne fait pas exception.

Harald, une figure contemporaine protéiforme

Harald est largement resté dans l'imaginaire collectif comme le roi bâtisseur du Danemark. En dépit des dégâts du temps ou des guerres, certaines de ses réalisations ont traversé les siècles jusqu'à nous, suscitant à nouveau la fascination. L'inscription au patrimoine mondial de l'Unesco du complexe de Jelling en 1994, puis de l'ensemble archéologique exceptionnel que forment le port marchand de Hedeby et le Danevirke en 2018, témoigne de cet intérêt accru, bien au-delà des frontières du Danemark, pour ce passé « viking[42] ».

Les destinées mondiales de la grande pierre runique de Jelling

La grande pierre de Jelling, en particulier, suscite la curiosité du monde entier, à tel point qu'on en trouve de nombreuses répliques du continent américain à l'Asie, en passant bien sûr par l'Europe[43]. La première copie a été réalisée en 1889 pour l'exposition universelle de Paris. Cet événement international se voulait résolument tourné vers la modernité, célébrant la révolution industrielle et sa « fée électricité », avec pour emblème une gigantesque tour métallique commandée à Gustave Eiffel. Drôle d'endroit pour la réplique d'une pierre runique du xᵉ siècle. Mais l'événement visait aussi à célébrer le centenaire de la Révolution française, mettant à l'honneur des symboles nationaux forts. La grande pierre de Jelling, à l'entrée de l'exposition d'archéologie danoise, faisait ainsi la synthèse de la modernité et de l'archaïsme, de la foi en l'avenir et de la mémoire du passé. Une vingtaine d'années plus tard, une autre réplique est offerte par la fondation danoise Carlsberg à la ville de Rouen, dans le cadre des fêtes du millénaire de la Normandie[44] – en référence au traité de Saint-Clair-sur-Epte conclu en 911, qui marque traditionnellement le début de l'installation durable des Scandinaves en Normandie. En 1915, une nouvelle copie est réalisée pour l'Exposition universelle de San Francisco, commémorant l'achèvement du canal de Panama l'année précédente et le 400e anniversaire de la découverte de l'océan Pacifique par Vasco Núñez de Balboa. On est bien loin de Harald, des vikings et des rivages danois, mais le fils de Gorm n'avait-il pas, après tout, un penchant prononcé pour les grands projets de construction et ne rêvait-il pas d'expansion au-delà des mers ?

Bien d'autres répliques suivent, dans des contextes toutefois moins marquants. En 1918, le marchand Cornelius Stau offre une copie des pierres de Harald et de Gorm au Varde Museum (Danemark) qu'il a lui-même fondé en 1912 avec son épouse, Elisabeth ; et en 1933, c'est la capitale danoise, Copenhague, qui se dote enfin de « sa » pierre de Jelling. Exposée devant le Musée national jusqu'en 1990, il s'agit de la première réplique colorée, à partir de couleurs supposées disponibles à l'époque viking (du noir, du blanc, du jaune, du rouge et du bleu) et qui sont depuis restées les couleurs majoritairement utilisées pour les reconstitutions colorées de pierres runiques. Le souci du détail peut parfois être poussé assez loin, jusque dans des endroits assez inattendus : cette réplique était protégée par une malédiction datant de 1933, à l'origine inconnue, destinée à frapper ceux qui oseraient la déplacer – ce qui ne l'a du reste pas empêché, en 1990. Les répliques en couleurs se sont depuis multipliées, du Danemark au Japon ; et, en 2000, le site de Jelling s'est enfin doté de sa propre reproduction, installée au centre de la « Jelling des rois » (*Kongernes Jelling*), l'exposition permanente qui porte sur les monuments royaux du site, à quelques dizaines de mètres seulement de l'original[45] : le visiteur n'a qu'à traverser la « rue de Gorm » (*Gormsgade*) pour aller le contempler.

Depuis les fouilles lancées par le Musée national dans les années 1940, alors que le Danemark est sous occupation allemande, Jelling est devenu un « lieu de mémoire » à ciel ouvert, où tout, jusqu'au nom des rues ou même du gymnase - baptisé « la halle de Gorm » (*Gormshallen*) -, fait écho à ce pan de l'histoire du Danemark. Présentée aux jeunes Danois à l'école primaire comme le « certificat de naissance » (*dåbsattest*) du Danemark, marquant le « début de la collaboration étroite entre le pouvoir royal et l'Église[46] », la pierre de Harald, et plus largement l'ensemble du site où elle se trouve, a une dimension symbolique et identitaire plus forte que jamais. Les cérémonies qui se sont déroulées en 2000 à Jelling furent d'ailleurs l'occasion de publier un nouveau livre consacré au site, non pas en anglais comme préfèrent le faire les chercheurs danois en ce début de XXIe siècle, mais en danois, un choix lourd de signification, rappelant que Jelling fait d'abord partie de la mémoire danoise[47].

Le corps du roi : un enjeu mémoriel et identitaire

Le 30 août 2000, quelques mois seulement avant l'ouverture du centre *Kongernes Jelling*, au cours d'une cérémonie officielle à laquelle assistaient Margrethe II, reine depuis 1972, et la famille royale du Danemark, le corps qui avait été exhumé de la tombe sous l'église de Jelling en 1978 a été réinhumé dans l'église actuelle. Une marque argentée au sol indique l'emplacement exact de la sépulture et la dalle de pierre qui la scelle porte l'inscription en danois : « Le roi Gorm inhumé en 959 et ensuite enterré ici[48] ». On ignore toujours l'identité du corps retrouvé sous l'église de Jelling, mais les Danois ont choisi la version de l'histoire qu'ils voulaient célébrer : celle d'une transition religieuse, matérialisée par la réinhumation de Gorm, quittant son tertre païen pour l'église chrétienne. Aux yeux des générations futures, le père de Harald est ainsi devenu le roi aux trois inhumations...

Harald, lui, ne peut prétendre à un tel palmarès : faute du corps du fils, le Danemark se contente du celui présumé du père. Le corps du fondateur, du roi, du saint, occupe en effet une place centrale dans le développement d'un culte ou l'hommage rendu à un individu, comme en témoigne l'importance des reliques dans le monde chrétien. « Point de convergence identitaire et mémoriel[49] », le corps est donc aussi ce que l'on revendique et se dispute. Pas de querelle possible autour de celui de Harald tant qu'on ne l'aura pas retrouvé - si tant est que l'on y parvienne un jour. Cela n'empêche toutefois pas Roskilde de revendiquer la mémoire de Harald, mais également Wolin, en Pologne, où fut célébré, en dépit des incertitudes autour de la date, en octobre 2012 le 1025e anniversaire de la mort de Harald, connu sous le surnom *Sinozęby* ou *Sinozębego* en polonais. On peut ainsi y lire sur une pierre rappelant vaguement les pierres runiques scandinaves d'antan, à la fois en danois et en polonais, en caractères rouges : « Le roi danois Harald à la Dent bleue est mort à Wolin en l'an 986 de notre ère[50] ». Pour parfaire cette réappropriation mémorielle, Wolin s'est également dotée de sa propre copie colorisée de la grande pierre de Jelling, dévoilée en 2014, à l'occasion de la 20e édition du « Festival des Slaves et des Vikings ». Cet événement, qui se déroule tous les ans depuis 1993, réunit des centaines de passionnés venus du monde entier pour reconstituer des batailles, présenter d'anciennes techniques (de forge, de travail du bois ou du textile...), témoignant de l'ampleur qu'a pris le « phénomène viking » depuis une petite trentaine d'années[51]. Coïncidence troublante, c'est précisément à l'automne 2014 que le disque de Curmsun refait surface, après plus de cent cinquante ans passés dans l'ombre. Qu'il soit authentique ou une habile forgerie, il fait partie intégrante de la réappropriation de la figure de Harald, à travers sa mort, par des Polonais pas moins fiers que les Danois de pouvoir se prétendre eux aussi héritiers de valeureux vikings comme ce souverain.

Toute histoire est faite de choix, de partis pris et de paradoxes : Harald, roi mal connu, d'abord relégué dans l'oubli, est aujourd'hui une figure que l'on se dispute, l'incarnation à la fois d'un passé viking glorieux et de l'unification d'un peuple sous une même bannière religieuse.

Bluetooth *et autres avatars récents*

On glisse donc progressivement d'une figure particulière, le roi Harald, à un archétype, celui du viking, objet de tous les fantasmes pour des générations, figure sans cesse réinventée, du féroce guerrier casqué de cornes de Richard Wagner au combattant bodybuildé aux multiples tatouages de Michael Hirst[52]. Dans cette déferlante viking, qui touche, un peu partout dans le monde, aussi bien le cinéma et les séries télévisées que les parcs à thème et les jeux vidéo, jusqu'aux mangas et à la musique (avec le *viking metal*), il faut bien avouer que la figure de Harald ressort peu. Certes, il apparaît dans la cinquième édition du jeu vidéo *Civilization* lancée en 2010, où les Danois rejoignent les dix-sept autres civilisations que le joueur peut choisir, incarnant alors le roi Harald à la Dent bleue, qui a pour capitale Copenhague et s'exprime en danois moderne, bien loin de la réalité historique donc. À la proue de son navire à tête de dragon, bravant fièrement les flots et jurant « par le marteau de Thor », il incarne le viking archétypal, que l'on retrouve dans la bande dessinée sur la jeunesse de Thorgal. On y découvre la reine Gunhilda Olafsdottir accueillir les hôtes de marque dans le port de Haithabu (Hedeby), tandis que son époux, Harald, personnage violent comme se doit de l'être tout mauvais viking tiré de notre imaginaire et que l'on découvre quelques pages plus loin, la bouche toute peinturlurée de bleue, « est parti inspecter les forteresses de Trelleborg, Fyrkat, Nonnebakken et Aggersborg » et que Sveynn « Barbe fourchue » ou « le Bâtard », fils aussi mal-aimé que maltraité par son père, rencontre Thorgal, le héros[53].

Hormis ces rares apparitions et quelques productions scandinaves restées assez confidentielles – comme le film de Mogens H. Christiansen, *Vølvens forbandelse* (2009), « la malédiction de la *völva* », dans lequel des adolescents voyageant dans le temps rencontrent le roi Harald –, cette figure historique qui fait la fierté des Danois reste peu connue en dehors des frontières de leur royaume. Pourtant, toute personne possédant un smartphone ou une tablette croise quotidiennement le surnom de ce souverain, en activant la fonction *Bluetooth.* C'est à un ingénieur d'Intel, Jim Kardash, que reviendrait l'idée de ce nom, fruit, dans les années 1990, de la lecture du roman suédois *Orm le Rouge* (*Röde Orm*) de Frans Gunnar Bengtsson (1941) - relatant, sur le modèle des sagas islandaises, l'histoire de vikings parcourant le monde à l'époque du roi Harald -, complété par la lecture de l'ouvrage de Gwyn Jones, *The Vikings* (1968)[54]. La technologie *Bluetooth* connecte plusieurs appareils au sein d'un même réseau, comme Harald a réuni le Danemark, une partie de la Norvège et jusqu'à un fragment de la Suède au sein d'un même royaume. Ainsi connectés grâce à des ondes radio, les appareils peuvent partager des données, à l'image des échanges que Harald eut avec le reste de l'Europe, selon un rapport « maître/esclave(s) ». En effet, au sein d'un réseau *Bluetooth,* l'appareil « maître » (ordinateur, smartphone) peut transmettre et recevoir des données d'un ou plusieurs « esclaves » (clavier, souris, haut-parleurs...), tandis qu'un « esclave » peut seulement échanger avec son « maître » et non avec les autres « esclaves » du réseau. Harald est ainsi devenu un symbole de rapprochement, d'échanges, avec des rapports de domination entre les différents acteurs. Tout cela est aujourd'hui résumé en un petit logo mondialement connu : deux runes modernisées sur fond bleu, reprenant les initiales du souverain danois et la couleur qui lui est associée. À travers le ᚼ pour « Harald » et le ᛒ pour « *Bluetooth* » - même si ce surnom ne fut jamais gravé en runes du temps du roi - superposés, les runes, ancien système scriptural des Scandinaves, sont devenues le symbole d'une technologie d'avenir. Harald reste décidément bien une figure entre tradition et modernité. L'histoire de ce souverain sorti de l'ombre par quelques entrepreneurs et publicitaires est donc celle d'un paradoxe, qui a fait d'un roi méconnu un symbole à la renommée mondiale.

Conclusion

Les fils qui constituent la trame de l'histoire de Harald sont ténus, parfois même inexistants : point fort précisément de la technologie *Bluetooth*, c'est une difficulté de taille pour l'historien, qui doit faire preuve, pour tenter de reconstituer le cours de cette vie, d'une grande rigueur historique, de beaucoup de prudence dans la mobilisation des maigres sources à sa disposition, mais également, avouons-le, d'une bonne dose d'imagination, au risque parfois de se laisser emporter. Harald a-t-il seulement existé ? Cela fait peu de doute. Jelling, à la fois lieu de pouvoir et lieu de mémoire, demeure la preuve incontestable qu'un dénommé Harald, roi du « Danemark tout entier », fils de Gorm et de Thyra, a tenu à laisser son nom dans l'histoire. L'entreprise a en partie échoué, en partie seulement : grâce à la grande pierre runique, le souvenir de ce roi ne s'est pas complètement perdu.

Au terme de ce parcours, laissant entrevoir un personnage complexe, aux multiples facettes, beaucoup d'incertitudes subsistent et de nombreuses questions sont toujours sans réponse. Que reste-t-il donc qui ait résisté à la déconstruction des sources ? Comment brosser en quelques mots le portrait de ce souverain ? Bâtisseur ambitieux – trop peut-être –, homme puissant, plein d'idées, ouvert aux innovations et influences extérieures, fasciné par les formes géométriques et les nombres ; bien loin en somme de l'« homme sans grande intelligence », « dépourvu de sagesse manifeste » que décrit la *Saga des rois de Danemark*[1]. Faire la biographie de Harald, c'est aussi raconter l'histoire d'un fils qui fit oublier son père et faillit à son tour être effacé par son propre fils, d'un des principaux fondateurs de la nation danoise dans le cadre de l'élaboration d'un récit national. Tous ces portraits ne sont jamais que des reconstructions rétrospectives, qui visent à discréditer ou au contraire à mythifier le rôle de ce roi dans l'histoire du Danemark, suivant un schéma parfois très téléologique. La réalité est souvent plus complexe que la légende : ni héroïque ni lamentable, Harald a sa part d'ombre et sa part de lumière, à la tête d'un royaume transformé par de nombreuses mutations, qui ne furent ni linéaires, ni monodirectionnelles, ni de sa seule responsabilité. Faire changer les mentalités prend en effet du temps, comme en témoigne le long processus de christianisation ou de passage à une monnaie utilisée à sa valeur unitaire.

Que reste-t-il de son règne ? Là encore, le bilan est contrasté : quelques forteresses abandonnées, une monnaie un peu oubliée, mais aussi un complexe royal hors du commun et une transition religieuse durable – il faut ensuite attendre la Réforme et l'adoption officielle du luthéranisme en 1536 pour voir se produire un nouveau bouleversement religieux au Danemark. La triste fin de ce roi en exil, la brièveté de la période de gloire de Jelling n'enlèvent rien à l'aspect exceptionnel du règne d'un souverain qui, pour tenter d'ancrer durablement à la fois sa dynastie, une nouvelle religion et une conception du pouvoir royal alors inédite en Scandinavie, a donné à son pouvoir et aux mutations de son temps une dimension matérielle hors du commun. Finalement, c'est peut-être ainsi que l'on pourrait résumer Harald : le roi de la transition – religieuse, mais pas seulement – et de la synthèse – entre tradition ancestrale et temps nouveaux –, en lien étroit avec le reste de l'Europe. Réaction à la menace ottonienne, imitation d'un modèle politique et religieux occidental, alliance avec des Slaves, échanges avec l'Angleterre : l'histoire du royaume danois s'est écrite en lien avec celle de ses voisins, entre influences et tensions, fascination et méfiance ; une forme d'occidentalisation à la danoise en somme. Contemporain de l'illustre empereur Otton Ier, Harald occupe une place certes plus discrète dans les sources qui nous sont parvenues, mais pas moins réelle sur l'échiquier politique européen de la seconde moitié du Xe siècle. Il n'est pourtant ni celui qui entama la progressive intégration du Danemark au monde occidental ni celui qui la mena à terme.

À l'heure où Harald rend son dernier soupir, un vent nouveau souffle sur l'Europe : la même année peut-être, à l'ouest, le dernier roi carolingien, Louis V (986-987), s'éteint, laissant place à une nouvelle dynastie, inaugurée par Hugues Capet (987-996). Avec Louis V, ce sont les derniers lambeaux de l'héritage de Charlemagne qui achèvent de s'effilocher. De l'autre côté du Rhin, la mort à peine quinze ans plus tard de l'empereur Otton III, suivie l'année d'après par celle de son ancien précepteur, Gerbert d'Aurillac, devenu pape sous le nom de Sylvestre II (999-1003), met définitivement fin aux rêves d'un grand empire universel chrétien. Sur le continent, l'heure n'est plus aux velléités expansionnistes impériales, aux projets d'évangélisation à grande échelle, Capétiens et Ottoniens se recentrant davantage sur leur royaume. Mais, tandis que les horizons tendent à se resserrer dans l'ancien empire de Charlemagne, au-delà du Danevirke, Sven Haraldson, « fils de Harald », a lui des rêves de grandeur, d'empire peut-être même : cet empire anglo-danois, il ne fait que l'esquisser, ouvrant la voie à son fils, Cnut, qui cumule les titres de roi des Danois (1018-1035), roi des Norvégiens (1028-1035), mais aussi roi des Anglais (1016-1035), y gagnant son surnom, Cnut le Grand.

Au cours des siècles suivants, la légende de Harald se tisse, entre oubli et réminiscences, silences et reconstructions. Jelling et ses pierres runiques, les forteresses circulaires, mais aussi les figures de Harald, Gorm, Thyra sont autant de « lieux[2] » contribuant à forger et à transmettre la mémoire collective, des « supports du souvenir[3] » : ils font partie intégrante d'une identité danoise partagée, offrent des cadres de référence communs. Instrumentalisés, resémantisés, désactivés, réactivés, oubliés, ravivés, ils sont le signe que la mémoire est vivante et évolutive. La réappropriation de ces lieux, comme la relecture des sources textuelles et la réinterprétation des données archéologiques, est une des manifestations de la réflexion qu'une société mène sur elle-même, sur son passé, sur son identité. Jelling, la grande pierre runique ou même la figure de Harald sont des interfaces entre passé et présent, des passerelles mobiles et changeantes en fonction des besoins et de l'air du temps. Il n'y a pas grand-chose de commun entre le Harald du romantique Adam

Oehlenschläger et celui du jeu vidéo *Civilization*, si ce n'est que tous deux sont l'expression d'un besoin d'évasion dans un passé lointain et fantasmé, un besoin ancré dans son temps, reflet des préoccupations du moment : « dis-moi quelle est ta représentation de Harald à la Dent bleue et je te dirai à quelle époque tu appartiens » en somme... Que reste-t-il des écrits de Widukind de Corvey, d'Adam de Brême ou même des sagas dans ces perceptions modernes ? Pas grand-chose semble-t-il. Mais Widukind, Adam et les autres ne s'étaient-ils pas déjà eux-mêmes livrés à une entreprise de reconstruction ? L'historien est un enquêteur, mais aussi un interprète : il traque les traces de ce qui fut et tente de reconstituer le cours des événements passés ; il prête des sentiments, des intentions, des pensées à des hommes et des femmes de jadis, tente de redonner de la cohérence à ce qui en paraît dépourvu, sans que la frontière entre compréhension de faits révolus et projection d'aspirations des temps présents soit toujours bien nette. L'histoire du roi Harald, qui régna sur les Danois dans la seconde moitié du Xe siècle, reste nimbée d'un voile d'incertitudes ; c'est d'ailleurs ce qui la rend si fascinante.

Notes

Introduction. Harald, roi méconnu au surnom emblématique

1. Les différentes expressions sont respectivement celles employées sur la grande pierre de Jelling, dans la *Knýtlinga saga* (c. 1), la *Chronicon Roskildense* (c. V), par Adam de Brême (*GH*, II, 25), dans la *Knýtlinga saga* à nouveau (c. 20), par Widukind de Corvey (*RGS*, III, 65, trad. Giraud, p. 74) et dans l'*Encomium Emmae Reginae* (I, 1) (sauf mention contraire, les traductions françaises sont de l'auteur ; seules les courtes citations latines sont indiquées en notes et la présentation des sources listées dans la bibliographie finale a été simplifiée).
2. https://www.bluetooth.com/about-us/bluetooth-origin/ (consulté le 26 mars 2021).
3. *Chronicon Roskildense*, IV, p. 17.
4. *Wilhelmi Abbatis Genealogia Regum Danorum*, dans *Scriptores Minores Historiæ Danicæ Medii Ævi*, vol. I, éd. Martin C. Gertz, Copenhague, G.E.C. Gad, 1917, p. 176-185 (p. 178-179) : *Haraldus, cognomento Blatan/Blachtent, id est « Dens lividus » vel « niger »*.
5. On trouve cette interprétation sur des sites Internet ne citant pas la moindre source ; pas un chercheur ne retient d'ailleurs cette explication, que l'on ne trouve dans aucune publication à caractère scientifique et dont je ne suis pas parvenue à retrouver l'origine.
6. *Chronicon Roskildense*, IV, p. 17 : *cognomine Blatan sive Clac Harald.*
7. Guillaume de Jumièges, Orderic Vital et Robert de Torigni, *Gesta Normannorum ducum*, éd. et trad. angl. Elisabeth M. C. van Houts, Oxford, Clarendon Press, 1992, IV, 9, p. 88 : *Heroldus, Danorum rex, a filio suo nomine Sueno, de regno pulsus* (voir n. 3 pour une discussion sur l'identité de ce chef).
8. Dudon de Saint-Quentin, *De gestis Normanniae ducum seu de moribus et actis primorum Normanniae ducum*, éd. Jules Lair, Caen, Le Blanc-Hardel (*Mémoires de la Société des antiquaires de Normandie*, 3e série, vol. 23, 2de partie), 1865, II, 84, p. 239 : *Haigroldus rex Daciae.*
9. Fulk R. D., « Einarr skálaglamm Helgason, *Haraldsdrápa blátannar* », dans Gade Kari Ellen et Marold Edith (dir.), *Poetry from Treatises on Poetics*, vol. I, Turnhout, Brepols, 2017, p. 137-139.
10. Arcini Caroline, « The vikings bare their filed teeth », *American Journal of Physical Anthropology*, vol. 128, n° 4, 2005, p. 727-733.
11. On trouvera un lexique des mots spécifiques au monde scandinave de l'époque viking à la fin de l'ouvrage.
12. « Þegn », dans Zoëga Geir T., *A Concise Dictionary of Old Icelandic*, Oxford, Clarendon Press, 1910 ; « Þegen », dans Bosworth Joseph et Campbell Alistair, *An Anglo-Saxon Dictionary : Enlarged addenda and corrigenda*, Oxford, Clarendon Press, 1972.

13. Comme nombre de prénoms d'origine germanique, « Harald » se compose de deux mots : les racines **harja* (donnant *hari* ou *her* en vieux haut allemand et *herr* en vieux norrois), qui désigne la troupe, l'armée, et **waldan* (donnant *waltan* en vieux haut allemand et *valda* en vieux norrois) renvoyant à l'action de diriger, de régner (« *harja- » et « *waldan- », dans Kroonen Guus, *Etymological Dictionary of Proto-Germanic*, Leyde/Boston, Koninklijke Brill, 2013, p. 211-212 et 569).
14. Interprétation proposée en particulier par Scocozza Benito, *Politikens bog om danske monarker*, Copenhague, Politikens Forlag, 1997.
15. César, *La Guerre des Gaules*, dans Giorgio Jean-Pierre de (dir.), *Guerres*, Paris, Les Belles Lettres, 2020, livre V, 14.2 ; Tacite, *La Germanie*, trad. par Jacques Perret, Paris, Les Belles Lettres, 1997 [1949], c. 43 : *tincta corpora, atras ad prœlia noctes legunt.*
16. Pastoureau Michel, *Bleu : Histoire d'une couleur*, Paris, Seuil, 2000, p. 7, 9 et 11.
17. Roesdahl Else, *The Vikings*, Londres, Penguin Books, 1998 [1987], p. 169 ; Winroth Anders, *Au temps des vikings*, Paris, La Découverte, 2018, p. 194.
18. Pastoureau, *Bleu...*, *op. cit.*, p. 195, n. 55.
19. DR 55, Sønder Vissing : https://skaldic.abdn.ac.uk/db.php?id=18880&if=srdb&table=mss (consulté le 19 mai 2020). Les transcriptions d'inscriptions runiques sont en petites majuscules dans le texte pour les distinguer des citations en alphabet latin (en latin ou en norrois). Voir aussi le lexique en fin d'ouvrage.
20. Bourdieu Pierre, « L'illusion biographique », *Actes de la recherche en sciences sociales*, vol. 62-63, 1986, p. 69-72.
21. *Knýtlinga saga*, c. 4.
22. *Chronicon Roskildense*, c. IV et VI, p. 17 et 19 ; Adam, *GH*, II, 28 (la numérotation des chapitres, qui peut subir un léger décalage selon les éditions, est celle utilisée par Werner Trillmich et Jean-Baptiste Brunet-Jailly).
23. Éginhard fait certes un portrait de Charlemagne au chapitre 22 de la biographie qu'il lui consacre (*Vie de Charlemagne*, éd. Michel Sot *et al.*, Paris, Les Belles Lettres, 2014, p. 50-53), mais les différents éditeurs du texte ont bien souligné que les nombreux emprunts à Suétone et autres possibles références invitent à la plus grande prudence à la lecture de ce passage (voir n. 92 et 93).
24. http://jelling.natmus.dk/en/about-jelling/gorm-thyra-and-harald/harald-bluetooth-at-roskilde/ (consulté en juin 2020).
25. Avec par exemple des textes comme la *Chronique de Lejre* (*Chronicon Lethrense*) et celle de Roskilde (*Chronicon Roskildense*), toutes deux rédigées au xiie siècle.
26. Voir les sources dans la bibliographie en fin d'ouvrage.
27. Citons en particulier Gautier Alban, *Arthur*, Paris, Ellipses, 2007.
28. Il s'agit toutefois davantage d'articles ou de chapitres que d'ouvrages entièrement consacrés à la question, depuis Ejnar Dyggve en 1954, jusqu'aux publications de Steen Hvass, Knud Krogh, Else Roesdahl ou plus récemment Andres S. Dobat ou Anne Pedersen (voir la bibliographie en fin d'ouvrage). Signalons également le récent ouvrage de Sven Rosborn (*The Viking King's Golden Treasure*, Malmö, Rivengate AB, 2021), intégrant quelques fragments d'une compilation faite en latin au xiie siècle, les *Gesta Wulinensis ecclesiae pontificum*, à ce jour uniquement connue par une traduction polonaise des années 1960 (le manuscrit étant pour l'heure perdu). La date de parution de cet ouvrage n'a toutefois pas permis de le consulter en détails et ainsi de pleinement l'intégrer ici.
29. Le titre de l'article de Steen Hvass est emblématique (c'est nous qui soulignons) : « Kings' Jelling. Monuments with Outstanding *Biographies* in the Heart of Denmark » (dans

Díaz-Guardamino Marta, García Sanjuán Leonardo et Wheatley David (dir.), *The Lives of Prehistoric Monuments in Iron Age, Roman and Medieval Europe*, Oxford, Oxford University Press, 2015, p. 35-54).

30. Bertrand Romain, « Introduction », dans Id. (dir.), *L'Exploration du monde : Une autre histoire des grandes découvertes*, p. 9-32 (p. 17).
31. C'est par exemple un des enjeux de l'ouvrage dans Poulsen Bjørn et Sindbæk Søren (dir.), *Settlement and Lordship in Viking and Early Medieval Scandinavia*, Turnhout, Brepols, 2011.

Partie I. Harald, bâtisseur du Danemark

Chapitre 1. Le baptême de Harald et la fin des « Âges obscurs » en terre danoise

1. Sur cette relecture des *Dark Ages* non comme une époque particulièrement « barbare » mais comme une période « mal documentée », voir la mise au point faite par Alban Gautier à propos du monde britannique (« *Dark Ages* : les siècles perdus de l'histoire britannique ? », dans Dunyach Jean-François et Mairey Aude (dir.), *Les Âges de Britannia : Repenser l'histoire des mondes britanniques (Moyen Âge-xxie siècle)*, Rennes, Presses universitaires de Rennes, 2015, p. 17-31).
2. Gelting Michael H., « Two Early Twelfth-Century views of Denmark's Christian past : Ailnoth and the anonymous of Roskilde », dans Garipzanov Ildar H. (dir.), *Historical Narratives and Christian Identity on a European Periphery : Early History Writing in Northern, East-Central, and Eastern Europe (c. 1070-1200)*, Turnhout, Brepols, 2011, p. 54-55.
3. Sur le sujet, voir la bibliographie en fin d'ouvrage, notamment la rubrique « Formation d'un royaume danois ».
4. Rimbert, *Vita Anskarii*, dans *Quellen des 9. und 11. Jahrhunderts zur Geschichte der Hamburgischen Kirche und des Reiches*, Darmstadt, éd. Werner Trillmich, 2000 [1961], p. 16-133 (*Vie de saint Anschaire*, trad. fr. Jean-Baptiste Brunet-Jailly, Paris, 2011), c. 7 : *qui partem tenebat Danorum.*
5. Bately Janet et Englert Anton (dir.), *Ohthere's Voyages. A Late 9th-Century Account of Voyages Along the Coasts of Norway and Denmark and its Cultural Context*, Roskilde, The Viking Ship Museum, 2007, p. 43 : *Suþdenum* et *Norðdene.* Sur le sujet, voir Duczko Wladyslaw, « Danes and Swedes in written and archaeological sources at the end of the 9th century », dans Englert Anton et Trakadas Athena (dir.), *Wulfstan's Voyage. The Baltic Sea Region in the Early Viking Age as Seen From Shipboard*, Roskilde, The Viking Ship Museum, 2009, p. 58-71 ; Garipzanov Ildar H., « Frontier identities : carolingian frontier and *Gens Danorum* », dans Id., Geary et Urbańczyk (dir.), *Franks, Northmen, and Slaves : Identities and State Formation in Early Medieval Europe*, Turnhout, Brepols, 2008, p. 113-142 (p. 125 et suiv.).
6. Widukind, *RGS*, I, 40 ; la défaite des Danois est également mentionnée dans les *Annales Corbienses*, année 934 (éd. Georges H. Pertz, dans *MGH, SS*, t. III, Hanovre, Impensis Bibliopolii Hahniani, 1957, p. 1-18, ici p. 4), mais sans que le nom de leur roi soit précisé.
7. DR 2 et DR 4 : https://skaldic.abdn.ac.uk/db.php?id=18831&if=srdb&table=mss et https://skaldic.abdn.ac.uk/db.php?table=mss&id=18833&if=srdb (consultés le 07 mai 2020).

8. ADAM, *GH*, I, 52.
9. *Ibid.*, I, 55 (p. 63) : *crudelissimus vermis.* GARIPZANOV Ildar, « Christianity and Paganism in Adam of Bremen's narrative », dans ID. (dir.), *Historical Narratives and Christian Identity on a European Periphery : Early History Writing in Northern, East-Central, and Eastern Europe (c. 1070-1200)*, Turnhout, Brepols, 2011, p. 28 ; BÜHRER-THIERRY Geneviève, « Étrangers par la foi, étrangers par la langue : les missionnaires du monde germanique à la rencontre des peuples païens », dans *L'Étranger au Moyen Âge (Actes du 30e congrès de la SHMESP, Göttingen, 1999)*, Paris, Éditions de la Sorbonne, 2000.
10. La mention des trois premiers rois de la dynastie de Jelling (Gorm, Harald et Sven) revient par exemple à deux reprises, c. IV et VI (*Chronicon Roskildense*, p. 17 et 19).
11. *Ibid.*, c. V, p. 18 : *crudelissimus rex ; filius mitissimus.*
12. RÉGINON DE PRÜM, *Chronique*, éd. Friedrich Kurze, dans *MGH, SS rer. Germ.*, t. L, Hanovre, Impensis Bibliopolii Hahniani, 1890, p. 122.
13. SKOVGAARD-PETERSEN Inge, « The making of the Danish kingdom », dans HELLE (dir.), *The Cambridge History of Scandinavia*, vol. 1 : *Prehistory to 1520*, Cambridge, University Press, 2003, p. 168-183 (p. 168-169) ; BRINK Stefan, « People and *Land* in Early Scandinavia », dans GARIPZANOV, GEARY et URBAŃCZYK (dir.), *Franks, Northmen…, op. cit.*, p. 87-112 (p. 102).
14. Lettre d'immunité d'Otton Ier aux évêques de Schleswig, Ribe et Aarhus (965), éd. Theodor Sickel, dans *MGH, Diplomata regum et imperatorum Germaniae*, t. I, Hanovre, Hahnsche Buchhandlung, 1897, n° 294, p. 411 : *marca vel regno danorum.*
15. MALBOS Lucie, « Des peuples aux royaumes ? Nommer les territoires scandinaves dans les textes occidentaux (VIIe-XIe siècle) », dans *Le lexique du territoire et la nomination des lieux dans les œuvres savantes et les sources documentaires, en latin, langues romanes et arabe (actes des journées des 24-25 novembre 2017)*, à paraître en 2022 dans les *Cahiers de civilisation médiévale.*
16. SAXO, *GD*, IX, 11.2-4, p. 672-676.
17. GRÉGOIRE DE TOURS, *Histoire des Francs*, t. I, trad. fr. Robert Latouche, Paris, Les Belles Lettres, 1975, II, 29-31, p. 117-121.
18. Cette saga est parvenue jusqu'à nous dans trois manuscrits des XIIIe et XIVe siècles copiés en Islande, auxquels s'ajoutent un quatrième datant du XVIe siècle et une traduction latine du XVIIe siècle à partir d'un probable manuscrit perdu. Toutes ces versions présentent sur certains points des différences assez notables. On s'appuiera ici essentiellement sur les éditions de Norman Francis Blake et la plus récente d'Alison Finlay et Þórdís Edda Jóhannesdóttir, reprenant chacune deux manuscrits différents (respectivement Holm. perg. 7 4to, version assez courte de l'histoire rédigée vers le début du XIVe siècle, et AM 291 4to, le plus ancien des manuscrits, mis par écrit avant 1300). Pour une présentation détaillée des manuscrits et des différentes versions, voir : *The Saga of the Jómsvikings*, éd. et trad. Finlay et Jóhannesdóttir, p. 1, 25-29 et 49-61.
19. SNORRI, *Histoire de Halfdan le Noir*, dans *Hkr.*, c. 5 (trad. Dillmann, p. 114) ; *The Saga of the Jómsvikings*, c. 2 (lorsque l'édition n'est pas précisée, la mention se trouve à la fois dans celles de Blake et de Finlay et Jóhannesdóttir). Il paraît peu probable que ce Harald soit le même que celui qui reçoit le baptême à la cour de Louis le Pieux en 826 et disparaît au milieu du IXe siècle, Thyra étant vraisemblablement née plutôt au début du Xe siècle. Pour les autres confusions, voir l'introduction.
20. SAXO, *GD*, IX, 11.5-6, p. 676-678.
21. Tout cela est relaté dans les chapitres 1 à 5 de l'éd. de Blake et 1 à 3 de celle de Finlay et Jóhannesdóttir.

22. SAXO, *GD*, IX, 11.7, p. 678.
23. DR 41, Jelling 1 : https://skaldic.abdn.ac.uk/db.php?table=mss&id=18866&if=srdb (consulté en mai 2020).
24. LUND Niels, « "Denemearc", "Tanmarkar but" and "Tanmaurk Ala" », dans WOOD Ian et LUND Niels (dir.), *People and Places in Northern Europe 500-1600. Essays in Honour of Peter Hayes Sawyer*, Woodbrige, Boydell Press, 1991.
25. SAWYER Birgit, *The Viking-Age Rune-Stones. Custom and Commemoration in Early Medieval Scandinavia*, Oxford, Oxford University Press, 2000, p. 35-36.
26. Pour la définition précise de ce mot, voir le lexique en fin d'ouvrage.
27. LUND Niels, « Harald Bluetooth – A saint very nearly made by Adam of Bremen », dans JESCH Judith (dir.), *The Scandinavians from the Vendel Period to the Tenth Century – An Ethnographic Perspective*, Woodbridge/Rochester/San Marino/Boydell Press, 2002, p. 309-310.
28. AGGESEN, *Brevis Historia Regum Dacie*, dans *Scriptores Minores Historiae Danicae Medii Aevi*, vol. 1, éd. Martin C. Gertz, Copenhague, G. E. C. Gad, 1917.
29. BÜHRER-THIERRY, « Étrangers par la foi... », art. cité ; WOOD Ian, « The pagans and the other : varying presentations in the Early Middle Ages », *Networks & Neighbours*, vol. 1, n° 1, 2013, p. 1-22.
30. NORDBERG Andreas, « Continuity, change and regional variation in old norse religion », dans RAUDVERE Catharina et SCHJØDT Jens Peter (dir.), *More than Mythology : Narratives, Ritual Practices and Regional Distribution in Pre-Christian Scandinavian Religions*, Lund, Nordic Academic Press, 2012.
31. WIDUKIND, *RGS*, III, 65 (trad. Giraud, p. 74).
32. FOOTE Peter, « Historical studies : conversion moment and conversion period », dans FAULKES Anthony et PERKINS Richard (dir.), *Viking Revaluations : Viking Society Century Symposium, 14-15 May 1992*, Londres, Viking Society for Northern Research, 1993.
33. Comme le défendait par exemple Robert Bartlett, dans *The Making of Europe : Conquest, Colonization, and Cultural Change, 950-1350*, Londres, Penguin, 1993.
34. WINROTH Anders, *The Conversion of Scandinavia. Vikings, Merchants, and Missionaries in the Remaking of Northern Europe*, New Haven/Londres, Yale University Press, 2012, p. 7.
35. ADAM, *GH*, I, 59.
36. GAUTIER Alban, « La voie du Nord. Les mondes nordiques comme terrain de rencontre et de circulation des idées religieuses », dans *Histoire monde, jeux d'échelles et espaces connectés (XLVIIe Congrès de la SHMESP, Arras, 2016)*, Paris, 2017, p. 81-93 (p. 84) ; BARNWELL Timothy, « Fragmented identities : otherness and authority in Adam of Bremen's *History of the Archbishops of Hamburg-Bremen* », dans GANTNER Clemens (dir.), *The Resources of the Past in Early Medieval Europe*, Cambridge, Cambridge University Press, 2015 ; COVIAUX Stéphane, *La Fin du monde viking*, Paris, Passés composés, 2019.
37. http://jelling.natmus.dk/om-jelling/vikingetiden-omkring-jelling/snaptunstenen/ (consulté le 3 novembre 2020).
38. GELTING Michael H., « Elusive bishops : remembering, forgetting, and remaking the history of the Early Danish Church », dans GILSDORF Sean (dir.), *The Bishop. Power and Piety at the First Millennium*, Münster, Lit, 2004.
39. Lettre citée n. 14 du chapitre 1.
40. Pour une synthèse des différentes sources abordant cet événement, voir ANTONSSON Haki, « Traditions of conversion in Medieval Scandinavia : a synthesis », *Saga-Book*, vol. XXXIV, 2010, p. 25-74.
41. ADAM, *GH*, II, 3 : *Haroldus Ottoni subicitur, [...] christianitatem in Dania recipere spopondit.*

42. Giraud Cédric, *Rois, reines et évêques. L'Allemagne aux xe et xie siècles. Recueil de textes traduits*, Turnhout, Brepols, 2009, p. 21 ; Boyer Régis, *En lisant Saxo Grammaticus*, Paris, Les Belles Lettres, 2016, p. 22 et suiv.
43. Il s'agit d'ajouts ultérieurs, certains par Adam lui-même, d'autres par ses premiers transcripteurs. La scholie en question (20) ne figure que dans certains manuscrits (*Histoire des archevêques de Hambourg*, trad. Brunet-Jailly, *op. cit.*, p. 248, n. 227).
44. Widukind, *RGS*, III, 65 (trad. Giraud, p. 74) : *Ad haec rex conversus Christum deum solum colendum decrevit, idola respuenda subiectis gentibus imperat.* Voir Winroth, *The Conversion of Scandinavia, op. cit.*, p. 7.
45. *Gesta Swenomagni regis et filiorum eius et passione gloriosissimi Canuti regis et martyris*, dans *Vitae sanctorum Danorum*, Copenhague, éd. Martin C. Gertz, 1908-1912, p. 82-136 (c. 1, p. 83).
46. Schäferdiek Kurt, « Missionary methods », dans Sawyer Birgit, Sawyer Peter H. et Wood Ian N. (dir.), *The Christianization of Scandinavia : Report of a Symposium Held at Kungälv, Sweden 4-9 August 1985*, Alingsås, Viktoria Bokförlag, 1987, p. 24-26.
47. Un siècle plus tard, Adalbert de Hambourg prend également conscience de l'importance de respecter les us et coutumes des peuples à évangéliser (Adam, *GH*, III, 72). Sur le sujet, voir Bührer-Thierry, « Étrangers par la foi... », art. cité, p. 266 ; Gautier Alban, « Conversion et christianisation des Barbares : le cas de l'Europe du Nord », dans Béthouart Bruno et Cholvy Gérard (dir.), *La Christianisation à travers l'histoire*, Boulogne-sur-Mer, MRSH, 2009.
48. Widukind, *RGS*, III, 65 (trad. Giraud, p. 74) : ... *utpote qui velox traditur fore ad audiendum, tardus ad loquendum.*
49. Jc 1,19-20 : « Que tout homme soit prompt à écouter, lent à parler, lent à se mettre en colère ; car la colère de l'homme n'accomplit pas la justice de Dieu. »
50. *Chronicon Roskildense*, c. V, p. 18 : ... *sacerdotes tam ab Anglia quam a Saxonia uenientes recepit.*
51. Snorri, *Histoire du roi Olaf fils Tryggvi*, dans *Hkr.*, c. 27 (trad. Dillmann, p. 254).
52. Grégoire de Tours, *Histoire des Francs*, t. I, *op. cit.* II, 31, p. 121 ; actes 2 :41 : « Alors, ceux qui avaient accueilli la parole de Pierre furent baptisés. Ce jour-là, environ 3 000 personnes se joignirent à eux. »
53. Ermold le Noir, *Poème sur Louis le Pieux et Épîtres au roi Pépin*, éd. et trad. par Edmond Faral, Paris, Les Belles Lettres, 1964 [1932], p. 171-181.
54. Adam, *GH*, II, 3 ; *Knýtlinga saga*, c. 1.
55. Adam, *GH*, II, 3.
56. Gelting Michael H., « Poppo's ordeal : courtier bishops and the success of christianization at the turn of the First Millennium », *Viking and Medieval Scandinavia*, vol. 6, 2010, p. 114.
57. Le Jan Régine, « La sacralité de la royauté mérovingienne », dans *Annales. Histoire, Sciences Sociales*, vol. 6, 2003 (58e année), p. 1217-1241 ; Steinsland Gro, *Den hellige kongen. Om religion og herskermakt fra vikingtid til middelalder*, Oslo, Pax, 2000.
58. Dumézil Bruno, *Les Racines chrétiennes de l'Europe. Conversion et liberté dans les royaumes barbares, ve-viiie siècle*, Paris, Fayard, 2005, p. 177.
59. Snorri, *Histoire du roi Olaf fils Tryggvi*, dans *Hkr.*, c. 24, 26 et 27 (trad. Dillmann, p. 250 et 251-255).
60. *Chronicon Roskildense*, c. V, p. 18.
61. Saxo, *GD*, X, 4.1, p. 690.

62. Kershaw Paul, *Peaceful Kings : Peace, Power, and the Early Medieval Political Imagination*, Oxford, Oxford University Press, 2011.
63. Gautier Alban, « Remembering and forgetting pagan kings of the Danes in the Eleventh Century », *Scandinavian Journal of History*, vol. 46, n° 3, 2021, p. 285-303.
64. Ruotger, *Vita Brunonis archiepiscopi Coloniensis*, dans *MGH, SS rer. Germ. N. S.*, t. X, éd. Irene Ott, Weimar, Böhlau, 1951, c. 40, p. 43 : *barbarorum immanitatem et intolerandam ferociam.*
65. Gelting, « Poppo's ordeal... », art. cité, p. 107-108.
66. *Ibid.*, p. 116-117.
67. Abrams Lesley, « The Anglo-Saxons and the christianization of Scandinavia », *Anglo-Saxon England*, vol. 24, 1995, p. 213-249.
68. Adam, *GH*, III, 54 : *illo tempore clarissimus inter Barbaros.*
69. Barnwell Timothy, « Fragmented identities », art. cité, p. 210-211.
70. Fraesdorff David, « The power of imagination : the Christianitas and the Pagan North during conversion to christianity (800-1200) », *Medieval History Journal*, vol. 5, n° 2, 2002, p. 309-332 (p. 323-325 et 330).

Chapitre 2. Harald et le complexe royal de Jelling

1. *Liber Census Daniæ. Kong Valdemar den Andens Jordebog*, Copenhague, Gad, éd. Oluf Augustus Nielsen, 1873.
2. La bibliographie concernant Jelling et ses pierres runiques est abondante : on se référera ici à la bibliographie en fin d'ouvrage.
3. Christensen Tom, « Lejre and Roskilde », dans Brink Stefan et Price Neil (dir.), *The Viking World*, Abingdon, Routledge, 2008, p. 121-125 (p. 124).
4. Aggesen, *Brevis Historia*, c. VII, p. 116-117 : *ritum gentilium.*
5. Myhre Bjørn, « The royal cemetery at Borre, Vestfold : a Norwegian centre in a European periphery », dans Carver Martin O. (dir.), *The Age of Sutton Hoo. The Seventh Century in North-Western Europe*, Woodbrige, Boydell Press, 1992, p. 301-313.
6. À Gjellestad, c'est l'utilisation du géoradar (ou radar à pénétration de sol) qui a permis en 2018 de découvrir cette tombe à bateau, datée de 732 par dendrochronologie lors du début des fouilles en 2019 (Gustavsen Lars *et al.*, « Gjellestad : a newly discovered "central place" in South-East Norway », *Antiquity*, vol. 94, n° 378, 2020, p. 1520-1537).
7. Müller-Wille Michael, « Burial mounds and burial practices », dans Pulsiano Phillip (dir.), *Medieval Scandinavia. An Encyclopedia*, New York/Londres, Garland, 1993, p. 58-60 ; Hedeager Lotte, *Iron Age Societies : From Tribe to State in Northern Europe, 500 BC to AD 700*, Oxford, Blackwell, 1992, p. 253.
8. Saxo, *GD*, X, 6.1, p. 696 : *sacrarium.*
9. C'est la thèse défendue notamment par Knud Krogh à la suite des fouilles des années 1970 (Krogh Knud J., « The royal Viking-Age monuments at Jelling in the light of recent archaeological excavations : a preliminary report », *Acta Archaeologica*, vol. 53, 1983) et ensuite largement reprise par Else Roesdahl (Roesdahl Else, « Cultural change. Religious monuments in Denmark c. AD 950-1100 », dans Müller-Wille Michael (dir.), *Rom und Byzanz im Norden. Mission und Glaubenswechsel im Ostseeraum während des 8.-14. Jahrhunderts*, I, Mayence/Stuttgart, Akademie der Wissenschaften und der Literatur/F. Steiner, 1997) et d'autres (y compris l'auteur dans Malbos Lucie, « Quand les vivants

reviennent vers les morts : la réouverture de sépultures en Scandinavie au Xe siècle », dans *Les Vivants et les morts dans les sociétés médiévales* (*XLVIIIe Congrès de la SHMESP, Jérusalem, 2017*), Paris, Éditions de la Sorbonne, 2018, p. 217-228, dont certaines conclusions ne me paraissent plus si évidentes).

10. GELTING, « Poppo's ordeal... », art. cité, p. 115-116. Une bonne synthèse des différentes interprétations se trouve dans GAUTIER Alban, *Beowulf au paradis : Figures de bons païens dans l'Europe du Nord au haut Moyen Âge*, Paris, Éditions de la Sorbonne, 2017, p. 537-545.
11. Knud Krogh repris par ROESDAHL, « Cultural changes. Religious monuments... », art. cité, p. 235-237.
12. ANDERSEN Harald, « The graves of the Jelling dynasty », *Acta Archaeologica*, vol. 66, 1995, p. 284-288 ; GAUTIER, *Beowulf au paradis, op. cit.*, p. 545.
13. Hypothèse envisagée dans GELTING, « Poppo's ordeal... », art. cité.
14. STAECKER Jörn, « The concept of *Imitatio* and *Translatio* : perceptions of a Viking-Age past », *Norwegian Archaeological Review*, vol. 38, n° 1, p. 17-19.
15. RANDSBORG Klavs, « King's Jelling : Gorm & Thyra's palace. Harald's monument - Svend's cathedral », *Acta Archaelogica*, vol. 79, 2008, p. 11.
16. Théorie que l'on trouve dans ANDERSEN, « The graves... », art. cité.
17. Hypothèse proposée par Alban Gautier (GAUTIER, *Beowulf au paradis, op. cit.*, p. 544), reprenant certaines conclusions de HOLST Mads K. *et al.*, « The late Viking-Age royal constructions at Jelling, Central Jutland, Denmark : recent investigations and a suggestion for an interpretative revision », *Praehistorische Zeitschrift*, vol. 87, n° 2, 2013, p. 481, mais qui avait déjà été avancée dans les années 1940 dans DYGGVE Ejnar, « Gorm's temple and Harald's stave-church at Jelling, *Acta archaeologica*, vol. 25, 1954, p. 221-239. Voir aussi le lexique en fin d'ouvrage.
18. CHRISTENSEN Tom, *Lejre bag myten : De arkæologiske udgravninger*, Højbjerg, Jysk Arkæologistk Selskab, 2015, p. 145.
19. JEPPESEN Jens, « Magnate farms and lordship from the Viking Age to the Medieval Period in Eastern Jutland : the excavations at Lisbjerg and Haldum churches », dans POULSEN et SINDBÆK (dir.), *Settlement..., op. cit.*, p. 137-145 (p. 122).
20. AGGESEN, *Brevis Historia*, c. VII, p. 116-117 : *juxta ritum gentilium in tumulis gemellis et paribus, quasi illustribus mausoleis, secus regis curiam in Jalang utrumque parentem fecit humari* ; SAXO, *GD*, X, 6.1, p. 696 : *sacrarium [...] duorum conjugum socialibus bustis intersitum.*
21. *Ibid.* : *non longe a patris tumulo sepulture.* Le lien qui relie ces deux auteurs n'est pas clair, mais ils se sont peut-être connus personnellement : l'expression *contubernalis meus* employée par Sven pourrait indiquer qu'ils ont partagé à un moment une chambre - éventuellement lors d'un séjour commun en France -, ou plus simplement que Sven se considère comme un « collègue » de plume de Saxo (*Brevis Historia*, c. X, p. 124).
22. GAUTIER, *Beowulf au paradis, op. cit.*, p. 545.
23. TREFFORT Cécile, *L'Église carolingienne et la mort : Christianisme, rites funéraires et pratiques commémoratives*, Lyon, Presses universitaires de Lyon, 1996, p. 122.
24. STAECKER, « The concept of *imitatio...* », art. cité, p. 22.
25. CRUMLIN-PEDERSEN Ole et MUNCH THYE Brigitte (dir.), *The Ship as Symbol in Prehistoric and Medieval Scandinavia*, Copenhague, Nationalmuseet, 1995 ; LUND Julie et ARWILL-NORDBLADH Elisabeth, « Divergent ways of relating to the past in the Viking Age », *European Journal of Archaeology*, vol. 19, n° 3, 2016, p. 415-438 (p. 422) ; SKOGLUND Peter,

« Stone ships : continuity and change in Scandinavian Prehistory », *World Archaeology*, vol. 40, n° 3, 2008, p. 390-406.

26. DR 29 : https://skaldic.abdn.ac.uk/db.php?id=18856&if=srdb&table=mss (consulté le 19 mai 2020).
27. SAWYER Birgit, « Excursus : the tug-of-war over Thyre », dans ID., *The Viking-Age Rune-Stones, op. cit.*, p. 162.
28. STOKLUND Marie, « Chronology and typology of the Danish runic inscriptions », dans ID. *et al.* (dir.), *Runes and their Secrets : Studies in Runology*, Copenhague, Tusculanum Press, p. 355-384 (p. 369-370).
29. GAUTIER, *Beowulf au paradis, op. cit.*, p. 483.
30. GEARY Patrick J., *Living with the Dead in the Middles Ages*, Ithaca/Londres, Cornell University Press, 1994, p. 40-41.
31. https://en.natmus.dk/historical-knowledge/denmark/prehistoric-period-until-1050-ad/the-viking-age/religion-magic-death-and-rituals/a-seeress-from-fyrkat/ (consulté le 16 juin 2020) ; PRICE Neil, *Viking Way : Magic and Mind in Late Iron Age Scandinavia*, Oxford/Philadelphia, Oxbow Books, 2020 [2019], p. 105-112. Voir aussi le lexique en fin d'ouvrage.
32. GARIPZANOV Ildar H., « Introduction. History writing and christian identity on a European periphery », dans ID. (dir.), *Historical Narratives and Christian Identity on a European Periphery : Early History Writing in Northern, East-Central, and Eastern Europe (c. 1070-1200)*, Turnhout, Brepols, 2011, p. 1-11 (p. 2) ; STAECKER, « The concept of *imitatio...* », art. cité, p. 24.
33. SCHJØDT Jens Peter, « Ideology of the ruler in Pre-Christian Scandinavia : mythical and ritual relations », *Viking and Medieval Scandinavia*, vol. 6, 2011, p. 161-194 ; voir n. 57 et 58 du chapitre 1.
34. PEDERSEN Anne, « Ancient mounds for new graves. An aspect of Viking Age burial customs in Southern Scandinavia », dans ANDRÉN Anders, JENNBERT Kristina et RAUDVERE Catharina (dir.), *Old Norse Religion in Long-Term Perspectives : Origins, Changes, and Interactions*, Lund, Nordic Academic Press, 2006, p. 352.
35. Le chef Rollon prend par exemple le nom de son parrain, Robert de Neustrie, et se fait appeler Robert une fois devenu chrétien. Il est vrai que les enjeux sont très différents : il s'agit pour lui d'intégrer l'aristocratie franque ; pour cela, le port d'un prénom chrétien ne pouvait qu'aider. Les souverains scandinaves se convertissant dans leur royaume conservent au contraire leur nom de naissance (citons par exemple le roi norvégien Olaf le Saint, 1015-1028).
36. PEDERSEN, « Ancient mounds... », art. cité, p. 352 ; JONES Andrew, *Memory and Material Culture*, Cambridge, Cambridge University Press, 2007, p. 71.
37. NISSEN Anne, « Jelling », dans DUMÉZIL Bruno (dir.), *Les Barbares*, Paris, PUF, 2016, p. 805-806.
38. STAECKER, « The concept of *imitatio...* », art. cité, p. 4.
39. ROESDAHL, « Cultural changes. Religious monuments... », art. cité.
40. STAECKER Jörn, « Der Glaubenwechsel im Norden - Die Neukonzeptionalisierung Dänemarks unter König Harald Blauzahn », dans HOFMANN Kerstin P., KAMP Hermann et WEMHOFF Matthias (dir.), *Die Wikinger und das fränkische Reich. Identität zwischen Konfrontation und Annäherung*, Paderborn, W. Fink Verlag, 2014, p. 297-360.
41. DR 42, Jelling 2 : https://skaldic.abdn.ac.uk/db.php?if=srdb&table=mss&id=18867 (consulté en mai 2020) et dans Alain Marez, *Anthologie runique*, Paris, Les Belles Lettres, 2007, p. 325-327.

42. Pastoureau Michel, « L'Église et la couleur, des origines à la Réforme », *Bibliothèque de l'école des chartes*, vol. 147, 1989, p. 203-230 ; Id., *Tympans et portails romans*, Paris, Seuil, 2014. Voir la représentation de cette pierre dans le cahier central.
43. http://jelling.natmus.dk/en/about-jelling/gorm-thyra-and-harald/ (consulté le 27 mai 2020).
44. Wamers Egon, « ... *ok Dani gærði kristna*... Der grosse Jellingstein im Spiegel ottonischer Kunst », *Frühmittelalterliche Studien*, vol. 34, n° 1, 2000, p. 132-158 (p. 147).
45. *Hávamál*, dans *Edda poétique*, trad. fr. Régis Boyer, Paris, Fayard, 1992, strophes 138-139, p. 196. Sur le sujet, voir notamment Kure Henning, « Hanging on the world tree. Man and cosmos in Old Norse mythic poetry », dans Andrén, Jennbert et Raudvere (dir.), *Old Norse Religion..., op. cit.*, p. 68-71.
46. Patton Kimberley C., « "Myself to myself". The norse Odin and divine autosacrifice », dans Id., *Religion of the Gods*, Oxford, Oxford University Press, p. 213-236 ; Page Raymond I., *Norse Myths*, Londres, British Museum Press, 1990, p. 15.
47. Jn 19 : 29,34.
48. Paroli Teresa, « History, theology and symbolism in the greater Jelling stone », dans Simon-Vandenbergen Anne-Marie (dir.), *Studies in Honour of René Derolez*, Ghent, Ghent University, 1987, p. 402-417 (p. 406).
49. Fuglesang Signe Horn, « Crucifixion iconography in Viking Scandinavia », dans Bekker-Nielsen Hans, Foote Peter G. et Olsen Olaf (dir.), *Proceedings of the Eighth Viking Congress, Århus, 24-31 August 1977*, Odense, Odense University Press, 1981, p. 73-94.
50. Pastoureau Michel, « Quel est le roi des animaux ? », dans *Le Monde animal et ses représentations au Moyen-Âge (xie-xve siècles) (XVe congrès de la SHMESP, Toulouse, 1984)*, Toulouse, Publications de l'université Toulouse-Le Mirail, 1985, p. 133-142 (p. 134).
51. Wood Rita, « The pictures on the greater Jelling stone », *Danish Journal of Archaeology*, vol. 3, n° 1, 2014, p. 27.
52. Coviaux, *La Fin du monde viking, op. cit.*, p. 125 ; Puech Henri-Charles, « Le cerf et le serpent. Note sur le symbolisme de la mosaïque découverte au baptistère de l'Henchir Messaouda », *Cahiers Archéologiques*, vol. 4, 1949, p. 17-60 (p. 52) ; Leclercq Henri, « Cerf », dans *Dictionnaire d'archéologie chrétienne et de liturgie*, II (2), Paris, Letouzey et Ané, 1910, col. 3301-3307.
53. Roesdahl Else, « King Harald's rune-stone in Jelling : methods and messages », dans Reynolds Andrew et Webster Leslie E. (dir.), *Early Medieval Art and Archaeology in the Northern World : Studies in Honour of James Graham-Campbell*, Leyde, Brill, 2013, p. 870-872.
54. Gräslund Anne-Sofie, « Wolves, serpents, and birds. Their symbolic meaning in Old Norse belief », dans Andrén, Jennbert et Raudvere (dir.), *Old Norse Religion..., op. cit.*, p. 124-129 (p. 126).
55. Carver Martin O., *Sutton Hoo : Burial Ground of Kings ?*, 1998, Londres, British Museum Press, p. 27-29.
56. *Beowulf*, éd. et trad. par André Crépin, Paris, Le Livre de Poche, 2007, v. 78, p. 38-39, puis v. 166, p. 44-45 ; Simek Rudolf, *Dictionary of Northern Mythology*, Cambridge, Brewer, 2007, p. 70.
57. *Gylfaginning*, dans *Edda poétique*, *op. cit.*, p. 485.
58. Roesdahl, « King Harald's rune-stone... », art. cité, p. 866.

59. PEDERSEN Anne, « The Jelling monuments - Ancient royal memorial and world heritage site », dans STOKLUND Marie *et al.* (dir.), *Runes and their Secrets : Studies in Runology*, Copenhague, Tusculanum Press, 2006, p. 306.
60. ID., « The Jelling monuments - A national icon... », art. cité, p. 255 ; ROESDAHL Else, SINDBÆK Søren M. et Anne PEDERSEN (dir.), *Aggersborg. The Viking-Age Settlement and Fortress*, Copenhague, Jysk Arkæologisk Selskab/Nationalmuseet, 2014, p. 390.
61. *Ibid.*, p. 396 ; JESSEN *et al.*, « A palisade... », art. cité, p. 43 et suiv. et schéma p. 44.
62. *Ibid.*, p. 58.
63. DOBAT Andres S., « Viking stranger-kings : the foreign as a source of power in Viking Age Scandinavia, or, why there was a peacock in the Gokstad ship burial ? », *Early Medieval Europe*, vol. 23, n° 2, 2015, p. 195.
64. CHRISTENSEN, « Lejre and Roskilde », art. cité.
65. LJUNGKVIST John, « Dating two royal mounds of Old Uppsala : evaluating the elite of the 6th-7th Century in Middle Sweden », *Archaeologisches Korrespondenzblatt*, vol. 38, n° 2, 2008, p. 263-282.
66. HOLST *et al.*, « The late Viking-Age royal constructions... », art. cité, p. 498.
67. DOBAT, « Viking stranger-kings... », art. cité, p. 171-174.
68. CALLMER Johan, « Urbanisation in Northern and Eastern Europe, ca. AD 700-1100 », dans ID. (dir.), *Post-Roman Towns, Trade and Settlement in Europe and Byzantium*, vol. 1 : *The Heirs of the Roman West*, Berlin/New York, De Gruyter, 2007, p. 233-270 (p. 240).
69. SOT Michel, « Aix-la-Chapelle au miroir de Constantinople », dans *Les Villes capitales au Moyen Âge (Actes du XXXVIe congrès de la SHMESP, Istanbul, 2005)*, Paris, Publications de la Sorbonne, 2006, p. 203-226 (p. 204 et 207).
70. DEPREUX Philippe, « Le "siège du royaume" : enjeux politiques et symboliques de la désignation des lieux de pouvoir comme *sedes regni* en Occident (VIe-XIIe siècle) », dans *Les Villes capitales..., op. cit.*, p. 303-326 (p. 303).
71. BOUCHERON Patrick, MENJOT Denis et MONNET Pierre, « Formes d'émergence, d'affirmation et de déclin des capitales : rapport introductif », dans *Les Villes capitales..., op. cit.*, p. 13-56 (p. 45-46).
72. JESSEN *et al.*, « A palisade... », art. cité, p. 44 ; ROESDAHL Else, « Scandinavia in the melting-pot », dans SIGMUNDSSON Svavar (dir.), *Viking Settlements and Viking Society*, Reykjavík, Hið íslenzka fornleifafélag, 2011, p. 347-374 (p. 357-358).
73. THIETMAR, *Chronicon*, I, 17.
74. *Ibid.* : *caput regni* ; AGGESEN, *Brevis Historia*, c. VII, p. 116-117 : *regis curia*.
75. WEMHOFF Matthias, « Der Platz des Königs - Eine Studie zur Nutzung des unbebauten Raumes an Orten königlicher Repräsentation », *Acta Praehistorica et Archaeologica*, vol. 46, 2014, p. 161-170 ; PEDERSEN Anne, « Monumental expression and fortification in Denmark in the time of king Harald Bluetooth », dans HEROLD Hajnalka et CHRISTIE Neil J. (dir.), *Fortified Settlements in Early Medieval Europe : Defended Communities of the 8th-10th Centuries*, Oxford/Philadelphia, Oxbow Books, 2016, p. 68-83.
76. GAUTIER Alban, *Le Festin dans l'Angleterre anglo-saxonne*, Rennes, Presses universitaires de Rennes, 2006, p. 153 ; CARSTENS Lydia, « Powerful space. The Iron-Age hall and its development during the Viking Age », dans ERIKSEN Marianne Hem, PEDERSEN Unn et RUNDBERGET Bernt (dir.), *Viking Worlds : Things, Spaces and Movement*, Oxford/Philadelphia, Oxbow Books, 2015, p. 12-27 ; MEIER Thomas, « Magdeburg zwischen Aachen und Jelling : Repräsentationsarchitektur als semiotisches System », dans HENNING

Joachim (dir.), *Europa im 10. Jahrhundert. Archäologie einer Aufbruchszeit*, Mayence, P. von Zabern, 2002, p. 311-322 (p. 313).

77. DIERKENS Alain, « Autour de la tombe de Charlemagne. Considérations sur les sépultures des souverains carolingiens et des membres de leur famille », *Byzantion*, vol. 69, 1991, p. 156-180 (p. 163).
78. Aujourd'hui encore Roskilde reste le lieu de la mémoire dynastique, abritant les dépouilles d'une bonne vingtaine de souverains danois.
79. CHEYNET Jean-Claude, « Les capitales d'empire : rapport introductif » ; LE JAN Régine, « Avant-Propos » ; KERHERVÉ Jean et DENOIX Sylvie, « Conclusions », dans *Les Villes capitales..., op. cit.*, p. 189-201 (p. 189), 7-10 (p. 9) et p. 429-447 (p. 436-437).
80. *Ibid.*, p. 437.

Chapitre 3. Harald, souverain ambitieux à la tête d'un royaume unifié

1. ADAM, *GH*, II, 25 : *regnum suum sanctitate et justicia confirmans.*
2. Stefan Brink, reprenant notamment l'interprétation d'Elias Wessén du terme « Danemark », formé sur *mark* (qui désigne une forêt servant de séparation), pense que Harald se vante d'avoir en fait mis la main sur la forêt frontalière qui sépare les Danois des Saxons au sud du Jutland, du côté de Schleswig précisément (BRINK Stefan, « People and *Land* in Early Scandinavia », dans GARIPZANOV, GEARY et URBAŃCZYK (dir.), *Franks, Northmen..., op. cit.*, p. 87-112, ici p. 102).
3. Voir n. 5 du chapitre 1.
4. GAZZOLI Paul, « *Denemearc, Tanmaurk Ala*, and *Confinia Nordmannorum* : the *Annales regni Francorum* and the origins of Denmark », *Viking and Medieval Scandinavia*, vol. 7, 2011, p. 33.
5. DOBAT Andres S., « The State and the strangers : the role of external forces in a process of state formation in Viking Age South Scandinavia (ca. AD 900-1050) », *Viking and Medieval Scandinavia*, vol. 5, 2010, p. 65-104, p. 73.
6. NISSEN Anne, *Élites, espaces et pouvoirs dans le nord-ouest de l'Europe (IIIe-XIIe siècle)*, mémoire inédit d'habilitation à diriger des recherches, université Paris-I-Panthéon-Sorbonne, 2011, p. 99-105.
7. OZAWA Minoru, « Rune stones create a political landscape. Towards a methodology for the application of runology to Scandinavian political history in the Late Viking Age. Part 2 », *HERSETEC : Journal of Hermeneutic Study and Education of Textual Configuration*, vol. 2, n° 1, 2008, p. 65-85 (p. 81).
8. SAWYER, *The Viking-Age Rune-Stones, op. cit.*
9. « Vinna », dans ZOËGA Geir T., *A Concise Dictionary of Old Icelandic*, Oxford, Clarendon Press, 1910.
10. JESCH Judith, « Reading the Jelling inscription », dans GAMMELTOFT Peder (dir.), *Beretning fra enogtredivte tværfaglige vikingesymposium*, Højbjerg, Forlaget Wormianum, 2013 ; ROESDAHL, « King Harald's rune-stone... », art. cité.
11. ROESDAHL Else, « The emergence of Denmark and the reign of Harald Bluetooth », dans BRINK et PRICE (dir.), *The Viking World, op. cit.*, p. 656.

12. Holmquist Olausson Lena et Olausson Michael (dir.), *The Martial Society : Aspects of Warriors, Fortifications and Social Change in Scandinavia*, Stockholm, Stockholm University, 2009, p. 35-70 (p. 42).
13. Malbos Lucie, *Les Ports des mers nordiques à l'époque viking (VIIe-Xe siècle)*, Turnhout, Brepols, 2017, p. 106 et 395.
14. http://jelling.natmus.dk/en/about-the-project/sub-projects/the-bridge-over-ravning-enge/ (consulté le 02 avril 2020) ; Jørgensen Mogens Schou, « Vikingetidsbroen i Ravning Enge - nye undersøgelser », *Nationalmuseets Arbejdsmark*, 1997, p. 74-87.
15. *Vie de Charlemagne*, éd. Michel Sot *et al.*, Paris, Les Belles Lettres, 2014, c. 17, p. 38-39.
16. Si on part du principe qu'un pas à l'époque carolingienne est resté assez proche de celui de l'époque romaine (autour de 1,47 mètre), le pont de Mayence, long de « 500 pas », mesurait dans les 730 mètres (Jedrzejewski Franck, *Histoire universelle de la mesure*, Paris, France, Ellipses, 2002, p. 73).
17. Roesdahl, Sindbæk et Pedersen (dir.), *Aggersborg, op. cit.*, p. 396-397.
18. Randsborg, « King's Jelling... », art. cité, p. 1 et Fig. 1 p. 2.
19. Jessen *et al.*, « A palisade... », art. cité, p. 53.
20. Bandholm Niels, « The Arcane Eshøj Ell : applications from royal Egypt to royal Jelling », *Acta Archaeologica*, vol. 83, 2012, p. 275-286. Aujourd'hui encore, la méthode dite « 3-4-5 » est très utilisée dans le Bâtiment et les Travaux publics pour déterminer un angle droit, à partir du théorème de Pythagore sur le triangle rectangle, qui établit une relation entre les longueurs des côtés : le carré de la longueur de l'hypoténuse est égal à la somme des carrés des longueurs des deux autres côtés. Dans le cas d'un triangle ayant des côtés de 3, 4 et 5, cela donne $3^2 + 4^2 = 5^2$. Cette méthode peut être employée avec tous les multiples et sous-multiples : 30-40-50, mais aussi 120 (3 x 40) - 160 (4 x 40) - 200 (5 x 40), que l'on retrouve précisément dans les constructions de Harald. Voir Maor Eli, « Pythagoras », dans Id., *The Pythagorean Theorem : A 4,000-year History*, Princeton, Princeton University Press, 2007, p. 17-31 ; McCullough Darryl, « Height and excess of pythagorean triples », *Mathematics Magazine*, vol. 78, n° 1, 2005, p. 26-44.
21. Holst *et al.*, « The late Viking-Age royal constructions... », art. cité, p. 492 et 500.
22. Roesdahl Else, « Les fortifications circulaires de l'époque viking au Danemark », *Proxima Thulé : Revue d'études nordiques*, vol. 1, Paris, 1994, p. 25-50. Ces forteresses sont au cœur d'un vaste programme de recherches et de diffusion auprès du grand public : http://www.vikingeborgen.dk/ (consulté le 26 mars 2020). Les datations dendrochronologiques faites à Trelleborg (Seeland) et Fyrkat indiquent une construction vers 980 ou un peu avant (Roesdahl, Sindbæk et Pedersen (dir.), *Aggersborg, op. cit.*, p. 13-14).
23. Goodchild Helen, Holm Nanna et Sindbæk Søren M., « Borgring : the discovery of a Viking Age ring fortress », *Antiquity*, vol. 91, n° 358, 2017 ; Christensen Jonas *et al.*, « The Borgring project 2016-2018 », dans Hansen Jesper et Bruus Mette (dir.), *The Fortified Viking Age*, Odense, Odense City Museums, 2018, p. 60-68 ; voir également le lexique en fin d'ouvrage.
24. Roesdahl, Sindbæk et Pedersen (dir.), *Aggersborg, op. cit.*, p. 13 et 390.
25. La forteresse près de Trelleborg en Scanie, de forme *a priori* similaire et d'un diamètre estimé à 116 mètres, semble assez proche des autres, mais son plan n'est pas parfaitement géométrique et elle n'est pas dotée de la même structure en bois au niveau du rempart (Roesdahl Else, « Trelleborg fortresses », dans Crabtree Pam J. (dir.), *Medieval Archaeology : An Encyclopedia*, New York/Londres, Garland, 2001, p. 344-347 ; Goodchild, Holm et Sindbæk, « Borgring... », art. cité, p. 1028).

26. Roesdahl, Sindbæk et Pedersen (dir.), *Aggersborg, op. cit.*, p. 193-197.
27. *Ibid.*, p. 390, 396 et 494 ; Holst *et al.*, « The late Viking-Age royal constructions... », art. cité, p. 492.
28. Roesdahl, Sindbæk et Pedersen (dir.), *Aggersborg, op. cit.*, p. 28, 30 et 387 ; Randsborg, « King's Jelling... », art. cité, p. 1 et Fig. 1, p. 2.
29. *The Saga of the Jómsvikings*, éd. et trad. Finlay et Jóhannesdóttir, c. 13, p. 110.
30. Roesdahl, Sindbæk et Pedersen (dir.), *Aggersborg, op. cit.*, p. 384 (trad. de l'auteur) ; Słupecki Leszek Paweł, « Jomsvikingalog, *Jómsvikings*, Jomsborg/Wolin and Danish circular strongholds », dans Urbańczyk Przemysław (dir.), *The Neighbours of Poland in the 10th Century*, Varsovie, Institute of Archaeology and Ethnology, 2000, p. 49-59.
31. Pour une présentation synthétique des différentes interprétations, voir Roesdahl, Sindbæk et Pedersen (dir.), *Aggersborg, op. cit.*, p. 383-386.
32. Nørlund Poul, *Trelleborg*, Copenhague, Nordisk Forlag, 1948.
33. Théorie encore reprise dans Randsborg Klavs, *The Viking Age in Denmark. The Formation of a State*, Londres, Duckworth, 1980, p. 99.
34. Roesdahl Else, « The Danish geometrical viking fortresses and their context », *Anglo-Norman Studies*, IX, 1987, p. 208-226.
35. Pedersen Anne, « Monumental expression and fortification in Denmark in the time of king Harald Bluetooth », dans Herold et Christie (dir.), *Fortified Settlements..., op. cit.*, p. 68-83.
36. On peut par exemple penser à Draupnir, l'anneau d'or du dieu Odin, ou même à la forme du monde des hommes, Midgard, entouré par Jörmungandr, le serpent qui se mord la queue, sans oublier les anneaux de différentes formes et tailles arborés par les anciens Scandinaves, symboles de richesse et marqueurs sociaux.
37. Roesdahl, Sindbæk et Pedersen (dir.), *Aggersborg, op. cit.*, p. 390.
38. https://sciencenordic.com/archaeology-denmark-society--culture/this-tiny-ornament-may-have-belonged-to-harold-bluetooths-shaman/1450127 ; https://videnskab.dk/kultur-samfund/det-var-satans-dette-smykke-kan-have-tilhoert-blaatands-trolddomskvinde (consultés le 17 avril 2020).
39. Goodchild, Holm et Sindbæk, « Borgring... », art. cité, p. 1028.
40. Dobat Andres S., « Danevirke revisited : an investigation into military and socio-political organisation in South Scandinavia (c. AD 700 to 1100) », *Medieval Archaeology*, vol. 52, 2008, p. 53 : *multi-purpose strongholds.*
41. Aggesen, *Brevis Historia*, c. XVIII, 138-139 ; Saxo, *GD*, vol. II, XIII, 2.8, p. 906 : *vallo quod Danorum opus vocamus.*
42. Bourgeois Luc, « Construire les limites : à propos de quelques frontières fossoyées du haut Moyen Âge européen », dans Baron Nacima *et al.* (dir.), *Ériger et borner diocèses et principautés au Moyen Âge (Limites et frontières, vol. II)*, Villeneuve-d'Ascq, Presses universitaires du Septentrion, 2017, p. 163-183 (p. 168-170).
43. Dobat, « Danevirke revisited... », art. cité, p. 46.
44. Les textes et les données archéologiques confirment ce point : plusieurs auteurs associent les termes latins *vallum* (qui désigne une palissade surmontant une levée de terre), *fossa* (fossé), *molis* (qui renvoie à une levée de terre massive ou une digue) (voir par exemple Saxo, *GD*, X, 3.1, ou Aggesen, *Brevis Historia*, c. VI, p. 112-113).
45. Snorri, *Histoire du roi Olaf fils Tryggvi*, dans *Hkr.*, c. 26 (trad. Dillmann, p. 252).
46. Saxo, *GD*, X, 3.1 : *a Slesuico ad occidentalem Oceanum patet.*

47. On a longtemps considéré qu'une des phases les plus anciennes remontait à 737, tout en étant conscient que ce n'était peut-être pas la toute première, avant que de nouvelles fouilles en 2010-2014 permettent de faire remonter les premières phases à la fin du ve siècle (ANDERSEN Hellmuth, MADSEN H. J. et VOSS Olfert, *Danevirke*, 2 vol., Copenhague, Gyldendal Nordisk Forlag, 1976 ; TUMMUSCHEIT Astrid et WITTE Frauke, « The Danevirke in the light of recent excavations », dans HANSEN et BRUUS (dir.), *The Fortified Viking Age*, *op. cit.*, p. 70). La structure est ensuite périodiquement étendue jusqu'au XIIIe siècle, puis restaurée et réutilisée jusqu'en 1864.
48. ROESDAHL, SINDBÆK et PEDERSEN (dir.), *Aggersborg, op. cit.*, p. 394.
49. SCHULZ Matthias, « "Sensational" discovery : archeologists find gateway to the Viking Empire », *Spiegel Online*, publié en ligne le 08/27/2010 : http://www.spiegel.de/international/germany/sensational-discovery-archeologists-find-gateway-to-the-viking-empire-a-714235.html ; TUMMUSCHEIT et WITTE, « The Danevirke... », art. cit., p. 73.
50. THIETMAR, *Chronicon*, III, 6 : *portam que Wieglesdor vocatur.*
51. JESSEN *et al.*, « A palisade... », art. cité, p. 62.
52. NÄSMAN Ulf, « The ethnogenesis of the Danes and the making of a Danish kingdom », dans DICKINSON Tania et GRIFFITHS David (dir.), *The Making of Kingdoms* (*Anglo-Saxon Studies in Archaeology and History*, vol. 10), Oxford, Oxford University Committee for Archaeology, 1999, p. 1-10 (p. 4).
53. SAXO, *GD*, X, 8.1, p. 700.
54. DOBAT, « Viking stranger-kings... », art. cité, p. 179 ; JESSEN *et al.*, « A Palisade... », art. cité, p. 57-58.
55. BOUGARD François, BÜHRER-THIERRY Geneviève et LE JAN Régine, « Les élites du haut Moyen Âge : identités, stratégies, mobilité », *Annales. Histoire, Sciences sociales*, 2013/4 (68e année), p. 1079-1112 (p. 1086-1088).
56. GAUTIER Alban, *Le Festin dans l'Angleterre anglo-saxonne*, Rennes, Presses universitaires de Rennes, 2006, p. 154.
57. ROESDAHL, SINDBÆK et PEDERSEN (dir.), *Aggersborg, op. cit.*, p. 387, 410 et 413.
58. *Ibid.*, p. 85-88.
59. KARRAS Ruth Mazo, « The slave in the Scandinavian Economies », dans ID., *Slavery and Society in Medieval Scandinavia*, New Haven/Londres, Yale University Press, 1988, p. 69-95 ; DEVROEY Jean-Pierre et NISSEN JAUBERT Anne, « Family, income and labour around the North Sea, 500-1000 », dans VANHAUTE Eric, DEVOS Isabelle et LAMBRECHT Thijs (dir.), *Making a Living : Family, Labour and Income*, Turnhout, Brepols, 2011, p. 5-44 (p. 15).
60. PRICE T. Douglas *et al.*, « Who was in Harold Bluetooth's army ? Strontium isotope investigation of the cemetery at the Viking Age fortress at Trelleborg, Denmark », *Antiquity*, vol. 85, n° 328, 2011. Voir aussi le lexique en fin d'ouvrage.
61. Le capitulaire mis par écrit dans les années 780 à la demande de Pépin en tant que roi d'Italie oblige par exemple les populations à (re)construire les ponts, chaussées et chemins, sous la direction des comtes et de leurs officiers (*Capitulaire de Pépin, roi d'Italie (782-786)*, éd. Alfred Boretius, dans *MGH, Capit.*, t. I, Hanovre, 1960, n° 91, p. 191-193 (c. 4, p. 192).
62. ABELS Richard, « Trinoda necessitas », dans LAPIDGE Michael *et al.* (dir.), *The Blackwell Encyclopaedia of Anglo-Saxon England*, Oxford, Wiley-Blackwell, 2014 [1999], p. 475.

PARTIE II. HARALD SUR L'ÉCHIQUIER POLITIQUE EUROPÉEN : UN « ROI ÉTRANGER » ?

Chapitre 4. Harald, roi « ardent à défendre sa terre et à passer à l'attaque »

1. Saxo, *GD*, X, 1.1, p. 678-680.
2. Voir introduction.
3. *The Saga of the Jómsvikings*, éd. et trad. Blake, c. 5, p. 7.
4. Gazzoli, « *Denemearc...* », art. cité, p. 39.
5. Phrase tirée d'une strophe scaldique insérée par Snorri Sturluson dans la *Saga de saint Óláf* (*Ólafs Saga Helga*, dans *Hkr.*, II, p. 3-415, c. 96.
6. D'après une phrase de Saxo Grammaticus s'appliquant en fait à Thyra : *patriam a clandestinis exterorum irruptionibus tutiorem prestaret* (Saxo, *GD*, X, 3.1, p. 688).
7. Voir introduction ; Gazzoli, « *Denemearc...* », art. cité, p. 33.
8. Widukind, *RGS*, III, 66 : *libenter.*
9. Aggesen, *Brevis Historia*, c. VI, p. 112-113 : *Teotonica rabie.*
10. Saxo, *GD*, X, 3.1, p. 688 ; repris sur ce point par Sven Aggesen et les *Annales de Ryd* (*Annales Ryenses*, éd. J. M. Lappenberg, dans *MGH*, *SS*, t. XVI, Hanovre, Impensis Bibliopolii Hahniani, 1859, p. 386-410, ici c. 89, p. 399).
11. Saxo, *GD*, X, 3.1, p. 688 : *sub specie femine virilem animum gereret* pour Thyra ; IX, 4.2, p. 632 : *virilem in virgine animum gerens* pour Lagertha, qualifiée de *perita bellandi femina.*
12. *Ibid.*, X. 17.2 et 6, p. 748 et 752.
13. Widukind, *RGS*, III, 70 : *bellum adversus Danos urgeret.* Sur ce problème de confusion chronologique, voir Bachrach Bernard S. et Bachrach David S., *Deeds of the Saxons*, Washington DC, The Catholic University of America Press, 2014, p. 146, n. 228 et 229.
14. Thietmar, *Chronicon*, III, 24.
15. Snorri, *Histoire du roi Olaf fils Tryggvi*, dans *Hkr.*, c. 26 (trad. Dillmann, p. 253).
16. *Knýtlinga saga*, c. 1.
17. Comme le souligne François-Xavier Dillmann, dans Snorri, *Histoire des rois de Norvège*, t. 1 (*Des origines mythiques de la dynastie à la bataille de Svold*), trad. fr. François-Xavier Dillmann, Paris, 200 p. 528, n. 2.
18. Thietmar, *Chronicon*, III, 6 : *Sleswic properavit.*
19. Moesgaard, *King Harold's Cross Coinage...*, *op. cit.*, p. 50.
20. Tummuscheit et Witte, « The Danevirke... », art. cit., p. 73.
21. http://sciencenordic.com/danish-viking-fortresses-were-designed-fend-other-vikings (consulté le 24 avril 2020) ; Goodchild, Holm et Sindbæk, « Borgring... », art. cité.
22. Snorri, *Histoire de Hakon le Bon*, dans *Hkr.*, c. 20 (trad. Dillmann, p. 185) ; Brown Hannah, Goodchild Helen et Sindbæk Søren M., « Making place for a viking fortress. An archaeological and geophysical reassessment of Aggersborg, Denmark », *Internet Archaeology*, vol. 36, 2014, p. 1-30.
23. Roesdahl, Sindbæk et Pedersen (dir.), *Aggersborg*, *op. cit.*, p. 406.
24. Snorri, *Histoire de Hakon le Bon*, dans *Hkr.*, c. 20 (trad. Dillmann, p. 184-185).

25. Williams Gareth, « Ship-levies in the Viking Age. The methodology of studying military institutions in a semi-historical society », dans Jørgensen Anne Nørgård *et al.* (dir.), *Maritime Warfare in Northern Europe. Technology, organisation, logistics and administration 500 BC-1500 AD*, Copenhague, National Museum of Denmark, 2002, p. 293-308 ; Klassen Lutz, « Fribrødre Å and the question of a leiðangr institution in Viking Age Denmark », dans Id. et Skamby Madsen Jan (dir.), *Fribrødre Å. A late 11th century ship-handling site on Falster*, Højbjerg/Aarhus, Aarhus University Press, 2010, p. 308-312. Voir aussi le lexique en fin d'ouvrage.
26. Snorri, *Histoire du roi Olaf fils Tryggvi*, dans *Hkr.*, c. 34 (trad. Dillmann, p. 264) : *leiðangr.*
27. *The Saga of the Jómsvikings*, éd. et trad. Finlay et Jóhannesdóttir, c. 13, p. 110.
28. *Viking Aros*, Aarhus, Moesgård Museum, 2005, p. 35 ; Roesdahl, Sindbæk et Pedersen (dir.), *Aggersborg, op. cit.*, p. 394.
29. Feveile Claus (dir.), *Ribe Studier. Det ældste Ribe : Udgravninger på nordsiden af Ribe Å 1984-2000*, vol, 1.1, Aarhus, Jysk Arkæologisk Selskab, 2006, p. 84-85.
30. Dobat, « Danevirke revisited... », art. cité ; Hilberg Volker, « Hedeby in Wulfstan's days : a Danish emporium of the Viking Age between East and West », dans Englert Anton et Trakadas Athena (dir.), *Wulfstan's Voyage. The Baltic Sea Region in the Early Viking Age as Seen From Shipboard*, Roskilde, The Viking Ship Museum, 2009, p. 79-113.
31. Pedersen Anne, « Military organisation and offices : the evidence of grave finds », dans Poulsen et Sindbæk (dir.), *Settlement..., op. cit.*, p. 45-61 ; Id., *Dead Warriors in Living Memory. A Study of Weapon and Equestrian Burials in Viking-Age Denmark, AD 800-1000*, vol. 1, Odense, University Press of Southern Denmark, 2014, p. 61-66.
32. Lemm Thorsten, « Protecting Hedeby – Reconstructing a Viking Age maritime defense system based on visual communication », dans Annaert Rica (dir.), *Early Medieval Waterscapes. Risks and Opportunities for (im)material Cultural Exchange*, Wendeburg, Braunschweigisches Landesmuseum, 2019, p. 101-114 (p. 107 et 112).
33. Pedersen Anne, « Viking-Age finds from the Limfjord region », dans Roesdahl, Sindbæk et Pedersen (dir.), *Aggersborg, op. cit.*, p. 31-37.
34. Moesgaard, *King Harold's Cross Coinage..., op. cit.*, p. 87 et 102-103.
35. Dans le cadre du projet *The Militarisation of Early Medieval Societies. Nature, Control and Perception in a West-European Comparison*, la militarisation est définie comme « l'absence de séparation entre les sphères martiales et civiles de la population : les armes se diffusent plus largement et les attributs, activités et valeurs guerriers sont largement reconnus et respectés » (https://www.geschkult.fu-berlin.de/e/fmi/bereiche/mittelalter/ab_esders/Thyssen-Projekt/Thyssen-Projekt_GB.html, consulté le 27 mars 2020). Voir également la publication à laquelle ce programme a donné lieu : Bennett Ellora *et al.* (dir.), *Early Medieval Militarisation*, Manchester, Manchester University Press, 2021.
36. Adam, *GH*, II, 25 (trad. Brunet-Jailly, p. 83) : *ultra mare in Nortmannos [...] suam dilatavit potentiam.*
37. *Knýtlinga saga*, c. 1.
38. Krag Claus, « The early unification of Norway », dans Helle (dir.), *The Cambridge History..., op. cit.*, p. 184-201 (p. 185-191).
39. *Annales Regni Francorum*, dans *Quellen zur karolingischen Reichsgeschichte*, vol. 1, éd. Reinhold Rau, Berlin, Rütten & Loening, 1960, a. 813.
40. *Ynglingatal*, éd. Finnur Jónsson dans *Den Nork-Islandske Skjaldedigtning*, vol. A 1, Copenhague, Rosenkilde og Bagger, 1967, p. 7-15 ; Skre Dagfinn, « Kaupang : between

East and West ; between North and South », dans Id. (dir.), *Things from the Town*, Aarhus/Oslo, Aarhus University Press, p. 443-449 (p. 444).

41. Snorri, *Histoire de Hakon le Bon*, dans *Hkr.*, c. 22 (trad. Dillmann, p. 185).
42. *Historia Norwegiæ. A History of Norway and the Passion and Miracles of the Blessed Óláfr*, trad. angl. Devra Kunin, Londres, Viking Society for Northern Research, 2001, p. 15 ; Snorri, *Histoire de Hakon le Bon*, dans *Hkr.*, c. 10 (trad. Dillmann, p. 173). Mais dans la *Saga de Harald à la Belle chevelure*, Snorri Sturluson la présente comme la fille d'un chef du Hålogaland (dans *Hkr.*, c. 32 (trad. Dillmann, p. 150-151), ce qui ne convainc pas plusieurs commentateurs comme François-Xavier Dillmann (n. 6, p. 465).
43. Snorri, *Histoire du roi Olaf fils Tryggvi*, dans *Hkr.*, c. 13-15 (trad. Dillmann, p. 236-239).
44. *Ibid.*, c. 33 (p. 261-262). Les îles Solund se situent sur la côte occidentale de la Norvège, près du Sognefjord (voir p. 536, n. 1 dans la trad. Dillmann).
45. Saxo, *GD*, X, 4, 1, p. 690 : *Iuline piratice manu.*
46. *Jomsvikinga saga* c. 6. C'est également ce que relate le poème *Vellekla*, composé à la fin du xe siècle par le scalde islandais en l'honneur de ce même Håkon et repris dans Snorri, *Histoire du roi Olaf fils Tryggvi*, dans *Hkr.*, c. 26 (trad. Dillmann, p. 252).
47. *Knýtlinga saga*, c. 1.
48. Malbos, *Les Ports..., op. cit.*, p. 118 et 121.
49. Après la bataille du Danevirke, le jarl Håkon, sur le chemin du retour vers la Norvège, s'y trouve par exemple coincé, faute de vent favorable. C'est également dans le Limfjord (à Hals, plus précisément) que Harald à la Pelisse grise aurait trouvé la mort dans les années 970 en arrivant de Norvège (Snorri, *Histoire du roi Olaf fils Tryggvi*, dans *Hkr.*, c. 26, 38 et 14, trad. Dillmann, p. 267, 253 et 237).
50. Roesdahl, Sindbæk et Pedersen (dir.), *Aggersborg, op. cit.*, p. 17.
51. *Ibid.*, p. 16, 27, 401 et 412.
52. Saxo, *GD*, X, 4.2, p. 690.
53. Snorri, *Histoire du roi Olaf fils Tryggvi*, dans *Hkr.*, c. 40 (trad. Dillmann, p. 270-272) ; *The Saga of the Jómsvikings*, éd. et trad. Blake, c. 30, p. 32-34.
54. Snorri, *Histoire du roi Olaf fils Tryggvi*, dans *Hkr.*, c. 33 (trad. Dillmann, p. 261-262).
55. *Knýtlinga saga*, c. 3.
56. Saxo, *GD*, X, 4.1, p. 690.
57. *Chronicon Roskildense*, c. V, p. 19 : *regem Normannorum Haconem de regno expulsum.*
58. Snorri, *Histoire du roi Olaf fils Tryggvi*, dans *Hkr.*, c. 33 (trad. Dillmann, p. 263) ; *Knýtlinga saga*, c. 3.
59. *The Saga of the Jómsvikings*, éd. et trad. Blake, p. XIV.
60. Snorri, *Histoire du roi Olaf fils Tryggvi*, dans *Hkr.*, c. 33 (trad. Dillmann, p. 263) : *land alt* ; *Knýtlinga saga*, c. 3 ; *The Saga of the Jómsvikings*, c. 7.
61. Moesgaard, *King Harold's Cross Coinage..., op. cit.*, p. 20-21 et 88-89.
62. Myhre, « The royal cemetery at Borre », art. cité.
63. Bonde Niels et Christensen Arne Emil, « Dendrochronological dating of the Viking Age ship burials at Oseberg, Gokstad and Tune, Norway », *Antiquity*, vol. 67, n° 256, 1993, p. 575-583.
64. Malbos, « Quand les vivants reviennent vers les morts », art. cité, p. 223.
65. Bill Jan et Daly Aoife, « The plundering of the ship graves from Oseberg and Gokstad : an example of power politics ? », *Antiquity*, vol. 86, n° 333, 2012, p. 808-824.
66. Sørensen Anne C., *Ladby. A Danish Ship-Grave from the Viking Age*, Roskilde, The Viking Ship Museum, 2001.

67. Myhre Bjørn et Gansum Terje, *Skipshaugen 900 e.Kr. - Borrefunnet 1852-2002*, Stavanger, Midgard Historic Center, 2003.
68. *Knýtlinga saga*, c. 1 (trad. Lebouteiller, p. 47).
69. Adam, *GH*, II, 22 et 27 ; IV, 20 ; scholies 56 et 121 ; Saxo, *GD*, X, 2.1, p. 686. Sur l'identification avec Wolin, voir Duczko Władysław, « Viking-Age Wolin (Wollin) in the Norse context of the Southern coast of the Baltic Sea », *Scripta Islandica*, vol. 65, 2014.
70. Par exemple dans Snorri, *Hkr.*, ou dans la *Knýtlinga saga*.
71. Widukind, *RGS*, III, 6 : *amicus imperatoris*.
72. Słupecki Leszek Paweł, « Facts and fancy in *Jómsvíkinga saga* », dans McKinnell John, Ashurst David et Kick Donata (dir.), *The Fantastic in Old Norse/Icelandic Literature*, vol. 2, Durham, Centre for Medieval and Renaissance Studies, 2006, p. 909-910.
73. Saxo, *GD*, X, 8.4, p. 704 : *mixtis Danorum Sclavorumque copiis*.
74. *The Saga of the Jómsvikings*, éd. et trad. Blake, p. XIV-XV ; Gautier Alban, « Nature et mode d'action des bandes armées vikings : quelques réflexions sur la seconde moitié du IXe siècle », *Revue d'histoire nordique*, vol. 24, p. 71-86.
75. *The Saga of the Jómsvikings*, éd. et trad. Finlay et Jóhannesdóttir, p. 12-13.
76. *The Saga of the Jómsvikings*, éd. et trad. Blake, c. 16, p. 17-18 ; Słupecki, « Facts and fancy... », art. cité, p. 914-915.
77. *The Saga of the Jómsvikings*, éd. et trad. Blake, p. VII.
78. Duczko, « Viking-Age Wolin... », art. cité, p. 144.
79. Voir le site du *Curmsun Research Project* : https://www.thecurmsundisc.com/ (consulté le 5 juin 2020) ; Rosborn Sven, « A unique object from Harald Bluetooth's time ? » (p. 4-5), en ligne : https://www.academia.edu/9647410/A_unique_object_from_Harald_Bluetooth_s_time_2015 (consulté le 5 juin 2020) ; ce premier article a été suivi par la publication d'un ouvrage : Rosborn, *The Viking King's Golden Treasure*, *op. cit.*
80. Morawiec Jakub, « Danish kings and the foundation of Jómsborg », *Scripta Islandica*, vol. 65, p. 125-142 (p. 134).
81. *Knýtlinga saga*, c. 1.
82. Moesgaard, *King Harold's Cross Coinage...*, *op. cit.*, p. 92 ; Bogucki Mateusz, « Coin finds from Wolin and its hinterland », dans Id. et Rębkowski Marian (dir.), *Economies, Monetisation and Society in West Slavic Lands 800-1200 AD*, Szczecin, Wydawnictwo, 2013, p. 345-358 (p. 347-348).
83. https://www.smb.museum/en/exhibitions/detail/the-viking-gold-treasure-from-hiddensee/ et https://web.archive.org/web/20151119033950/http://museum.stralsund.de/Unsere_Highlights/Hiddenseer_Goldschmuck (consultés le 14 mai 2021).
84. https://www.theguardian.com/world/2018/apr/16/treasure-of-legendary-danish-king-bluetooth-unearthed-in-germany (consulté le 19 février 2020).
85. Roesdahl, Sindbæk et Pedersen (dir.), *Aggersborg*, *op. cit.*, p. 390.
86. DR 55, citée n. 19 de l'introduction.
87. Thietmar, *Chronicon*, III, 18.
88. Adam, *GH*, II, 3 et 28.
89. Saxo, *GD*, X, 2.1, p. 686.
90. *Ibid.*, X, 5.1, p. 694.
91. *Knýtlinga saga*, c. 2.
92. Thietmar, *Chronicon*, VII, 39 ; Snorri, *Histoire du roi Olaf fils Tryggvi*, dans *Hkr.*, c. 34 (trad. Dillmann, p. 264).

Chapitre 5. Harald et le commerce de la Baltique

1. Adam, *GH*, IV, 1.
2. Malbos, *Les Ports*..., *op. cit.*, p. 237-238.
3. Saxo, *GD*, IX, 11.5, p. 718.
4. On trouvera une présentation détaillée des différents termes norrois existant pour désigner les divers types de navires dans Jesch Judith, *Ships and Men in the Late Viking Age : The Vocabulary of Runic Inscriptions and Skaldic Verse*, Woodbridge/Rochester, Boydell Press, 2001, p. 120 et suiv. Dans les sources latines et certains textes en norrois, les termes restent toutefois assez génériques : *classis* (« flotte ») en latin (Saxo, *GD*, IX, 11.5, p. 718) ou *skip* en norrois (*The Saga of the Jómsvikings*, éd. et trad. Blake, c. 5, p. 6). Voir aussi le lexique en fin d'ouvrage.
5. Bill Jan, « Viking ships and the sea », dans Brink et Price (dir.), *The Viking World*, *op. cit.*, p. 170-180 ; Crumlin-Pedersen Ole et Olsen Olaf, *The Skuldelev Ships : Topography, Archaeology, History, Conservation and Display*, Roskilde, The Viking Ship Museum, 2002 ; Malbos, *Les Ports*..., *op. cit.*, en particulier p. 101 et suiv.
6. Kalmring Sven, « Der Baubefund », dans Id., *Der Hafen von Haithabu* (*Die Ausgrabungen in Haithabu*, 14), Neumünster, Wachholtz, 2010, p. 194-243 ; Malbos, *Les Ports*..., *op. cit.*, p. 85.
7. *Ibid.*, p. 322.
8. Ibrâhîm ibn Ya'qûb al-Turtushi, dans Miquel André, « L'Europe occidentale dans la relation arabe d'Ibrâhîm b. Ya'qûb (xe siècle) », *Annales. E.S.C.*, vol. 21, n° 5, 1966, p. 1048-1064 (p. 1062).
9. Roesdahl, Sindbæk et Pedersen (dir.), *Aggersborg*, *op. cit.*, p. 17 et 30.
10. *Ibid.*, p. 362 ; Pedersen Anne, « Skagerrak and Kattegat in the Viking Age - Borders and connecting links », dans Gulløv Hans Christian (dir.), *Northern Worlds. Landscapes, Interactions and Dynamics*, Odense/Copenhague, University Press of Southern Denmark/ National Museum of Denmark, 2014, p. 307-317.
11. Feveile Claus, « Ribe : continuity or discontinuity from the Eighth to the Twelfth Century ? », dans Sheehan John et Ó Corrain Donncha (dir.), *The Viking Age : Ireland and the West*, Dublin, Four Courts Press, 2010, p. 97-106 ; Croix Sarah, « Permanency in Early Medieval Emporia : reassessing Ribe », *European Journal of Archaeology*, vol. 18, n° 3, 2015, p. 497-523.
12. Adam, *GH*, IV, 1 : *navigatur in Funem aut Selant sive in Sconiam vel usque in Norvegiam* ; *Viking Aros*, *op. cit.*, p. 98-99.
13. DR 63 (très mutilée) : https://skaldic.abdn.ac.uk/db.php?id=18888&if=srdb&table=mss (consulté le 28 mai 2020).
14. *Viking Aros*, *op. cit.*, p. 16.
15. Malbos, *Les Ports*..., *op. cit.*, p. 239.
16. Canons du synode d'Ingelheim (7 juin 948), éd. Ludwig Weiland, dans *MGH*, *Leges IV : Constitutiones et acta publica imperatorum et regnum*, t. I, Hanovre, Impensis Bibliopolii Hahniani, 1893, p. 12-16, n° 6 ; *Viking Aros*, *op. cit.*, p. 16.
17. *The Saga of the Jómsvikings*, éd. et trad. Finlay et Jóhannesdóttir, c. 2, p. 70.
18. Adam, *GH*, II, 22 : *celeberrimam stacionem.*
19. *Ibid.* : *maxima omnium quas Europa claudit civitatum.*
20. Duczko, « Viking-Age Wolin... », art. cité ; Filipowiak Władysław et Konopka Marek, « The identity of a town : Wolin, town-state, 9th-12th Centuries », *Quaestiones Medii Aevi*

Novae, vol. 13, 2008, p. 243-288 ; Sindbæk Søren M., « Scandinavian settlement South of the Baltic Sea », dans Bauduin Pierre et Alexander E. Musin (dir.), *Vers l'Orient et vers l'Occident : Regards croisés sur les dynamiques et les transferts culturels des vikings à la Rous ancienne*, Caen, Presses universitaires de Caen, 2014, p. 168-176.

21. Jöns Hauke, « Ports and Emporia of the Southern Coast : from Hedeby to Usedom and Wolin », dans Englert Anton et Trakadas Athena (dir.), *Wulfstan's Voyage. The Baltic Sea Region in the Early Viking Age as Seen from Shipboard*, Roskilde, The Viking Ship Museum, 2009, p. 160-181 (p. 173-174).
22. Malbos, *Les Ports...*, *op. cit.*, chap. 5, p. 191 et suiv.
23. Sur ces différentes marchandises et pour une bibliographie plus détaillée, on pourra se référer à *ibid.*, p. 119 et suiv.
24. *Ibid.*, p. 242-243.
25. Kilger Christopher, « Wholeness and holiness : counting, weighing and valuing silver in the Early Viking Period », dans Skre Dagfinn (dir.), *Means of Exchange : Dealing with Silver in the Viking Age*, Aarhus/Oslo, Aarhus University Press, 2008, p. 253-325.
26. Wiechmann Ralf, « Hedeby and its hinterland : a local numismatic region », dans Graham-Campbell James et Williams Gareth (dir.), *Silver Economy in the Viking Age*, Walnut Creek, Left Coast Press, 2007, p. 29-48.
27. Kilger Christopher, « Kaupang from afar : aspects of the interpretation of dirham finds in Northern and Eastern Europe between the Late 8th and Early 10th Centuries », dans Skre (dir.), *Means of Exchange*, *op. cit.*, p. 199-252 (p. 240-242). Voir aussi le lexique en fin d'ouvrage.
28. Moesgaard, *King Harold's Cross Coinage...*, *op. cit.*, p. 61-63.
29. *Ibid.*, p. 13-16 et 49. On trouvera une présentation de ces deux types, avec tous leurs sous-ensembles définis par Brita Malmer (Malmer Brita, *Nordiska Nordiska mynt före år 1000*, Bonn/Lund, R. Habelt/Gleerup, 1966, p. 141-142) et servant toujours de référence dans Moesgaard, *King Harold's Cross Coinage...*, *op. cit.*, p. 46 et 54.
30. *Ibid.*, p. 34-40, 43-46 et 55.
31. *Ibid.*, p. 102-104.
32. *Ibid.*, p. 79-80.
33. Wiechmann, « Hedeby and its hinterland », art. cité ; Moesgaard, *King Harold's Cross Coinage...*, *op. cit.*, p. 63 et 104.
34. *Ibid.*, p. 78-80.
35. *Ibid.*, p. 47.
36. *Ibid.*, p. 208-225.
37. *Ibid.*, p. 88 et 91.
38. Hybel Nils et Poulsen Bjørn, *The Danish Resources c. 1000-1550*, Leyde, Brill, 2007, p. 237.
39. *Praeceptum Negotiatorum* de Louis le Pieux (828), éd. Karl Zeumer, dans *MGH*, *Leges : Formulae Merovingici et Karolini aevi*, Hanovre, Impensis Bibliopolii Hahniani, n° 37, p. 314-315 ; Malbos, *Les Ports...*, *op. cit.*, p. 215 et suiv.
40. *Annales Regni Francorum*, *op. cit.* : *Reric [...] magnam regno illius commoditatem vectigalium persolutione praestabat.*
41. Lebecq Stéphane, « L'administration portuaire de Quentovic et de Dorestad (VIIIe-IXe siècles) », dans Id., Bethouart Bruno et Verslype Laurent (dir.), *Quentovic. Environnement, Archéologie, Histoire*, Villeneuve d'Ascq, Université Lille-III, 2010, p. 241-251.
42. Roesdahl, Sindbæk et Pedersen (dir.), *Aggersborg*, *op. cit.*, p. 29 et 411.

43. SCHULZ, « "Sensational" discovery », art. cité.
44. Peut-être dans les 70 mètres, pour un pied estimé à 29,4 centimètres (JEDRZEJEWSKI, *Histoire universelle de la mesure*, *op. cit.*, ici p. 73).
45. SAXO, *GD*, VIII, 16.7, p. 626 : *regius quaestor*.
46. *Knýtlinga saga*, c. 85 (trad. Lebouteiller, p. 181).
47. ROESDAHL, *The Vikings*, *op. cit.*, p. 122 ; MALBOS, *Les Ports...*, *op. cit.*, p. 271-274 et carte 19, p. 406.

Chapitre 6. Quand Harald fait entrer le Danemark dans le monde européen

1. THIETMAR, *Chronicon*, II, 31 : *legati [...] Danorum [...] consummatisque pacifice cunctis, ditati muneribus magnis reversi sunt ad sua laetantes.*
2. SNORRI, *Histoire des Ynglingar*, dans *Hkr.* (trad. Dillmann, p. 55-108) ; *Chronicarum quae dicuntur Fredegarii scholastici. Libri IV cum continuationibus*, éd. Bruno Krusch, dans *MGH*, *SS rer. Merov.*, t. II, Hanovre, Impensis Bibliopolii Hahniani, III, 9, p. 95.
3. SAHLINS Marshall, « The stranger-king or elementary forms of the politics of life », *Indonesia and the Malay World*, vol. 36, n° 105, 2008, p. 177-199.
4. DOBAT, « Viking stranger-kings... », art. cité, p. 164-166.
5. *Beowulf*, *op. cit.*, v. 1-52, p. 33-37.
6. DOBAT, « Viking stranger-kings... », art. cité, p. 161-162.
7. ADAM, *GH*, I, 52 et I, 55.
8. SNORRI, *Histoire du roi Olaf fils Tryggvi*, dans *Hkr.*, c. 9 (trad. Dillmann, p. 232).
9. ADAM, *GH*, IV, 31 et II, 54.
10. Pour davantage de détails sur cette ambiguïté, voir DOBAT, « Viking stranger-kings... », art. cité, p. 170-174.
11. CARVER Martin O., *Sutton Hoo : A Seventh-Century Princely Burial Ground and its Context*, Londres, British Museum Press, 2005.
12. DOBAT, « Viking stranger-kings... », art. cité, p. 177-178.
13. *Ibid.*, p. 164-165, 182-183 et 187.
14. MALBOS, *Les Ports...*, *op. cit.*
15. HARTOG François, *Le Miroir d'Hérodote. Essai sur la représentation de l'autre*, Paris, Gallimard, 1980.
16. FISCHER Svante, *Roman Imperialism and Runic Literacy. The Westernization of Northern Europe (150-800 AD)*, Uppsala, Department of Archaeology and Ancient History, 2005.
17. GAUTIER Alban, « Intégration, acculturation, accommodation : dire le phénomène anglo-scandinave dans quelques publications récentes en langue anglaise », et BÜHRER-THIERRY Geneviève, « Quelle pertinence du concept de Middle Ground pour les premiers siècles du Moyen Âge ? », communications présentées lors de la Journée d'études *Les transferts culturels dans les mondes normands médiévaux I. Des mots pour le dire* (Caen, 20 novembre 2015), disponible sur le carnet Mondes normands médiévaux : https://mnm.hypotheses.org/2900 et https://mnm.hypotheses.org/2891 (consultés le 22 juin 2020).
18. DUBREUCQ Alain, « Le prince et le peuple dans les miroirs des princes carolingiens », dans QUAGHEBEUR Joëlle *et al.* (dir.), *Le Prince, son peuple et le bien commun : De l'Antiquité tardive à la fin du Moyen Âge*, Rennes, Presses universitaires de Rennes, 2013, p. 97-114.

19. NÄSMAN Ulf, « Exchange and politics : the Eighth-Early Century in Denmark », dans HANSEN Inge Lyse et WICKHAM Chris (dir.), *The Long Eighth Century. Production, Distribution and Demand,* Leyde/Boston/Cologne, Brill, 2000, p. 35-68 (p. 36).
20. *The Anglo-Saxon Chronicle,* éd. Dorothy Whitelock *et al.* (dir.), Londres, Eyre and Spottiswoode, 1961, MS C et D, a. 973, p. 76-77.
21. THIETMAR, *Chronicon,* II, 31 ; NELSON Janet, « Rulers and government », dans REUTER Timothy (dir.), *The New Cambridge Medieval History,* III (c. 900-c. 1024), Cambridge, Cambridge University Press, 2008, p. 95-129 (p. 125).
22. WIDUKIND, *RGS,* I, 35.
23. ROSSIGNOL Sébastien, *Aux origines de l'identité urbaine en Europe centrale et nordique,* Turnhout, Brepols, 2013, p. 93-97.
24. NICOLARDOT Jean-Pierre et GUIGON Philippe, « Une forteresse du xe siècle : le camp de Péran à Plédran (Côtes-d'Armor) », *Revue archéologique de l'Ouest,* vol. 8, 1991, p. 123-157.
25. HILL David et RUMBLE Alexander R. (dir.), *The Defence of Wessex. The Burghal Hidage and Anglo-Saxon Fortifications,* Manchester, Manchester University Press, 1996.
26. ROESDAHL, SINDBÆK et PEDERSEN (dir.), *Aggersborg, op. cit.,* p. 197.
27. WIDUKIND, *RGS,* I, 35 : *Vilia aut nulla extra urbes fuere moenia.* Sur le sujet, voir BOSCHETTI Adriano, « The beginnings of medieval fortifications in the Late Carolingian Period from a Swiss perspective », dans HEROLD et CHRISTIE (dir.), *Fortified Settlements..., op. cit.,* p. 121-135 (p. 122).
28. HEROLD Hajnalka, « Fortified settlements of the 9th and 10th Centuries and in Central Europe : structure, function and symbolism », *Medieval Archaeology,* vol. 56, n° 1, 2012, p. 60-84 (p. 74-75) ; BÜHRER-THIERRY Geneviève, « Mikulčice », dans BOUGARD François (dir.), *Le Christianisme en Occident. Du début du viie siècle au milieu du xie siècle,* Paris, SEDES, 1997, p. 265-268.
29. ROESDAHL, SINDBÆK et PEDERSEN (dir.), *Aggersborg, op. cit.,* p. 202.
30. STOUT Matthew, *The Irish Ringfort,* Four Court Press, Dublin, 1997 ; GROOTHEDDE Michel, « The vikings in Zutphen (Netherlands) : military organization and early town development after the viking raid in 882 », dans SIMEK Rudolf et ENGEL Ulrike (dir.), *Vikings on the Rhine. Recent Research on Early Medieval Relations between the Rhinelands and Scandinavia,* Vienne, Fassbaender, 2004, p. 111-132.
31. ROESDAHL, SINDBÆK et PEDERSEN (dir.), *Aggersborg, op. cit.,* p. 15 et 404.
32. MÜLLER-WILLE Michael, *Starigard Oldenburg : Ein slawischer Herrschersitz des frühen Mittelalters in Ostholstein,* Neumünster, Wachholtz, 1991.
33. HEROLD, « Fortified settlements... », art. cité (p. 66 et suiv.).
34. DOBAT, « Viking stranger-kings... », art. cité, p. 187.
35. MOESGAARD, *King Harold's Cross Coinage..., op. cit.,* p. 55 ; WIECHMANN, « Hedeby and its hinterland », art. cité, p. 32.
36. KILGER Christopher, « Wholeness and holiness », art. cité, p. 278.
37. MOESGAARD, *King Harold's Cross Coinage..., op. cit.,* p. 44-45.
38. ROESDAHL, « King Harald's rune-stone... », art. cité, p. 867-870 ; WOOD, « The pictures on the greater Jelling stone », art. cité.
39. DALARUN Jacques (dir.), *Le Moyen Âge en lumière. Manuscrits enluminés des bibliothèques de France,* Paris, Fayard, 2002 ; DE HAMEL Christopher, *Une histoire des manuscrits enluminés,* Paris, Phaidon, 1994 [1986].

40. On trouvera une présentation synthétique des différents styles de l'art scandinave dans FUGLESANG Signe Horn, « Viking art », dans PULSIANO (dir.), *Medieval Scandinavia, op. cit.*, p. 694-700.
41. Actuellement conservé à la Landesbibliothek de Hesse à Darmstadt (Cod. 1948) et numérisé : http://tudigit.ulb.tu-darmstadt.de/show/Hs-1948 (consulté le 26 mai 2020).
42. WAMERS, « ... *ok Dani gærði kristna...* », art. cité.
43. Actuellement conservé à la bibliothèque de l'abbaye de Saint-Gall (St. Gallen, Stiftsbibliothek, Cod. Sang. 51, p. 266, en ligne : https://www.e-codices.unifr.ch/en/csg/0051/266/0/Sequence-258, consulté le 28 mai 2020) ; LOAIZA Karen E., « Sankt Gall », dans JEEP John M. (dir.), *Medieval Germany : An Encyclopedia*, New York/Londres, Garland Publishing, 2001, p. 696-697.
44. BOESPFLUG François, *La Crucifixion dans l'art*, Montrouge, Bayard, 2019, p. 45 ; LANDSBERG Jacques de, *L'Art en croix. Le thème de la crucifixion dans l'histoire de l'art*, Tournai, Renaissance du Livre, 2001, p. 58.
45. BOESPFLUG, *La Crucifixion dans l'art, op. cit.* (p. 40, 53-55, 90 et 94).
46. BEER Manuela, « Ottonische und frühsalische Monumentalskulptur. Entwicklung, Gestalt und Funktion von Holzbildwerken des 10. und frühen 11. Jahrhunderts », dans GEREON BEUCKERS Klaus, CRAMER Johannes et IMHOF Michael (dir.), *Die Ottonen : Kunst, Architektur, Geschichte*, Petersberg, Michael Imhof Verlag, 2002, p. 129-152.
47. ROESDAHL, *The Vikings, op. cit.*, p. 169.
48. BOESPFLUG, *La Crucifixion dans l'art, op. cit.* (p. 43 et 65) ; LANDSBERG, *L'Art en croix, op. cit.* (p. 65).
49. ROESDAHL, « King Harald's rune-stone... », art. cité, p. 868.

PARTIE III. MORT DU ROI ET NAISSANCE DU MYTHE

Chapitre 7. Une fin de règne compliquée et oubliée

1. ADAM, *GH*, II, 27 : *longaevus.*
2. BENEDICTOW Ole Jørgen, « Demography », dans PULSIANO (dir.), *Medieval Scandinavia, op. cit.*, p. 122-127.
3. ADAM, *GH*, II, 27 : *minus validus.*
4. GUILLAUME DE MALMESBURY, *Gesta Regum Anglorum*, éd. et trad. R.A.B. Mynors, vol. 1, Oxford/New York, Clarendon Press, 1998, II, 177, p. 300. Sur le sujet voir LAVELLE Ryan, *Aethelred II : King of the English 978-1016*, Stroud/Charleston, Tempus, 2002, p. 100.
5. SNORRI, *Histoire du roi Olaf fils Tryggvi*, dans *Hkr.*, c. 34 et 92 (trad. Dillmann).
6. ADAM, *GH*, II, 36 et 25.
7. SAXO, *GD*, X, 5.1, p. 694.
8. *Saga des vikings de Jómsborg*, c. 10 ; *Knýtlinga saga*, c. 4.
9. ADAM, *GH*, II, 27.
10. *Ibid.*, II, 29 et 34.
11. JOYE Sylvie, « Trahir père et roi au haut Moyen Âge », et AURELL Martin et GIRBEA Catalina, « Mordred, "traître scélératissime" : inceste, amour et honneur aux XIIe et XIIIe siècles », dans BILLORÉ Maïté et SORIA Myriam (dir.), *La Trahison au Moyen Âge. De la monstruosité*

au crime politique (v^e^-xve siècle), Rennes, Presses universitaires de Rennes, 2010, p. 215-227 et 133-149.

12. Le conflit entre David et son fils Absalon (ou Absalom) est relaté dans le *Deuxième Livre de Samuel* (2 S 15-18).
13. ADAM, *GH*, II, 27 : *Dani [...] Sveinn regem constituunt.*
14. SAXO, *GD*, X, 9.1, p. 704 ; *Chronicon Roskildense*, c. VI, p. 19.
15. ADAM, *GH*, II, 42.
16. CAMPBELL Alistair, « Introduction to the 1998 Reprint », dans *Encomium Emmae Reginae*, *op. cit.*, p. XIII-LXXXVII (p. XIV).
17. *Encomium Emmae Reginae*, I, 1, p. 8 : *nobilissimis originem* ; *strenue prudenterque.*
18. Sur cette « anglicisation » de Cnut par les auteurs, voir GAUTIER, *Beowulf au paradis*, *op. cit.*, p. 457.
19. ADAM, *GH*, II, 29 : *ferocis regis* ; *crudelitate ac perfidia* ; LUND, « Harald Bluetooth... », art. cité, p. 308.
20. THIETMAR, *Chronicon*, VII, 36-37 : *inter pios impius* ; *non rector sed destructor.*
21. *The Saga of the Jómsvikings*, éd. et trad. Finlay et Jóhannesdóttir, c. 10-11, p. 101-106 ; éd. et trad. Blake, c. 11-12, p. 12-14.
22. SAXO, *GD*, X, 7.4, p. 698-700.
23. *Ibid.*, X, 8.2, p. 700 : *inusitatis plebem oneribus adigebat.*
24. DOBAT Andres S., « The state and the strangers... », art. cité, p. 96.
25. JESSEN *et al.*, « A palisade... », art. cité, p. 60.
26. SNORRI, *Histoire du roi Olaf fils Tryggvi*, dans *Hkr.*, c. 34 (trad. Dillmann, p. 264) ; *Saga des vikings de Jómsborg*, éd. et trad. Blake, c. 12, p. 13, et éd. et trad. Finlay et Jóhannesdóttir, c. 11, p. 104 ; ADAM, *GH*, II, 27.
27. Après une période d'alternance entre les Carolingiens et les Robertiens, les derniers représentants de la dynastie de Charlemagne se succèdent très rapidement : Lothaire meurt en 986 et Louis V en 987.
28. ADAM, *GH*, II, 27 ; SAXO, *GD*, X, 8.3, p. 702.
29. ADAM, *GH*, II, 28 : *contra spem* ; *humane receptus.*
30. *Encomium Emmae Reginae*, I, 1, p. 8 : *ad Sclavos fugit.*
31. ADAM, *GH*, II, 28-29 ; LUND, « Harald Bluetooth... », art. cité, p. 306-307 et 310.
32. SAXO, *GD*, X, 8.4, p. 704 : *exinaniendi ventris gratia arbustis insideret.*
33. *The Saga of the Jómsvikings*, éd. et trad. Finlay et Jóhannesdóttir, c. 11, p. 104.
34. *Ibid.*, p. 55.
35. SAXO, *GD*, X, 7.1, p. 696 : *principis improbitas.*
36. SAUZEAU Pierre, « L'archer, le roi, la folie : de Cambyse à Guillaume Tell », *Gaia : Revue interdisciplinaire sur la Grèce Archaïque*, vol. 11, 2007. p. 175-192 (p. 183-188).
37. *The Saga of the Jómsvikings*, éd. et trad. Blake, c. 12, p. 14.
38. *The Saga of the Jómsvikings*, éd. et trad. Finlay et Jóhannesdóttir, p. 27.
39. ADAM, *GH*, II, 28 : *post aliquot dies* ; *Encomium Emmae Reginae*, I, 1, p. 8 : *non multo post.*
40. ADAM, *GH*, II, 27-28 ; LUND, « Harald Bluetooth... », art. cité, p. 311-313.
41. ADAM, *GH*, II, 28 : *in festivitate omnium sanctorum.*
42. SAXO, *GD*, X, 8.4, p. 704 ; *Chronicon Roskildense*, c. VI, p. 19.
43. On peut lire sur place comme en ligne : *The Viking kings Harold Bluetooth (d. 985) and his son, Sweyn Forkbeard (d. 1014) conqueror of England is buried here* (https://www.visitdenmark.com/denmark/explore/roskilde-cathedral-unesco-world-heritage-gdk619579, consulté le 5 novembre 2021).

44. Adam, *GH*, II, 28 : *Corpus ejus in patriam reportatum ab exercitu, apud Roscald civitatem sepultum est in ecclesia, quam ipse primus construxit in honore sanctae Trinitatis.*
45. Christensen, « Lejre and Roskilde », art. cité ; Lund Niels, *Harald Blåtands død - og hans begravelse i Roskilde ?*, Roskilde, Museums Forlag, 1998.
46. Gelting Michael H., « The kingdom of Denmark », art. cité, p. 92 ; http://jelling.natmus.dk/en/about-jelling/gorm-thyra-and-harald/harald-bluetooth-at-roskilde/ (consulté en juin 2020) : *Haraldus rex danie anglie et norvegie pr[imus] fundator huius ec[c]l[esie].*
47. Rosborn Sven, « A unique object... », art. cité, p. 11.
48. Voir en particulier les travaux fondateurs de Patrick Geary (*Phantoms of Remembrance : Memory and Oblivion at the End of the First Millennium*, Princeton, Princeton University Press, 1994) ou de Howard Williams (*Death and Memory in Early Medieval Britain*, Cambridge, Cambridge University Press, 2006).
49. DR 3, Hedeby : https://skaldic.abdn.ac.uk/db.php?id=18832&if=srdb&table=mss (consulté le 27 mai 2020).
50. Ozawa Minoru, « Why did Swein raise a rune stone in memory of Skarde ? A contribution to the reconstruction of the Jelling dynasty's commemoration strategy », dans Kano Osamu et Lemaître Jean-Loup (dir.), *Entre texte et histoire. Études d'histoire médiévale offertes au professeur Shoichi Sato*, Paris, De Boccard, 2015, p. 265-273 (p. 272).
51. Le Jan Régine, *Les Mérovingiens*, Paris, Presses universitaires de France, 2015, en particulier l'introduction (p. 3-8) et la conclusion (p. 121-122).
52. Lund, « Harald Bluetooth... », art. cité, p. 307.
53. Saxo, *GD*, X, 8.4, p. 704.
54. Pailler Jean-Marie et Sablayrolles Robert, « *Damnatio memoriae* : une vraie perpétuité », *Pallas*, vol. 40 (*Les années Domitien*), 1994, p. 11-55.
55. Moesgaard, *King Harold's Cross Coinage...*, *op. cit.*, p. 34-35, 43 et 100.
56. Adam, *GH*, IV, 5.
57. *Ibid.*, II, 28.
58. Roesdahl, Sindbæk et Pedersen (dir.), *Aggersborg*, *op. cit.*, p. 409.
59. *The Anglo-Saxon Chronicle*, éd. Dorothy Whitelock *et al.* (dir.), Londres, Eyre and Spottiswoode, 1961, MS C, D et E, a. 994, p. 83.
60. Adam, *GH*, II, 29 : *Suein rex persecutionem christianorum exercuisset in Dania.*
61. Gelting, « Elusive bishops... », art. cité, p. 188.

Chapitre 8. De Jelling au *Bluetooth* : la construction d'une figure mythique

1. Geary, *Phantoms of remembrance*, *op. cit.*, p. 177.
2. Voir n. 7 et 8 de l'introduction.
3. Gelting, « Two Early Twelfth-Century views... », art. cité, p. 33.
4. Gautier, *Beowulf au paradis*, *op. cit.*, p. 453.
5. Adam, *GH*, II, 28 : *Obitus ejus in festivitate omnium sanctorum.*
6. *Ibid.* : *Sunt autem qui affirmant...*
7. *Ibid.* : *innocens vulneratus et pro Christo expulsus.*
8. Lund, « Harald Bluetooth... », art. cité, p. 307.

9. Adam précise en fait que Sven ne peut regagner le Danemark que « la quatorzième année de son exil » (*peregrinationis suae 14*), ce qui revient bien à un exil de treize ans (ADAM, *GH*, II, 39).
10. ANTONSSON Haki, « Exile, sanctity, and some Scandinavian rulers of the Late Viking Age », dans NAPRAN Laura et HOUTS Elisabeth M. C. van (dir.), *Exile in the Middle Ages*, Turnhout, Brepols, 2002, p. 95-108.
11. BAUDUIN, *Histoire des vikings, op. cit.*, p. 406. Voir la généalogie en début d'ouvrage.
12. ADAM, *GH*, II, 28 : *martyrii palma, ut spero, non carebit.*
13. LUND, « Harald Bluetooth... », art. cité, p. 308 ; HAGLAND Jan Ragnar, « Les sept panneaux "historiques" de Tamdrup », dans *Les Vikings. Les Scandinaves et l'Europe, 800-1200*, Paris/Oslo, AFAA/Conseil nordique des ministres, 1992, p. 350.
14. Par exemple l'enluminure assez tardive (datant probablement du XIVe siècle) dans les *Grandes Chroniques de France* (fol. 11, Castres, Bibliothèque municipale).
15. https://historiskatlas.dk/Tamdrup_Kirke_(10116) (consulté le 2 juillet 2020) ; PAGH Lars, « Tamdrup. Kongsgård og mindekirke I nyt lys », *KUML*, vol. 65, 2016, p. 81-129 (résumé anglais p. 124-129).
16. SCHIØRRING Ole et LERCHE TROLLE Annette, « En middelalderby forandrer sig hovedresultater fra ti års udgravninger i Horsens », *KUML*, vol. 14, 2000, p. 113-150 (p. 118-122).
17. PAGH Lars, « Tamdrup. Kongsgård og mindekirke I nyt lys », *KUML*, vol. 65, 2016.
18. WIDUKIND, *RGS*, III, 65 : *in quodam convivio rege presente.*
19. *Knýtlinga saga*, c. 1.
20. Voir le lexique en fin d'ouvrage.
21. SNORRI, *Histoire de Hakon le Bon*, c. 10, et *Histoire du roi Olaf fils Tryggvi*, c. 24, dans *Hkr.* (trad. Dillmann, p. 173 et 250).
22. Dans le manuscrit AM 291 (éd. Finlay et Jóhannesdóttir), tandis que l'auteur de la version dans le manuscrit Perg. 7 (éd. Blake) fait preuve de bien plus de considération à l'égard du souverain (*The Saga of the Jómsvikings*, éd. et trad. Finlay et Jóhannesdóttir, p. 53).
23. *The Saga of the Jómsvikings*, éd. et trad. Finlay et Jóhannesdóttir, p. 53-61.
24. SAUZEAU, « L'archer, le roi... », art. cité, p. 184-188.
25. *Ibid.*, p. 189-191.
26. SAXO, *GD*, X, 8.3, p. 702 : *erubescenda iussione* ; *improbitas.*
27. FRIIS-JENSEN Karsten, « Introduction », dans SAXO, *GD*, vol. I, p. xxix-lxxx (p. xl).
28. *The Saga of the Jómsvikings*, éd. et trad. Finlay et Jóhannesdóttir, c. 11, p. 102-103.
29. DR 55, citée n. 19 de l'introduction.
30. Sur la dimension mémorielle de Jelling, voir notamment PEDERSEN, « The Jelling monuments - Ancient royal memorial... », art. cité ; ID., « The Jelling monuments - A national icon... », art. cité.
31. AGGESEN, *Brevis Historia*, c. VII, p. 116-117 : *regis curiam.*
32. *Liber Census Daniæ. Kong Valdemar den Andens Jordebog*, éd. Oluf Augustus Nielsen, Copenhague, 1873.
33. HOLST *et al.*, « The late Viking-Age royal constructions... », art. cité, p. 496.
34. http://jelling.natmus.dk/en/about-jelling/the-rune-stones/gorm-the-olds-runestone/ (consulté le 20 mai 2020).
35. http://jelling.natmus.dk/en/about-jelling/gorm-thyra-and-harald/harald-bluetooth-atroskilde/ (consulté en juin 2020) ; HVASS, « Kings' Jelling », art. cité, p. 50.
36. http://jelling.natmus.dk/en/about-jelling/the-rune-stones/gorm-the-olds-runestone/ (consulté le 26 mai 2020).

37. http://jelling.natmus.dk/en/about-jelling/gorm-thyra-and-harald/imaginative-baroque-portraits/ (consulté le 26 mai 2020).
38. http://jelling.natmus.dk/en/about-jelling/gorm-thyra-and-harald/christian-ivs-historical-paintings/ (consulté le 26 mai 2020).
39. https://www.hymne-national.com/fr/hymne-national-danemark/ (consulté le 9 juin 2020).
40. https://collection.smk.dk/#/en/detail/KMS582 (consulté le 26 mai 2020).
41. http://jelling.natmus.dk/en/about-jelling/gorm-thyra-and-harald/the-myth-of-queen-thyra/the-kingdoms-brave-defender/ (consulté le 26 mai 2020).
42. https://whc.unesco.org/fr/list/697/ et http://whc.unesco.org/fr/list/1553 (consultés le 12 mai 2020).
43. On trouvera une liste de toutes les répliques sur le site du Musée national du Danemark : http://jelling.natmus.dk/en/about-jelling/harald-bluetooths-rune-stone-at-home-and-abroad/ (consulté le 30 juin 2020).
44. Chaline Jean-Pierre, « Les fêtes du millénaire de la Normandie : Rouen 1911 », *Études Normandes*, 38e année, vol. 3, 1989, p. 49-68.
45. http://jelling.natmus.dk/en/om-jelling/harald-blaatands-runesten-ude-og-hjemme/jelling-2000/ (consulté le 30 juin 2020).
46. La grande pierre de Jelling fait partie depuis 2009 des vingt-neuf « points canoniques » (*kanonpunkter*) enseignés à tous les petits Danois à l'école primaire, des personnages ou des événements considérés comme majeurs, parmi lesquels on trouve aussi bien Toutânkhamon, que Christophe Colomb, la prise de Bastille ou l'Union de Kalmar. On peut trouver la présentation de ce programme en ligne : https://emu.dk/sites/default/files/2019-08/GSK.%20Fagh%C3%A6fte.%20Historie.pdf (p. 67 et suiv. pour les vingt-neuf points) (consulté le 10 juin 2020).
47. Hvass Steen, *De kongelige monumenter i Jelling : deres historie, forvaltning og formidling*, Jelling, Fonden Kongernes Jelling, 2000 (que l'on pourrait traduire en français par « Les monuments royaux de Jelling : leur histoire, leur gestion et leur mise en valeur »).
48. *Kong Gorm højsat 959 og siden gravlagt her*. Voir par exemple : https://archive.archaeology.org/0011/newsbriefs/gorm.html (consulté le 11 mai 2020).
49. Williams Howard, *Death and Memory in Early Medieval Britain*, Cambridge, Cambridge University Press, 2006, p. 84.
50. https://kuria.pl//historia/Obchody-1025-rocznicy-smierci-w-Wolinie-Haralda-Sinozebego--krola-Dani_1640 (consulté le 11 mai 2020).
51. https://jomsborg-vineta.com/en/ (consulté le 11 mai 2020).
52. Le cycle de quatre opéras de Richard Wagner, *Der Ring des Nibelungen* (1876), puise largement dans la mythologie germano-nordique ; et on doit au scénariste et producteur Michael Hirst la série canado-irlandaise à grand succès *Vikings* lancée en 2013.
53. Surzhenzo Roman et Yann, *La Dent bleue* (*Les Mondes de Thorgal - La Jeunesse*, t. 7), Bruxelles, Le Lombard, 2019, p. 20, 27, 35 et 38-40.
54. Kardach Jim, « Bluetooth : the naming of a technology », en ligne sur son blog : https://www.kardach.com/bluetooth/naming-bluetooth (consulté le 14 mai 2020).

Notes

Conclusion

1. *Knýtlinga saga,* c. 20.
2. Pour reprendre l'expression que Pierre Nora emprunte lui-même au sociologue Maurice Halbwachs (*Les Cadres sociaux de la mémoire,* Paris, Félix Alcan, 1925 ; *La Mémoire collective,* Paris, Presses universitaires de France, 1950) dans son ouvrage en trois tomes, *Les Lieux de mémoire* (*I. La République ; II. La Nation ; III : Les France*), Paris, Gallimard, 1984, 1986, 1992.
3. Treffort, *L'Église carolingienne..., op. cit.*, p. 122.

Lexique

Dendrochronologie : Méthode de datation à partir des variations que présentent les cernes de croissance annuels des arbres. Elle permet de dater à l'année près (alors que le carbone 14 ne fournit que des fourchettes chronologiques) l'abattage de l'arbre et donc les objets ou les structures fabriqués avec son bois (bâtiments, bateaux, chambres funéraires...).

Dirham (ou dirhem) : Pièce de monnaie en argent issue du monde arabo-musulman et retrouvée en grand nombre en Scandinavie, où elle était très majoritairement utilisée au poids, en la coupant en morceaux pour obtenir le montant nécessaire à la transaction.

Halle (ou *hall*) : Désigne dans le monde viking un bâtiment prestigieux, en longueur, aux dimensions imposantes et aux fonctions à la fois pratiques et symboliques, servant de lieu de résidence à un chef et matérialisant la puissance de ce dernier, qui y donne des banquets somptuaires, au cours desquels il met en scène sa richesse et son pouvoir.

Jarl : Il faisait partie, avec les rois, des personnages au sommet de la hiérarchie sociale en Scandinavie. On considère généralement qu'il exerçait un pouvoir sur un territoire plus restreint qu'un royaume, mais, dans les faits, ce titre renvoyait vraisemblablement à des réalités assez variables en fonction des régions et des époques. Détenteur d'une autorité politique, il assumait également des fonctions cultuelles.

Isotopes du strontium : Technique employée en archéologie depuis une vingtaine d'années à partir des restes osseux ou dentaires (voire des cheveux et des ongles, beaucoup plus rares en contexte archéologique). Présents partout dans notre environnement, les isotopes sont incorporés dans les tissus animaux par l'alimentation (carnée, végétarienne, halieutique...), la boisson et la respiration. Un organisme absorbe les isotopes tout au long de sa vie et les remplace au fur et à mesure que ses tissus (peau, cheveux, os) se renouvellent. En analysant les isotopes du strontium en particulier, on peut par exemple étudier les habitudes alimentaires d'un individu ou déterminer l'endroit dans lequel il a vécu les vingt dernières années de sa vie.

Knörr (*knerrir* au pluriel) : Terme générique pour désigner le navire de commerce destiné au transport des marchandises. Assez large, il était adapté aux traversées en haute mer et majoritairement mu à la voile, même si quelques rameurs pouvaient servir aux manœuvres ou pallier l'absence de vent.

Langskip (invariable) : Terme générique pour désigner les navires de guerre, généralement de taille imposante, servant au transport des guerriers. Ils tirent leur nom de leur forme, fine et allongée. En fonction du nombre de bancs de nage et donc de rameurs, certains ont un nom spécifique, par exemple la *snekkja* (20 bancs pour 40 rameurs). Majoritairement mus à la rame, ils pouvaient aussi être dotés d'une voile.

Leding (*leiðangr* en vieux norrois, *ledung* en Suède) : Levée d'hommes libres par le pouvoir royal pour composer une flotte, destinée à défendre le pays ou à mener une expédition à l'extérieur. Ses origines restent obscures : le terme apparaît dans la poésie scaldique des xe et xie siècles, dans une charte danoise de 1085, puis dans les lois des xiie et xiiie siècles et les sagas du xiiie siècle, ainsi que, sous une forme latine (*expeditio*), dans l'*Éloge de la reine Emma* ou les récits de Saxo Grammaticus par exemple. Le pays était divisé en circonscriptions, chacune devant fournir un nombre précis de navires en cas de mobilisation, comme on le lit par exemple au chapitre 20 de la *Saga de Håkon le Bon*, sans qu'il soit possible de déterminer si, déjà au xe siècle, le fonctionnement était aussi précis et encadré.

LIDAR (*light detection and ranging*) : Technique de télédétection par laser aéroporté qui fournit des mesures à distance et des relevés de données tridimensionnelles, permettant de connaître, de mesurer, de cartographier de façon extrêmement précise des reliefs, des objets et structures invisibles à l'œil nu (souvent dissimulés par le couvert végétal). L'usage du LIDAR est fréquemment combiné à des prospections pédestres, de sondages archéologiques et de sources écrites ou planimétriques.

Norrois (ou vieux norrois) : Langue germanique, ou plutôt ensemble de dialectes germaniques apparentés, parlés par les anciens Scandinaves et utilisés pour graver des inscriptions en runes, mais aussi pour mettre par écrit les sagas à partir du XIIe siècle. On distingue notamment un norrois occidental (parlé en Islande et en Norvège) et un norrois oriental (au Danemark et en Suède).

Pierre runique : Ces pierres aux dimensions et aux formes variables portent des inscriptions en runes, écriture phonétique composée de seize caractères au xe siècle, tous formés d'un bâton vertical pouvant être associé à une ou plusieurs branches, et en usage dans le nord de l'Europe peut-être dès le IIe siècle. Les pierres runiques ont généralement une dimension commémorative, célébrant la mémoire d'un ou plusieurs défunts. Assez simples au Danemark et en Norvège, elles associent souvent des motifs iconographiques (croix, serpent...) en Suède, où elles sont les plus nombreuses. Elles constituent la seule forme d'écrit produit en Scandinavie avant le second millénaire.

Rus' (ou Rous) : Terme désignant des Scandinaves ayant pris la route de l'Orient (également appelés « varègues »), s'établissant dans les actuelles Russie et Ukraine et développant des liens avec le monde méditerranéen (en particulier l'Empire byzantin) par le biais du réseau fluvial (Don, Volga, Dniepr).

Trelleborg (architecture/bâtiment de type) : La forteresse circulaire sur l'île de Seeland, fouillée dès 1934, a durablement marqué les études vikings, au point de donner son nom aux autres constructions similaires découvertes au Danemark et dans le sud de la Suède, et même à un type d'architecture renvoyant au mode de construction de la forteresse elle-même ou des bâtiments qu'elle abrite, de taille imposante, à trois travées. Leur toit n'est supporté que par deux paires de poteaux, ce qui permet d'avoir des pièces spacieuses. Ces bâtiments sont utilisés en Scandinavie jusqu'au début du XIIIe siècle.

Viking : Terme qui renvoie à une activité, non à une origine ethnique ou géographique, et que la communauté scientifique a donc pris l'habitude d'orthographier avec une minuscule : le « viking » est celui qui prend la mer en quête de richesses, qui « voyage au loin pour l'or » (expression sur la pierre runique suédoise de Gripsholm, Sö 179) ; seul le résultat final (s'enrichir) compte, peu importe finalement les moyens (commerce, pillage, colonisation). La période durant laquelle ces individus sillonnent les mers est traditionnellement délimitée par le raid sur le monastère de Lindisfarne en 793 et le passage de l'Angleterre sous autorité normande en 1066.

Völva (*völur* au pluriel) : Littéralement la « porteuse du bâton » (du vieux norrois *völvr*), la *völva* peut assurer des fonctions cultuelles, mais elle est surtout, à en croire la littérature norroise, dotée d'un don de prophétie. Généralement âgée et sans attaches, elle est crainte et respectée. Pour voir le futur, elle pratique le *seiðr* (littéralement « bouillonnement, effervescence »), une transe qui peut être provoquée par la prise de plantes aux effets hallucinogènes (jusquiame, cannabis...). Le symbole de la *völva* est une baguette se terminant en forme de quenouille, lui permettant de percer les mystères des Nornes, les divinités filant le destin de chaque individu.

Sources et bibliographie sélective

Ne sont mentionnés ici que les titres assez généraux ou revenant fréquemment ; les autres sont indiqués en notes.

Sources

ADAM DE BRÊME, *Gesta Hammaburgensis ecclesiae pontificum* [*GH*], dans *MGH, SS rer. Germ.*, t. II, éd. Bernhard Schmeidler, Hanovre/Leipzig, Hahn, 1917 ; *Histoire des archevêques de Hambourg*, trad. fr. Jean-Baptiste Brunet-Jailly, Paris, Gallimard, 1998.

Chronicon Roskildense [*Chronique de Roskilde*] et *Chronicon Lethrense* [*Chronique de Lejre*], dans *Scriptores Minores Historiæ Danicæ Medii Ævi*, vol. I, éd. Martin C. Gertz, Copenhague, G. E. C. Gad, 1917, p. 14-33 et 43-53.

Encomium Emmae Reginae [*Éloge de la Reine Emma*], éd. et trad. Alistair Campbell, Cambridge, Cambridge University Press, 1998 [1949].

Knýtlinga saga, dans *Danakonunga sögur*, éd. Bjarni Guðnason, Reykjavík, Hið íslenzka fornritafélag, 1982, p. 93-270 ; *The History of the Kings of Denmark*, trad. angl. Hermann Pálsson et Paul Edwards, Odense, Odense University Press, 1986 ; *Saga des rois de Danemark*, trad. fr. Simon Lebouteiller, Paris, Anacharsis, 2021.

RUOTGER, *Vita Brunonis archiepiscopi Coloniensis* [*Vie de l'archevêque Bruno de Cologne*], dans *MGH, SS rer. Germ. N. S.*, t. X, éd. Irene Ott, Weimar, Böhlau, 1951.

The Saga of the Jómsvikings, éd. et trad. du ms. Holm. perg. 7 4to par Norman Francis Blake, Londres, Nelson, 1962.

The Saga of the Jómsvikings : A Translation with Full Introduction, éd. et trad. du ms. AM 291 4to par Alison Finlay et Þórdís Edda Jóhannesdóttir, Kalamazoo, Medieval Institute Publications, 2018.

SAXO GRAMMATICUS, *Gesta Danorum* [*GD*] [*Histoire des Danois*], vol. I, éd. et trad. angl. Karsten Friis-Jensen et Peter Fisher, Oxford, Clarendon Press, 2015.

SNORRI STURLUSON, *Heimskringla* [*Hkr.*], vol. I-III, éd. Bjarni Aðalbjarnarson, Reykjavík, Hið íslenzka fornritafélag, 1941, 1945, 1951 ; *Histoire des rois de*

Norvège, t. 1 (*Des origines mythiques de la dynastie à la bataille de Svold*), trad. fr. François-Xavier Dillmann, Paris, 2000.

Snorri Sturluson, *Saga de saint Óláf*, trad. fr. Régis Boyer, Paris, Payot, 2007.

Sven Aggesen, *Brevis Historia Regum Dacie* [*Brève Histoire des rois danois*], dans *Scriptores Minores Historiae Danicae Medii Aevi*, vol. 1, éd. Martin C. Gertz, Copenhague, G. E. C. Gad, 1917, p. 94-143.

Thietmar de Merseburg, *Chronicon* [*Chronique*], dans *MGH*, *SS Rer. Germ. N. S.*, t. IX, éd. Robert Holtzmann, Berlin, Weidmannsche Buchhandlung, 1935.

Widukind de Corvey, *Rerum Gestarum Saxonicarum libri tres* [*RGS*] [*Histoire des Saxons en trois livres*], dans *MGH*, *SS rer. Germ.*, t. LX, éd. Paul Hirsch et H.-E. Lohmann, Hanovre, Hahn, 1935 ; trad. fr. Cédric Giraud, dans *Rois, reines et évêques. L'Allemagne aux xe et xie siècles. Recueil de textes traduits*, Turnhout, Brepols, 2009, p. 19-81.

Lectures générales

Les Vikings. Les Scandinaves et l'Europe, 800-1200, Paris/Oslo, AFAA/Conseil nordique des ministres, 1992.

Bauduin Pierre, *Les Vikings*, Paris, Presses universitaires de France, 2018 [2004].

—, *Histoire des vikings. Des invasions à la diaspora*, Paris, Tallandier, 2019.

Brink Stefan et Price Neil (dir.), *The Viking World*, Abingdon, Routledge, 2008.

Dumézil Bruno (dir.), *Les Barbares*, Paris, PUF, 2016.

Helle Knut (dir.), *The Cambridge History of Scandinavia*, vol. 1 : *Prehistory to 1520*, Cambridge, University Press, 2003.

Pulsiano Phillip (dir.), *Medieval Scandinavia. An Encyclopedia*, New York/ Londres, Garland, 1993.

Roesdahl Else, *The Vikings*, Londres, Penguin Books, 1998 [1987].

Simek Rudolf, *Dictionary of Northern Mythology*, Cambridge, Brewer, 2007 [1993].

Winroth Anders, *Au temps des vikings*, Paris, La Découverte, 2018.

Lectures critiques des sources

Barnwell Timothy, « Fragmented identities : otherness and authority in Adam of Bremen's *History of the Archbishops of Hamburg-Bremen* », dans Gantner Clemens (dir.), *The Resources of the Past in Early Medieval Europe*, Cambridge, Cambridge University Press, 2015, p. 206-222.

Garipzanov Ildar H., « Christianity and paganism in Adam of Bremen's narrative », dans Id. (dir.), *Historical Narratives and Christian Identity on a European Periphery : Early History Writing in Northern, East-Central, and Eastern Europe (c. 1070-1200)*, Turnhout, Brepols, 2011, p. 13-29.

GELTING Michael H., « Two Early Twelfth-Century views of Denmark's Christian past : Ailnoth and the anonymous of Roskilde », dans GARIPZANOV Ildar H. (dir.), *Historical Narratives..., op. cit.* ci-dessus, p. 33-55.

LUND Niels, « Harald Bluetooth – A saint very nearly made by Adam of Bremen », dans JESCH Judith (dir.), *The Scandinavians from the Vendel Period to the Tenth Century – An Ethnographic Perspective*, Woodbridge/Rochester/San Marino/ Boydell Press, 2002, p. 303-320.

SŁUPECKI Leszek Paweł, « Facts and fancy in *Jómsvíkinga saga* », dans MCKINNELL John, ASHURST David et KICK Donata (dir.), *The Fantastic in Old Norse/Icelandic Literature*, vol. 2, Durham, Centre for Medieval and Renaissance Studies, 2006, p. 906-915.

Conversion et aspects religieux

ANDRÉN Anders, JENNBERT Kristina et RAUDVERE Catharina (dir.), *Old Norse Religion in Long-Term Perspectives : Origins, Changes, and Interactions*, Lund, Nordic Academic Press, 2006.

BÜHRER-THIERRY Geneviève, « Étrangers par la foi, étrangers par la langue : les missionnaires du monde germanique à la rencontre des peuples païens », dans *L'Étranger au Moyen Âge (Actes du XXXe congrès de la SHMESP, Göttingen, 1999)*, Paris, Éditions de la Sorbonne, 2000, p. 259-270 [repris dans ID., *Aux marges du monde germanique : L'évêque, le prince, les païens (VIIIe-XIe siècles)*, Turnhout, Brepols, 2014, p. 193-205].

COVIAUX Stéphane, *La Fin du monde viking*, Paris, Passés composés, 2019.

FOOTE Peter, « Historical studies : conversion moment and conversion period », dans FAULKES Anthony et PERKINS Richard (dir.), *Viking Revaluations : Viking Society Century Symposium, 14-15 May 1992*, Londres, Viking Society for Northern Research, 1993, p. 137-144.

GARIPZANOV Ildar H. (dir.), *Conversion and Identity in the Viking Age*, Turnhout, Brepols, 2014.

GAUTIER Alban, « Conversion et christianisation des Barbares : le cas de l'Europe du Nord », dans BÉTHOUART Bruno et CHOLVY Gérard (dir.), *La Christianisation à travers l'histoire*, Boulogne-sur-Mer, MRSH, 2009, p. 21-31.

—, *Beowulf au paradis : Figures de bons païens dans l'Europe du Nord au haut Moyen Âge*, Paris, Éditions de la Sorbonne, 2017.

GELTING Michael H., « Elusive bishops : remembering, forgetting, and remaking the history of the Early Danish Church », dans GILSDORF Sean (dir.), *The Bishop. Power and Piety at the First Millennium*, Münster, Lit, 2004, p. 169-200.

—, « Poppo's ordeal : courtier bishops and the success of christianization at the turn of the First Millennium », *Viking and Medieval Scandinavia*, vol. 6, 2010, p. 101-133.

NORDBERG Andreas, « Continuity, change and regional variation in old norse religion », dans RAUDVERE Catharina et SCHJØDT Jens Peter (dir.), *More than*

Mythology : Narratives, Ritual Practices and Regional Distribution in Pre-Christian Scandinavian Religions, Lund, Nordic Academic Press, 2012, p. 119-151.

ROESDAHL Else, « Cultural change. Religious monuments in Denmark c. AD 950-1100 », dans MÜLLER-WILLE Michael (dir.), *Rom und Byzanz im Norden. Mission und Glaubenswechsel im Ostseeraum während des 8.-14. Jahrhunderts*, I, Mayence/Stuttgart, Akademie der Wissenschaften und der Literatur/F. Steiner, 1997, p. 229-248.

WINROTH Anders, *The Conversion of Scandinavia. Vikings, Merchants, and Missionaries in the Remaking of Northern Europe*, New Haven/Londres, Yale University Press, 2012.

Formation d'un royaume danois

DICKINSON Tania et GRIFFITHS David (dir.), *The Making of Kingdoms* (*Anglo-Saxon Studies in Archaeology and History*, vol. 10), Oxford, Oxford University Committee for Archaeology, 1999.

GARIPZANOV Ildar H., GEARY Patrick J. et URBAŃCZYK Przemysław (dir.), *Franks, Northmen, and Slaves : Identities and State Formation in Early Medieval Europe*, Turnhout, Brepols, 2008.

GAZZOLI Paul, « *Denemearc, Tanmaurk Ala*, and *Confinia Nordmannorum* : the *Annales regni Francorum* and the origins of Denmark », *Viking and Medieval Scandinavia*, vol. 7, 2011, p. 29-43.

GELTING Michael H., « The kingdom of Denmark », dans BEREND Nora (dir.), *Christianization and the Rise of Christian Monarchy. Scandinavia, Central Europe and Rus' (900-1200)*, Cambridge, Cambridge University Press, 2007, p. 73-120.

LUND Niels, « "Denemearc", "Tanmarkar but" and "Tanmaurk Ala" », dans WOOD Ian et LUND Niels (dir.), *People and Places in Northern Europe 500-1600. Essays in Honour of Peter Hayes Sawyer*, Woodbrige, Boydell Press, 1991, p. 161-169.

ROESDAHL Else, « The emergence of Denmark and the reign of Harald Bluetooth », dans BRINK et PRICE (dir.), *The Viking World*, *op. cit.*, p. 652-664.

SKOVGAARD-PETERSEN Inge, « The making of the Danish kingdom », dans HELLE (dir.), *The Cambridge History...*, *op. cit.*, p. 168-183.

Aspects politiques, militaires, économiques et culturels

DOBAT Andres Siegfried, « Danevirke revisited : an investigation into military and socio-political organisation in South Scandinavia (c. AD 700 to 1100) », *Medieval Archaeology*, vol. 52, n° 1, 2008, p. 27-67.

—, « Viking stranger-kings : the foreign as a source of power in Viking Age Scandinavia, or, why there was a peacock in the Gokstad ship burial ? », *Early Medieval Europe*, vol. 23, n° 2, 2015, p. 161-201.

Duczko Władysław, « Viking-Age Wolin (Wollin) in the norse context of the Southern Coast of the Baltic Sea », *Scripta Islandica*, vol. 65, 2014, p. 143-152.

Goodchild Helen, Holm Nanna et Sindbæk Søren M., « Borgring : the discovery of a Viking Age ring fortress », *Antiquity*, vol. 91, n° 358, 2017, p. 1027-1042.

Hansen Jesper et Bruus Mette (dir.), *The Fortified Viking Age*, Odense, Odense City Museums, 2018.

Herold Hajnalka et Christie Neil J. (dir.), *Fortified Settlements in Early Medieval Europe : Defended Communities of the 8th-10th Centuries*, Oxford/Philadelphia, Oxbow Books, 2016.

Malbos Lucie, *Les Ports des mers nordiques à l'époque viking (viie-xe siècle)*, Turnhout, Brepols, 2017.

Moesgaard Jens Christian, *King Harold's Cross Coinage: Christian Coins for the Merchants of Haithabu and the King's Soldiers*, Copenhague, Nationalmuseet, 2015.

Pedersen Anne, « Ancient mounds for new graves. An aspect of Viking Age burial customs in Southern Scandinavia », dans Andrén, Jennbert et Raudvere (dir.), *Old Norse Religion..., op. cit.*, p. 346-353.

Poulsen Bjørn et Sindbæk Søren M. (dir.), *Settlement and Lordship in Viking and Early Medieval Scandinavia*, Turnhout, Brepols, 2011.

Price T. Douglas *et al.*, « Who was in Harold Bluetooth's army ? Strontium isotope investigation of the cemetery at the Viking Age fortress at Trelleborg, Denmark », *Antiquity*, vol. 85, n° 328, 2011, p. 476-489.

Roesdahl Else, Sindbæk Søren M. et Anne Pedersen (dir.), *Aggersborg. The Viking-Age Settlement and Fortress*, Copenhague, Jysk Arkæologisk Selskab/Nationalmuseet, 2014.

Sawyer Birgit, *The Viking-Age Rune-Stones. Custom and Commemoration in Early Medieval Scandinavia*, Oxford, Oxford University Press, 2000.

Skre Dagfinn (dir.), *Means of Exchange : Dealing with Silver in the Viking Age*, Aarhus/Oslo, Aarhus University Press, 2008.

Staecker Jörn, « The concept of *Imitatio* and *Translatio* : perceptions of a Viking-Age past », *Norwegian Archaeological Review*, vol. 38, n° 1, p. 3-28.

Tummuscheit Astrid et Witte Frauke, « The Danevirke in the light of recent excavations », dans Hansen et Bruus (dir.), *The Fortified Viking Age, op. cit.*, p. 69-74.

Jelling

Andersen Harald, « The graves of the Jelling dynasty », *Acta Archaeologica*, vol. 66, 1995, p. 281-300.

Holst Mads K. *et al.*, « The late Viking-Age royal constructions at Jelling, Central Jutland, Denmark : recent investigations and a suggestion for an interpretative revision », *Praehistorische Zeitschrift*, vol. 87, n° 2, 2013, p. 474-504.

Hvass Steen, « Kings' Jelling. Monuments with outstanding biographies in the heart of Denmark », dans Díaz-Guardamino Marta, García Sanjuán Leonardo et

WHEATLEY David (dir.), *The Lives of Prehistoric Monuments in Iron Age, Roman and Medieval Europe*, Oxford, Oxford University Press, 2015, p. 35-54.

JESCH Judith, « Reading the Jelling inscription », dans GAMMELTOFT Peder (dir.), *Beretning fra enogtredivte tværfaglige vikingesymposium*, Højbjerg, Forlaget Wormianum, 2013.

JESSEN Mads D. *et al.*, « A palisade fit for a king : ideal architecture in king Harald Bluetooth's Jelling », *Norwegian Archaeological Review*, vol. 47, n° 1, 2014, p. 42-64.

KROGH Knud J., « The royal Viking-Age monuments at Jelling in the light of recent archaeological excavations : a preliminary report », *Acta Archaeologica*, vol. 53, 1983, p. 183-216.

PEDERSEN Anne, « The Jelling monuments - Ancient royal memorial and world heritage site », dans STOKLUND Marie *et al.* (dir.), *Runes and their Secrets : Studies in Runology*, Copenhague, Tusculanum Press, 2006, p. 283-313.

—, « The Jelling monuments - A national icon between legend and fact », dans CARNAP-BORNHEIM Claus von (dir.), *Quo Vadis ? Status and Future Perspectives of Long-Term Excavations in Europe*, Neumünster/Hambourg, Wachholtz/ Murmann, 2014, p. 249-264.

RANDSBORG Klavs, « King's Jelling : Gorm & Thyra's palace. Harald's monument - Svend's cathedral », *Acta Archaelogica*, vol. 79, 2008, p. 1-23.

ROESDAHL Else, « King Harald's rune-stone in Jelling : methods and messages », dans REYNOLDS Andrew et WEBSTER Leslie E. (dir.), *Early Medieval Art and Archaeology in the Northern World : Studies in Honour of James Graham-Campbell*, Leyde, Brill, 2013, p. 859-875.

SAWYER Birgit, « Excursus : the tug-of-war over Thyre », dans ID., *The Viking-Age Rune-Stones, op. cit.*, p. 158-166.

WOOD Rita, « The pictures on the greater Jelling stone », *Danish Journal of Archaeology*, vol. 3, n° 1, 2014, p. 19-32.

Index des noms de lieux

Les noms trop généraux et fréquents n'ont pas été intégrés dans cet index (Danemark, Jelling, Norvège, Scandinavie et Suède).

Index des noms de personnes

U

V

W

Y

Remerciements

Travail confiné n'est pas travail isolé. S'il est vrai que cet ouvrage n'a pas pu bénéficier durant son élaboration des riches échanges auxquels nous étions habitués – en colloques, en séminaires de recherche et autres journées d'études –, il doit malgré tout beaucoup à de nombreux collègues, amis ou proches qui, par leurs suggestions, leurs commentaires, ou tout simplement leurs encouragements et leur enthousiasme pour ce projet, m'ont permis de le mûrir et de le mener à terme.

La liste des personnes à remercier serait par conséquent fort longue ; pour ne pas risquer d'oublier un nom, je préfère témoigner ma reconnaissance à toutes celles et ceux qui ont pris part, de près ou de loin, à l'élaboration de ce livre : des collègues, du Danemark à Poitiers, en passant par Paris, Caen et bien d'autres endroits encore ; mais également des amis et des proches suivant les différentes phases d'écriture, de coupe et de réécriture ; ou encore des étudiants, qui, par leurs remarques ou questions poussent parfois à emprunter des chemins que l'on n'avait pas envisagés et à qui l'alternance entre approche thématique et déroulement chronologique ne sera peut-être pas étrangère. Je n'oublie toutefois pas le rattrapage *in extremis* des dernières coquilles et petites incohérences que je dois à Alban Gautier et dont je lui sais infiniment gré.

Rien n'aurait été possible non plus sans le soutien de l'éditeur, Passés composés, qui a accepté d'intégrer ce projet dans son catalogue, ni sans les relectures attentives et les précieux conseils de Charlotte Balluais, que je remercie chaleureusement.

Enfin, l'aide financière apportée par l'UFR Sciences Humaines et Arts de l'université de Poitiers, avec le concours du Centre d'études supérieures de civilisation médiévale (université de Poitiers/CNRS, UMR 7302), a rendu possible l'ajout du cahier central d'illustrations en couleurs qui, à défaut de rendre à Harald le bleu de sa dent, permet d'avoir un meilleur aperçu de certains documents iconographiques convoqués au fil des pages.

Table des cartes et des plans

Crédits iconographiques

Documents reproduits au fil du texte

P. 74 : *Danicorum monumentorum libri sex : e spissis antiquitatum tenebris et in Dania ac Norvegia extantibus ruderibus,* by Worm, Ole (1588-1654) / Publisher J. Moltkenium / Hafniae (Copenhague), 1642 / Internet Archive ; p. 93 : H. Brown, H. Goodchild, S. M. Sindbæk, « Making Place for a Viking Fortress. An archaeological and geophysical reassessment of Aggersborg, Denmark », *Internet Archaeology journal* : https://intarch.ac.uk/journal/issue36/2/1-2.html ; p. 143 : © Viking Ship Museum in Roskilde/ill. Sune Villum-Nielsen ; p. 214 : *Kongeriget Danmark,* by J.-P. Trap, V. Falbe-Hansen, H. Westergaard, H. Weitemeyer / Editions Kjobenhavn, G.E.C. Gad, 1898-1906 / Internet Archive ; p. 217 : The Royal Danish Library.

Documents reproduits dans le cahier couleurs

P. 1 (haut) : © Roberto fortuna, Musée national de Copenhague, Danemark ; p. 1 (bas) : © Roberto Fortuna, Musée national de Copenhague, Danemark ; p. 2 : © Roberto Fortuna, Musée national de Copenhague, Danemark ; p. 3 (haut) : © St Gallen, Stiftsbibliothek/Cod. Sang. 51, p. 266 ; p. 3 (bas) : © John Lee, Musée national de Copenhague, Danemark ; p. 4 (haut) : © Lennart Larsen, Musée national de Copenhague, Danemark ; p. 4 (bas) : © Östra Ryd Church, Uppland, Suède/Lena Wulderfelt ; p. 5 : Aquarelle de Jean-Claude Golvin, Musée départemental Arles Antique © Jean-Claude Golvin / Éditions Errance ; p. 6 (haut) : © Museum of South

Table des matières

Composition et mise en pages
Nord Compo à Villeneuve-d'Ascq

Imprimé en France
par la Nouvelle Imprimerie Laballery
rue Louis Blériot 58500 Clamecy
février 2022 - N° 202400

La Nouvelle Imprimerie Laballery est titulaire de la marque Imprim'Vert®